当代社区教育管理新视野

魏晨明 耿建民 程 辉 著

中国社会科学出版社

图书在版编目（CIP）数据

当代社区教育管理新视野／魏晨明，耿建民，程辉著. —北京：中国社会科学出版社，2017.11
ISBN 978 - 7 - 5203 - 0682 - 9

Ⅰ.①当… Ⅱ.①魏… ②耿… ③程… Ⅲ.①社区教育—教育管理—研究—中国 Ⅳ.①G779.2

中国版本图书馆 CIP 数据核字 (2017) 第 163806 号

出 版 人	赵剑英
责任编辑	孔继萍
责任校对	张依婧
责任印制	李寡寡
出　　版	中国社会科学出版社
社　　址	北京鼓楼西大街甲 158 号
邮　　编	100720
网　　址	http://www.csspw.cn
发 行 部	010 - 84083685
门 市 部	010 - 84029450
经　　销	新华书店及其他书店
印刷装订	北京君升印刷有限公司
版　　次	2017 年 11 月第 1 版
印　　次	2017 年 11 月第 1 次印刷
开　　本	710×1000　1/16
印　　张	14.5
插　　页	2
字　　数	230 千字
定　　价	59.00 元

凡购买中国社会科学出版社图书，如有质量问题请与本社营销中心联系调换
电话：010 - 84083683
版权所有　侵权必究

目　　录

序　我的"大教育观" …………………………………………… (1)

第一章　绪论 …………………………………………………… (1)
　第一节　社区概述 …………………………………………… (1)
　　一　社区含义的演变 ……………………………………… (1)
　　二　什么是社区 …………………………………………… (2)
　　三　社区的要素 …………………………………………… (3)
　　四　社区与社会、区域的区别 …………………………… (4)
　　五　社区的分类 …………………………………………… (6)
　　六　社区的功能 …………………………………………… (7)
　　七　我国对社区的定位 …………………………………… (9)
　第二节　社区教育的兴起和发展 …………………………… (10)
　　一　欧美社区教育的兴起与发展 ………………………… (10)
　　二　日本社区教育(社会教育)的兴起与发展 ………… (16)
　　三　中国社区教育的兴起与发展 ………………………… (18)
　第三节　社区教育的内涵、本质、特性和基本目的 ……… (28)
　　一　社区教育概念的各种表述 …………………………… (28)
　　二　社区教育的本质 ……………………………………… (32)
　　三　社区教育的基本目的 ………………………………… (36)
　　四　社区教育与传统学校教育、成人教育的比较 ……… (37)

第二章　社区教育管理与学校的互动 ………………………… (39)
　第一节　学校与社区的互动 ………………………………… (39)

一　学校与社区互动的内涵 …………………………………… (39)
　　二　学校与社区互动关系的基本要素和功能 ………………… (41)
　第二节　学校与社区互动的行动策略 ……………………………… (45)
　　一　学校与社区互动关系发展现状 …………………………… (45)
　　二　有效推进学校与社会生活的联系 ………………………… (47)
　　三　学校向社区开放 …………………………………………… (48)
　　四　社区参与学校 ……………………………………………… (50)
　第三节　学校素质教育——学校、家庭、社区的整合 …………… (55)
　　一　实施素质教育中的学校工作的转向 ……………………… (55)
　　二　学校、家庭、社区结合，培养青少年素质 ……………… (58)
　第四节　社区青少年教育与管理 …………………………………… (64)
　　一　社区青少年教育的目标 …………………………………… (64)
　　二　社区青少年教育工作的原则 ……………………………… (67)
　　三　社区青少年教育工作的重点内容 ………………………… (72)
　　四　社区青少年教育工作发展的规划与建议 ………………… (83)

第三章　社区教育管理与终身教育 …………………………………… (88)
　第一节　知识社会与终身教育 ……………………………………… (88)
　　一　知识社会内涵与特点 ……………………………………… (88)
　　二　终身教育内涵与理念 ……………………………………… (89)
　第二节　终身教育政策的实施 ……………………………………… (91)
　　一　影响终身教育政策制定的因素 …………………………… (91)
　　二　政策在终身教育实施中的重要性 ………………………… (92)
　第三节　社区教育在终身教育中的角色 …………………………… (93)
　　一　终身教育是社区教育的重要内涵 ………………………… (93)
　　二　社区教育的开展以终身教育思想为指导 ………………… (94)

第四章　社区教育管理与学习型社会 ………………………………… (96)
　第一节　学习型社会的内涵与特征 ………………………………… (96)
　　一　学习型社会的内涵 ………………………………………… (96)
　　二　学习型社会的特征 ………………………………………… (97)

第二节 学习型组织与管理 (98)
一 学习型组织的产生与内涵 (98)
二 学习型组织的基本要素及其管理 (98)

第三节 学习型社区与管理 (99)
一 学习型社区的目标 (99)
二 构建学习型社区的主要行动步骤 (100)

第四节 学习型家庭与管理 (100)
一 学习型家庭的目标 (100)
二 培育与管理学习型家庭的途径 (101)

第五章 社区教育管理与和谐社会 (102)
第一节 和谐社会的内涵与特征 (102)
一 和谐社会的内涵 (102)
二 和谐社会的基本特征 (104)

第二节 社区教育在和谐社会政策实施中的作用 (104)
一 社区教育：建设和谐社会的一种途径 (104)
二 社区教育基本价值取向："构建和谐社区"
　　"服务和谐社会" (106)

第六章 社区教育管理与社区发展 (108)
第一节 社区发展的要素、目标和内容 (108)
一 社区发展的概念及要素 (108)
二 社区发展的目标和主要内容 (110)
三 社区教育在社区发展中的作用 (111)

第二节 农村社区教育和社区发展 (112)
一 农村社区的特点 (112)
二 农村社区教育的特点 (113)

第七章 社区教育体制与管理 (115)
第一节 现有社区教育管理体制弊端及社区教育实体建设 (115)
一 现有社区教育管理体制弊端 (115)

二　社区教育实体建设 …………………………………………（116）
　第二节　社区教育网络化发展模式管理 …………………………（117）
　　一　构建社区教育网络的意义 ……………………………………（117）
　　二　社区教育网络的组织形态 ……………………………………（118）
　　三　社区教育网络的运行机制 ……………………………………（118）
　第三节　教育行政部门与社会中介组织的作用 …………………（120）
　　一　教育行政部门在推进社区教育中的作用 ……………………（120）
　　二　社区教育中介组织的作用 ……………………………………（122）

第八章　社区教育主要内容与课程开发管理 ……………………（124）
　第一节　社区教育的主要内容 ……………………………………（124）
　　一　社区未成年人教育的主要内容 ………………………………（124）
　　二　社区成人教育的主要内容 ……………………………………（125）
　　三　社区老人教育的主要内容 ……………………………………（127）
　　四　社区妇女教育的主要内容 ……………………………………（127）
　第二节　社区教育课程模式 ………………………………………（128）
　　一　从课程沿革变化中看主要的课程模式 ………………………（128）
　　二　社区教育课程模式 ……………………………………………（131）
　第三节　社区教育课程的开发与管理 ……………………………（137）
　　一　社区教育课程开发的基础理论 ………………………………（137）
　　二　社区教育课程开发与管理 ……………………………………（142）

第九章　社区教育发展的主要模式与管理 ………………………（150）
　第一节　社区教育发展模式概述 …………………………………（150）
　　一　社区教育发展模式概念 ………………………………………（150）
　　二　社区教育发展模式特征 ………………………………………（151）
　　三　社区教育模式发展所遵循的原则 ……………………………（151）
　　四　社区教育模式影响因素分析 …………………………………（152）
　第二节　国外及我国港台地区社区教育发展的主要模式 ………（159）
　　一　国外社区教育发展主要模式及启示 …………………………（159）
　　二　我国港台地区社区教育发展主要模式及启示 ………………（163）

第三节 中国大陆社区教育发展的主要模式 …………………（166）
  一 中国大陆现阶段社区教育发展模式 ………………（166）
  二 我国不同经济发展区域社区教育模式的选择 ………（169）
  三 我国社区教育发展模式的运行机制 …………………（175）

第十章 社区教育工作者队伍建设和管理 …………………（183）
第一节 社区教育工作者素质的现状及主要素质类型 ………（183）
  一 当前社区教育工作者的素质现状 ……………………（183）
  二 社区教育工作者主要素质类型 ………………………（186）
第二节 社区教育工作者的专业化 ……………………………（188）
  一 "专业""专业标准"及"专业化" …………………（188）
  二 社区教育工作者的专业化的必要性 …………………（192）
  三 社区教育工作者的专业化的具体体现 ………………（195）
第三节 提高社区教育工作者素质和专业化程度策略 ………（197）
  一 影响社区教育工作者专业化的因素分析 ……………（197）
  二 提高社区教育工作者素质和专业化程度策略 ………（199）

第十一章 社区教育评价与管理 ………………………………（205）
第一节 教育评价概述 …………………………………………（205）
  一 什么是教育评价 ………………………………………（205）
  二 教育评价的目的 ………………………………………（207）
  三 教育评价的功能 ………………………………………（208）
第二节 社区教育评价 …………………………………………（209）
  一 社区教育评价作为促进社区教育发展的工具 ………（209）
  二 评价突出针对性、有效性与评价标准、方法的多元化 …（213）

主要参考文献 ……………………………………………………（217）

后　记 ……………………………………………………………（219）

序

我的"大教育观"

魏晨明

作为《社区教育概论》（青岛出版社2009年版）的姊妹篇，《当代社区教育管理新视野》一书终于成形，即将出版，两部书出版间隔了7年多。这7年多的时间，既是自己个人成长和专业发展的一个真实写照和见证，也是自己"大教育观"思想逐步形成、不断完善的一个过程。借本书出版之际，把自己专业成长和专业发展的经历做些梳理，对自己的"大教育观"思想做些整理、归纳，谈些感悟，敬请同仁和其他读者给予指导和鞭策，不胜感激。

在我大学毕业的第6年，有幸被学校选派到当时学校的附属中学担任教学管理工作。当时血气方刚、"不怕工作"的我又主动承担了一个班的班主任和两个班的政治课教学工作，开始了我作为一名教育理论工作者的教学实践和教学探索活动。1997年，也就是香港回归的那一年，我送走了我教育生涯中的第一届初中毕业生（但愿不是最后一届，因为我的最终理想是当一名初中学校的校长）。

回眸过去，那是一次极好的教育教学实验活动，但由于当时没有过多地考虑，也就没有严格按照教育实验的规范去操作，所以这三年仅算是一名教育理论工作者的一些教育实践与探索活动。也就是说，没有进行严格的统计调查、精密的数据分析和长期的跟踪研究等工作，没有把当时的经验（或教训）等提升到理论的高度，以形成规律性的东西，为当时和现今的基础教育改革事业尽一份力。这是唯一的遗憾。即便如此，这三年的经历已经使我受用无限。这三年，让我重新认识了自己所学的专业，重新审视并开始钟爱所从事的职业，也开启了自己专业成长和发展的第一个方向——家庭教育。当然也就成为写这套"姊妹书"的初衷。

因为在我当时所教的班上，有不少智力不凡、气质不凡的"帅哥"、"靓妹"成为"学困生"，其中不少还继而成为"问题学生"（当时称"双差生"，学习和品德发展均有问题的学生）。这些孩子的父母当中不乏行政官员、企业老总及各行各业的高级专门技术人才。看到这些在自己领域内叱咤风云的"领导和专家们"对孩子的教育束手无策的样子，作为学过教育学、心理学的我心急如焚，困惑不已，暗暗发誓要用自己所学的知识去教育、转化他们，同时也想验证一下自己的专业水平和自身能力。所以自己全身心地投入到了三年教育、教学和管理实践中，尝试着用自己学过的教育理论和"捧着一颗心来，不带半根草去"的情怀善待每一位学生。回首三年的时光，我亦喜亦忧。喜的是，有不少所谓的"问题学生"在我的设计规划指导下，在家长的全力配合下，在初中阶段就已经出现了较大的转化和进步（这部分学生大概占"问题学生"的1/3），还有1/3的学生到了高中阶段也发生了较大的转化和进步；忧的是剩下的1/3，可谓是"任你东西南北风，我自岿然不动"。这引起了我深深地思考。

经过思考，我得出的结论是：（学校）教育不是万能的，此即当今教育界所提出的"教育功能有限论"。正是这样的思考把我带进了自己专业成长和发展的新方向——家庭教育。因为在令我忧的1/3学生中，他们的家庭几乎都或多或少存在问题，从此我也就开始了对家庭教育的关注和研究，也取得了不少的成绩和成果。2005年，我参与了潍坊市教育局组织的中小学生亲子共成长问题的调查，并参与主编和编写家庭教育丛书《亲子共成长》（共五本），该成果获2007年山东省第八届精神文明建设精品工程入选作品奖；2006年，有幸受到邀请，参加了（广州）第九届海峡两岸家庭教育学术研讨会，这是整个中国家庭教育最高级别的学术会议（台湾地区的家庭教育理论研究水平远超过大陆，2003年，台湾地区"家庭教育法"已颁布实施）；2007年又参加了（北京）中美家庭教育专家高级论坛学术会议。从这个角度讲，当时的"忧"也就变成了"喜"。我想人们常说的"经历即是财富"的说法可能就是由此而来。

随着对家庭教育思考和研究的不断深入，我的观念也在发生不断的变化。诚然，当今的家庭教育的地位和作用已得到人们的普遍认可和重视，但难道它就是"万能"的吗？难道真的是"没有教不好的孩子，只有不会教的家长"？即便有不会教的家长，谁来负责对他们进行培训呢？即便有的家长会教，可是没有时间又该怎么办呢？……一系列的问题不断撞击着我，促使我去思考、去发现、去研究、去实践，因为这是一名教育理论工作者应负的责任和应尽的义务。

2007年，为迎接教育部对学院的本科教学评估，我们在修改小学教育专业人才培养方案时，增加了"社区教育研究"的课程。当时，系里一位年轻教师负责修订该课程的教学大纲和课程简介，后来他非常无奈并带有歉意地对我说："魏老师，上网查了，关于社区教育的书一本也没有！"我听后却窃喜，这不正是我们编写教材的大好时机吗？这成为当时编写《社区教育概论》的直接原因。该书出版以后，先后在不少社区得到广泛的应用，并先后获得潍坊市社会科学优秀成果一等奖和山东省社会科学优秀成果三等奖。该书以理论的架构和介绍为主，在社区建设的实践中，人们迫切需要以介绍社区教育管理和实践为主的论著，这成为该书出版的直接动因。就是这样不经意的误打误撞，又把自己带入了专业成长和发展的第二个方向——社区教育。同时，为自己"大教育观"的形成奠定了基础。

实话说，就是在整理、修改、论证两部书稿的过程中，我获得了巨大收获，也使自己的专业成长和发展进入了一个新阶段。因为，通过不断地学习和思考，许多教育理论上的基本问题，从以前的"雾里看花""一头雾水"到今天的"豁然开朗""如释重负"。例如，教育在社会发展中到底起着怎样的作用？通过怎样的方式来实现这样的作用？如何更好地贯彻新时期的教育方针从而实现我们的教育目的？如何提升整个社会人的素质？教书与育人是怎样的关系？该如何处理它们之间的关系？如此等等。

在这样的思考、学习过程中，自己的"大教育观"思想也不断丰富、完善和发展。学校教育无疑在人的发展中起主导的作用，但是这种主导作用更多地体现在教育的普及和人的整体素质（尤其是文化素质）提高上，在创新人才的培养及整个社会思想道德素养的提高方面仍显薄弱；社区教育是学校教育必要的、有益的补充，是一个人成长成才的根本途径和社会实践活动的基本途径,到目前为止,其作用发挥得并不明显;家庭教育在人的发展中起基础的奠基作用,并贯彻于人的一生,这是到目前为止许多优秀人才能够脱颖而出的根本所在。因为对一个人的成长而言,学校教育环境和社区教育环境是相对客观的,人们只能适应这样的环境,而很难改变它;但是,作为家长对自己孩子的教育却有很大的主观能动性,优秀的家长都能够较好地发挥学校教育和社区教育的优势,而把其消极因素降低到最低点。所以说,没有随随便便的成功,也没有随随便便的失败,一切皆有因果。

经济学上常把投资、消费、出口比喻为拉动 GDP 增长的"三驾马车",这是对经济增长原理最生动形象的表述。一个人的成长成才,同样离不开家庭、学校、社区(社会)"三驾马车"的并驾齐驱。中国的学校教育,尤其是基础教育已经为我们的国家、民族甚至这个世界做出了巨大贡献;我们期盼着,中国的家庭教育和社区教育早日地崛起、规范和发达,这样中华民族腾飞的梦想就指日可待。这就是我的"大教育观"。

2016 年 12 月于潍坊鸢都

第 一 章

绪 论

第一节 社区概述

研究社区教育管理,应先从了解社区、社区教育开始。

一 社区含义的演变

在中国古代,"社"是地方基本行政单位。《周礼》记载:"二十五家为社。"到了元代,扩大成 50 家为一社。《元史》记载:"县邑所属村疃,凡五十家立一社,择高年晓农事者一人为之长。增至百家者,别设长一员。不及五十家者,与近村合为一社。""区"既指行政单位,也可做量词。古代 4 升为豆,4 豆为区。《左传》记载:"齐旧四量:豆、区、金、钟。"它还可指住处:"居住所在为区。"在近现代社会生活中,社区被并列在一起,原有的含义已经发生了变化。

在西方,"社区"一词源于拉丁语"communis",意为"伴侣、共同的关系或感情"。在希腊语中,"社区"一词指友谊或团契(伙伴关系)。1881 年德国社会学家滕尼斯率先将"gemeinschaft"一词引入社会学。后来,美国学者查尔斯·罗密斯将滕尼斯的"gemeinschaft"一词翻译为"community and society",即"公社"。

滕尼斯用"gemeinschaft"来表示建立在自然感情一致基础上的关系紧密、守望相助、富有人情味的生活共同体,强调人与人之间所形成的亲密关系和对归属感与认同感的渴望,但并没有明确提出社区的地域性特征。①

在英语中，"community"本意是公社、团体、共同体的意思。受以帕克为代表的芝加哥学派的影响，"community"强调地域、共同联系、社会互动三个因素。

20世纪30年代，受帕克的"Community is not society"观点的影响，中国社会学界把"公社"（community and society）改译为"社区"。汉语的"社区"一词由此产生，并突出地域特征。正如费孝通所认为的，以全盘社会结构的格式作为研究对象，其对象必须是具体的社区，因为联系着社会的是人们的生活，人们的生活有时空的坐落。这里所说的"时空"就是社区。②

二 什么是社区

何谓"社区"？从滕尼斯引入概念到现在，众说纷纭。"社区"是一个多面向的概念，可以分别从不同的角度加以说明，所以"社区"的定义经常随着使用者的观点和研究重点的不同而有所取舍。1955年，社会学家乔治·希拉里发现在已有的社会学文献中有至少94个不同的"社区"定义。叶忠海教授在其《社区教育学基础》中指出："到目前为止，各家所下的定义有140多种，直到如今，人们对'社区'一词还有不同的理解。"

尽管如此，学者们有一点却是一致的，即承认社区是一个空间单位并有一定的地域。所以，从空间入手，确定社区的空间特点，是把握"社区"概念的关键。美国社会学家戴维·波斯在其所著的《社会学》一书中指出：社区是指"在一个地理区域里围绕着日常交往方式组织起来的一群人"。日本社会学家横山宁夫在其所著的《社会学概论》一书中也指出："社区具有一定的空间地区，它是一种综合性的生活共同体。"费孝通主编的《社会学概论》一书认为：社区是若干个社会群体（家族、氏族）或社会组织（机关、团体）聚集在某一地域里形成的生活上互相关联的大集体。龙冠海所著的《社会学》也认为：社区是有地理界限的

---

① 胡鸿保：《社区概念发展的历程》，《中国政治青年学院学报》2002年第12期。
② 同上。

社会团体，即人们在一特定的地域内共同生活的组织体系共同组成的地域团体。叶忠海教授在其所著《社区教育学基础》一书中对社区的内涵作了如下界定："社区是指由聚居在特定的地域内具有某种互动关系、共同的文化特质和心理归属感的人群所组成的社会生活共同体。""特定的地域"和"成员的一致性"是构成社区的两大支柱要素。

综合国内外有关"社区"的定义，笔者比较赞同叶忠海对社区内涵的界定。如果要给社区下个定义的话，笔者的表述是：

社区是具有某种互动关系和共同地缘文化的、有秩序的、有感情的人群进行一定的社会活动的地域空间；社区是具有共同利益的居民的结合，它重视人与人的相互交往和影响，这种联系既是资源的配置过程，也是民众参与的过程；社区是介于社会和团体之间的社会实体。

社区是社会的组成部分，社会整体是由若干不同类型的社区所构成的，同时，社区是社会的缩影，是具有相对完整意义的社会实体。

三　社区的要素

所谓"社区的要素"，是指构成社区的主要因素。对此，国内外学者在研究社区的过程中都有所涉及。

希拉里从1995年收集的资料中发现，在已经有的94个"社区"定义中，有69个定义承认社区有下列因素：（1）社会互动；（2）地区；（3）共同的约束。

姜纳森的研究表明，大部分的社区研究同意社区含有如下因素：（1）人口集团；（2）地域；（3）部分与劳动分工的互赖体系；（4）具有文化和社会活动的特质；（5）归属感；（6）自我维持与发展。

国内学者一般认为社区的构成有以下六个基本要素：[①]

一是一定数量并成一定规模的居民。人口是构成社区的主体，一定数量的居民是社区存在的第一个前提。不仅如此，最重要的是这些居民具有下列共性：其一，居住在共同地区，彼此常有往来；其二，具有共同的利益，相互需要帮助；其三，具有公共的服务设施，如市场、学校、交通等；其四，具有共同的需要，包括生活的、心理的、社会的需要等；

---

① 叶忠海：《社区教育学基础》，上海大学出版社2002年版，第19页。

其五，面临共同的问题，如经济方面的、教育方面的、卫生方面的等；其六，具有共同的社区意识，即对所居住的社区有一种心理的认同和共同的归属感；其七，具有共同的关系，如生产关系、社会关系等。

二是一定的地域。社区是地域性的社会。地域是社区里人们活动的空间和承载体。没有一定的地域，人们的一切活动都将失去依托、无法进行。从这个意义上说，社区是人类和自然环境的有机统一体。

三是一整套相对完善的生活服务设施。居住在某一社区的人们，要进行各种活动，就要有保证人们活动的基本条件，如医疗、教育、邮电、文化、商业等服务设施。没有必要的生活服务设施，也就不可能形成稳定的社会生活共同体，当然也就形不成社区。

四是特定的文化。每个社区由于区位条件、自然条件、经济发展水平、居民职业结构以及历史文化传统的差异，必然形成特定的地域空间的特色文化，以区别于其他社区。

五是认同心理和归属感。这种认同心理和归属感是人们在特定的社区里长期共同生活所逐渐形成的，是社区成员的黏合剂，是社区成员共同行动的心理基础。

六是相应的制度和管理机构。社区要有序地运转，人们要正常地交往，这必然要求人们的行为有一定的规范，并要有相应的管理机构进行组织和管理。

综合以上观点，我们认为构成社区的要素至少有以下四个方面：(1) 一定的人群，这是社区存在的前提和基础；(2) 一定的地域，这是社区存在的空间保障；(3) 社区中共同生活的人群的共同行为规范、生活方式和社区意识，这是社区存在的文化维系力；(4) 社区中人们的各种活动及互动关系，这是社区动态的基础，也是社区的核心内容。

四 社区与社会、区域的区别

（一）社区与社会的区别

社区是社会的一部分，社区与社会是具体和抽象的关系。社会是相对抽象的；社区是人们生活的客观存在，是能直接感受到的。社区与社会的区别可以从四个方面来进行具体表述：

第一，从地域、空间上看：社会不注重地域的概念。所谓"社会空间"，通常是指人们活动的范围以及人们在活动中形成的组织和团体；社区则不同，它是社会空间和地理空间的结合。

第二，从共同性上看：社会中的各种关系虽然复杂，但研究者并不强调它们的共同性；社区研究则十分重视社区中人群共同的社区意识和行为规范。

第三，从紧密性上看：社会中的各种关系较为松散；社区中的各种关系与社会相比则更为紧密，人们的交往频率也比社会高。

第四，从结构上看：社会中的人们总是生活在一个或几个相互交织的社区内；社区则是人们生活的基本场所。

(二) 社区与区域的区别

区域是指一种在同质地理环境基础上形成的，以一个以上中心地为纽带连接广大腹地并具有相似的社会文化及共同利益关系的大的空间单位。其主要特点是：(1) 具有一个以上的中心地，由中心地连接腹地，形成一个功能体系；(2) 同质地理，在气候、雨量、地形、土质及物产方面有类似性；(3) 共同的利益，人们在经济发展、政治稳定、和平维护等方面有共同的利害关系。

由此我们可以看出社区与区域的差异表现在以下三个方面：

第一，从空间规模上看，区域大于社区。

第二，从内部的各种结构和关系上看，区域较社区更为复杂，具体差异见表1-1。

表1-1　　　　　　　　社区与区域差异的比较

类别	组合力量	团体程度	从属心理	地域界限
社区	自然和历史力量	初级关系	同属性	可以划定
区域	功能力量	次级关系	疏离感	无从划定

资料来源：厉以贤：《社区教育原理》，四川教育出版社2003年版，第7页。

第三，从社会互动上看，区域是非经常性和非连续性的，而社区的社会互动是经常性和连续性的。

五 社区的分类

关于社区的分类，可以从纵向和横向两个方面来考察。

（一）纵向分类

纵向分类是从纵向的角度进行分类，侧重于从时间和历史的线索加以考察。据此，社区可以划分为三种类型：

（1）传统社区。主要是指历史上传统生产和生活方式的社区形态及其延存。这类社区在当今的发达国家中已不多见。

（2）发展中社区。它是传统社区向现代社区发展过程中的社区形态，既保留了传统社区的特征，又具有现代社区的内容。

（3）现代社区或称"发达社区"。它与"发达社会"的概念是一致的，表现为城市与农村的现代化及城乡一体化。

从我国目前的情况来看，国内三类社区并存且大多数社区处在从第二类社区向第三类社区过渡的阶段。

（二）横向分类

横向分类是指从横向的角度进行分类，侧重从空间的角度对社区加以考察。据此，社区可以分为空间性的和非空间性的，参见表1-2。

表1-2　　　　　　　　社区横向分类

空间特征	空间性的			非空间性的
分类	行政社区	自然社区	专能社区	
社区举例	行政村落、乡、区、县等	城市、乡村、自然村落、自然镇、集居民族等	经济社区、工业社区、文化社区、生活社区等	宗教社区、种族社区、散居民族等

1. 空间性的社区具有明显的空间特征，它又包括以下三类：

（1）行政社区。也就是国家区划、人为组织的统治区域，也可称为"法定的社区"。

（2）自然社区。指人类在生产和生活中自然形成的定居区。自然社区是非人为的、自然形成的、共生共享的社会地理空间。有时自然社区和法定社区是重合的。

（3）专能社区。从事某些专门活动的人们形成于一定地域空间上的聚集区，如经济社区、工业社区、文化社区、生活社区等。

2. 非空间性的社区是指空间特征不明显的社区，主要是精神社区。从空间特征上看，人们没有明显的共居地，可是有着共同的成员意识和隶属感，有着某些共同的价值观念、信仰和生活方式等。

六　社区的功能

社区的功能可以有不同的分类，这里将其分为一般功能和特别功能。

（一）社区的一般功能

社区的一般功能包括经济功能、政治功能、文化功能、教育功能、服务功能等。

1. 经济功能

社区可以在生产、分配与消费活动上对社区居民提供协助。社区居民生活所需的民生用品、设备、生产工具等物资，需要彼此互通有无。社区也会形成大家共同遵循的交换习惯、交换方式和交换规则并发展出各种经济性的组织。各种商店、集市及超市等都是不同社会条件下的社区经济活动形态。

2. 政治功能

社区应提供机会和渠道，使社区成员能为自己的权益说话，能保护自己的利益；社区需要有部门负责处理社区公共事务，此部门要不断提高自身处理事务的效率和能力；社区需要有部门或公众领袖促进社区内不同部门的协调与合作，以形成凝聚力和社区共识。

3. 文化功能

社区应形成自身特定的文化现象，包括价值观、行为规范、生活方式、风尚习惯、历史传统及社区意识等，也包括卫生、保健、娱乐等方面内容。

4. 教育功能

社区通过教育组织和教育机构以及社区的教育活动，提高全体成员的素质和生活质量，开展社会公德、职业道德和家庭伦理道德建设，养成文明习惯，形成社区新风尚，建设文明社区。

5. 服务功能

服务功能包括社区福利服务和便民服务以及社区服务的基础建设。人们利用社区资源，互帮互助，扶困济危，排忧解难。

(二) 社区的特别功能

社区的特别功能包括社会化功能、控制功能、参与功能、互助功能、聚集功能、场域功能等。

1. 社会化功能

社区具有社会化功能。在儿童时期，社会对于个人的影响主要来自家庭，但也有来自邻居及周围环境的影响；青少年阶段，社区的文化活动及同龄人团体对青少年的社会价值观形成和人格成长的影响相对来讲日益明显；社区内的各种社会组织和团体对成年人也产生社会化的功能。

2. 控制功能

社区的规范及风尚习俗对社区个人的行为有一定的控制力。这一控制力的目的在于使社区个人的行为和社区生活标准相一致。社区的各种教育活动是一种内在的控制力，而社区的舆论则是一种外在的控制力，社区可以用奖励符合社区规范行为的方式达到社区控制的目的。社区良好的社会化功能是社会控制力的重要基础。

3. 参与功能

为社区成员提供参与社区事务的机会是社区的主要功能之一，社区成员对社区事务及活动的参与则是组织社区和发展社区的基础。

4. 互助功能

在社区中，人们或邻里之间生活上的互助、支持和照顾，急难时的救助，参与志愿服务，成立互助组织等都是社区互助功能。随着社区功能的专业化，社区互助系统的分工也日益细密，形成了有专业人员负责的、制度化的社会福利组织体系。

5. 聚集功能

在社区，会集着不同年龄、不同文化、不同职业、不同经历的人们，文化、知识、技术、信息、资金等资源的聚集，使社区的经济生活、文化生活、教与学的活动丰富而活跃。社区的聚集功能把社区中的个人、家庭及各种单位按照社区的需要有序地联结起来。社区的聚集功能越强，社区的发展就越快。

6. 场域功能

美国社会学家桑德斯在《社区论》一书中把社会场域（社会的原野）视为社区的一种社会行动与互动的场域。它的特征是：所有成员都彼此发生影响；这个场是动态的，因为它处在一个连续的变迁状态之中；它是显露的，不完全受其成员集团特征所控制。社区场域是社会生活的重要文化源、知识源、技术源、资金源、消费源等，实际上是高度化的信息集，是人们实现欲望、追求抱负的地方。社区的场域功能为社区成员的生存与发展提供了机会和舞台。

七　我国对社区的定位

目前，我国关于社区的定位，在实际工作中出现了不一致的说法。

（一）民政部在社区建设中对社区的定位

民政部在 2000 年下发的《民政部关于在全国推进城市社区建设的意见》中对"社区"做了这样的解释："社区是指聚集在一定区域范围内的人们所组成的社会生活共同体。目前城市社区的范围，一般是指经过社区体制改革后作了规模调整后的居民委员会辖区。"民政部把"社区"定位在扩大了的居民委员会上。然而，居民委员会属民众自治组织。通过以上对社区的定义及分类的阐述，我们可以知道：居民委员会仅仅是社区的一种形态，并非唯一形态。从我国的现实来说，人们对城市社区范围的认识，除居民委员会外，一般还指街道、区、县等。我们的社区建设可以从居民委员会做起，然而这并非唯一的选择。

（二）教育部社区教育实验中对社区的定位

2001 年教育部在部署社区教育实验时，把实验社区定位在"大中城市的城区或县级市"，并将这种论断写入了《社区教育实验工作经验交流会纪要》。这种定位方式只是为了在实验过程中方便进行管理和比较，并非把"社区"仅视为"区"或"县"。正确的理解应该是：由于工作或任务的需要，我们可以把社区定位在某一层次。但是，把社区的定位范围固定化、局限化、绝对化或唯一化，都有片面性。

第二节　社区教育的兴起和发展

现代意义上的社区教育的产生和发展，是18世纪以来社会生产力高度发展、科学技术日新月异、社会由传统向现代发展的必然结果。从1844年北欧创办第一所"民众中学"起，社区教育迄今已走过了一个半世纪的历程。在欧美以及日本一些发达国家和地区，社区教育已成为与正规学校教育并重共存的现代文明的主要传播渠道，并已成为现代社区发展的重要组成部分。在中国，据考证，社区教育萌芽于元朝的社学（比北欧的民众中学早550多年），兴起于20世纪20—30年代的教育改革运动，复兴于20世纪80年代的社区建设浪潮。现分别对欧美、日本以及中国社区教育的兴起和发展加以阐述。

一　欧美社区教育的兴起与发展

社区教育的发生与发展不仅与国家和地区的社会政治、经济、文化等因素密切相关，而且在对赋予本国民众现代性、推动社会现代化发展等方面都会产生积极的影响和作用。

（一）北欧各国的民众教育先驱行动

北欧地区包括冰岛、丹麦（含格陵兰、法罗群岛）、挪威、瑞典和芬兰，属世界上经济发达的"福利国家"地区，也是现代社区教育雏形的发源地。北欧各国素有倡导文明、重视教育的历史传统。民众学校是北欧国家独有的普及性、大众性成人教育形式，被称为社区成人教育的"斯堪的纳维亚模式"。19世纪中叶，以北欧各国工业化、人口增长和移民增加为主要特征的社会现代化运动带来一场规模空前的群众运动。这场运动提高了北欧民众的自我意识和对知识的追求，也引发了以成人为对象的各种教育活动的蓬勃展开。1844年，丹麦著名的民众教育家柯隆威在罗亭创办丹麦第一所民众中学，这是整个北欧民众中学教育运动的开端。柯隆威作为丹麦民众中学和现代社区教育运动的创始人，在丹麦民族危机严重、社会矛盾剧烈的关头，提出"失之于外，须自求补偿于内"的观点，强调要用教育的力量来激发民族精神，来促进民族自强，从而达到改善人民生活的目的。在他看来，教育是一种精神的激励和心灵的启迪，目的在于解除思想的束缚、追求个人的发展。柯隆威从丹麦是农业国这一基本国情出发，强调教育要适应农民生活的需要，给予农民生活以动力。他提出民众中学的宗旨是："为民众启蒙，为民众教育。"丹麦另一民众教育家斯腾·科尔德将柯隆威的教育思想付诸实践，设立了罗亭第一所民众中学——"家庭式民众中学"。其办学理念是："首先唤醒生活，然后启蒙。"自此，家庭式民众中学以蓬勃发展的势头推动了丹麦的民族与民众运动。1871年，丹麦家庭式民众中学发展到51所，对弥补丹麦公共教育制度的不足起到了很大的作用。进入20世纪，民众中学运动又开始与工人运动、体育协会运动及其他群众组织建立起广泛而且密切的联系，对北欧各国的教育改革产生了很大影响，也为北欧社区教育发展注入了新的活力。

在丹麦民众中学教育运动影响下，"民众中学"模式很快遍及北欧其他国家。1864年，挪威在哈马尔附近建立了第一所民众中学，这也是挪威制度化社区成人教育的开端。1868年，瑞典建立了3所家庭式民众中学，当时称"农夫中学"或"平民中学"。到1871年，瑞典共建立民众中学20多所，在北欧民众中学运动中成绩显著。芬兰有着与丹麦相近的政治、经济、文化发展历史。它于1889年在康加沙拉建立了第一所民众中学，以后又建立起以手工艺为教学重点的妇女学校。冰岛受柯隆威民众教育思想的影响，在民众中学教育运动中建立了以公民教育和民族意识养成为重点的社区成人学校，并根据自己的国家多岛屿、百姓大多以捕鱼为生的特点，将民众教育作为一项普及文化的工作。由此可见，在柯隆威的民众教育思想影响下掀起的北欧民众中心教育运动，在给北欧国家带来教育制度现代化改革成功的同时，也带来了国家的富强和繁荣。这不仅使以农民为主体的广大民众受益匪浅，更重要的是它给民众人文素质的提高和对成人教育的普及带来深刻的影响。

进入20世纪，民众教育在北欧继续稳步发展，并出现了以下发展特点：一是政府通过立法支持民众教育。北欧各国政府重视民众教育立法，采取法律措施保证民众教育的实施。比如，丹麦政府颁布的《闲暇时间教育法》《成人社会教育法》，瑞典议会通过的《民众中学法》《学习小组法》等，对民众教育的地位、教育目标、管理体制诸方面都作了详细规定，使民众教育在法律上得到保障。二是民众教育与民众运动紧密结合。民众教育与民众运动、劳工运动紧密结合在一起，各种政治派别和民众运动组织积极参与民众教育，并建立了以教学为目的的独立民众组织。比如，1912年瑞典建立了工人教育协会，1932年挪威建立了工人教育协会，1945年丹麦自由党建立了自己的教育机构。此外，诸如基督教会、家庭主妇协会、青年联盟、农业和渔业协会等也都建立起独立的教育机构。同时，北欧地区的志愿者协会在民众教育中发挥了重要的作用。三是民众教育以人为本，注重人文精神的培养。这表现在民众教育强调培养发展人的独立性、合作性，它继承了民众中学以人文为导向、先"唤醒"后"启蒙"、先"生活"后"知识"的传统，使人的个性得到充分发展。四是民众教育不断从中心地区的社区向偏远地区的社区渗透，民众教育的覆盖面增大了。比如，北欧地区在推进民众教育的过程中，充分考虑到诸如挪威海、波罗的海岛屿这些偏僻的地区，采取建立多种形式的民众教育机构以及流动民众图书馆等方式，使偏远地区的民众教育得到发展。

上述北欧民众中学的形成与发展过程，诠释了柯隆威"失之于外，须自求补偿于内"的教育理念，并深刻阐明了教育的内化功能，即教育是促进人的内在素质发生变化的重要因素。近一个半世纪以来，北欧各国从欧洲贫穷农业国家成为先进的工业化"福利国家"，其成功的背后离不开"自求补偿于内"的重视教育的传统，更离不开崇尚人文、以人为本的现代教育意识。在这种教育理念的指导下，民众中学为北欧各国的发展造就了具有现代社会精神气质和技术才能的社会成员，满足了北欧各国社会现代化对人才的需求。

（二）美国社区学院的兴起与发展

社区学院是美国现代社区教育的主要基地。19世纪初叶，美国继英国之后开始进入产业革命时期。这一时期以纺织机和蒸汽机的广泛应用为标志，经历了从生产工具到生产动力等一系列的重大改革，以手工劳动为基础的手工业转向了大机器工业生产，资本主义制度迅速确立。美国社会开始了由农业社会向工业社会的过渡。产业革命引起了种种社会需求，包括对适应机器大生产的熟练劳动者的大量需求、普及自然科学知识的需求、开展各种职业教育的需求等，由此激发起美国社区教育的勃勃生机。其最初表现为出现了由一些徒工和机械工为提高自己的社会地位、改善经济条件掀起的争取受教育运动。比如，1826年，马萨诸塞州创立了工农自由组织——讲演会，它以讨论公共关系问题为宗旨，在当时产生了很大的影响。紧接着又出现了市民为改善自身生活而开展的专题演讲会、演唱会等互学活动。随着产业化进程的不断推进，类似的组织在一些经济发展迅速的社区发展起来，1834年已达到3000个。同时，各工矿企事业为了自身发展的需要，也主动开设各种形式的职工教育。例如，纽约制桶工会为本行业工人开设了夜校课程，纽约商业图书馆向职员开设簿记课程等。与此同时，在现代化社会巨大的教育需求冲击下，许多传统高等学府也开始向社会开放。最典型的是1830年美国耶鲁学院本杰明·西里曼教授面向社会民众开设的化学课，这拉开了大学为社会服务的序幕。

从南北战争中工业资产阶级夺取全国政权开始，美国进入全面实现资本主义现代化的时代。为了满足社会经济快速发展、科学技术突飞猛进及新兴资本主义制度不断完善和巩固的需要，现代社区教育得到了进一步的发展。美国联邦政府把发展社区教育作为维持社会秩序、促进经济发展的手段，通过立法加强对社区教育的干预。这从客观上起到了规范社区教育、推动社区教育发展的作用，1862年著名的《莫雷尔法案》颁布后，各州相继成立的"土地赠予学院"就是最好的证明。同时，美国州政府也采用立法措施，加强对本地区社区教育的干预。以加利福尼亚州为例，1907年，该州立法规定：州内城市地区、县、工会等创办的学校（中学），其董事会有权为其毕业生开设中学后课程。若干年后，该州再次立法规定：州与县必须对初级学院的学生给予经济资助，标准与办法和给予中学生的相同。

美国社区学院的前身是"初级学院"。在当时社会现代化发展的冲击下，社会上出现了大批中学毕业生上大学难、众多成人迫切需要参加继续教育更新知识和技能但传统学校却无法满足他们的要求的局面。在这种情况下，一种新型的学校——初级学院诞生了。刚开始或将部分四年制大学调整建立初级学院，或将四年制大学的一年级、二年级划为初级学院，或在中学里附设初级学院部，或将师范学校、职业学校、技术学校改成初级学院。同时，政府也出资创办了一批新的公立和私立初级学院。自20世纪初起，美国的初级学院发展迅速，表现在初级学院的办学目标和职能不断扩大、初级学院专业门类与课程设置逐步拓宽、初级学院面向社会的各种服务不断丰富等方面。在长年积累的基础上，美国逐步形成了围绕社区运作的教育服务机制。20世纪40年代，为了更贴切地反映"初级学院"的社会职能，经许多教育家和社会人士的讨论，"初级学院"改为"社区学院"。20世纪50—60年代，在美国政府的直接推动下，社区学院经历了高速发展期，由此奠定了社区学院在美国社区教育中的核心地位，并使其成为具有美国特色的现代社区教育的主要基地。

美国社区学院的产生与发展历程表明：社区教育的产生与发展是美国由农业社会向工业社会过渡、社会结构发生变迁、社会走向现代化的客观需要，也是身处变迁社会中的民众为了适应社会发展的需要。同时，这也是民众积极通过参加社区教育活动，获得新的思想观念、行为方式和知识技能，获取现代性的必然结果。

（三）英国产业化进程中的社区教育

英国是产业革命的发源地，是世界上最早实现工业化的国家，也是较早开展成人教育的国家之一。由于社会、政治、经济、历史等原因，英国的社区教育经历了漫长的发展历程。18世纪产业革命兴起后，英国出现了由宗教界人士自发组织的向贫民传播教义、进行启蒙扫盲的贫民学校和图书馆，这被视为社区教育的萌芽。工业革命的发展，使社会对熟练技术工人的需求量急剧上升，同时也使城市人口的数量和贫民窟的数量猛增，由此催生了英国创办工艺学院运动及职业教育、文化教育的大发展。1870年，《全英教育法案》的颁布标志着普及教育的开始。从总体来看，这一时期社区教育的产生主要有以下几个方面的原因：一是出于宗教界救世济贫的动机。该时期的社区教育主要由宗教界一些人士和组织发起，目的是向贫苦民众传播教义、启蒙扫盲。二是工业革命发展对技术人才的迫切需求。三是工业革命带来城市人口膨胀、贫民窟大量出现等社会问题。但是，从入学率和教育效果看，其并不尽如人意。

1902年，英国通过《新教育法案》，使地方教育行政机构合并，增加了对地方教育经费的投入，使地方教育行政权力不断扩大。这给社区教育发展带来新的机遇。各地方教育主管部门采取因地制宜的社会教育的措施，逐渐形成了地方性社会教育特色，使参加社会教育的人数持续上升、教育规模不断扩大。例如，1902年，参加英格兰、威尔士的夜间学校学习的人数达到 528000 人。19 世纪末，英国兴起普及教育和家属选举权运动，使市民教育平等、政治权力平等的意识不断增强。此时，英国先后出现了以提高工人政治意识为目的的英国工人教育协会和劳工学院，形成了颇具特色的"参与教育"。第二次世界大战后，英国经济恢复并发展迅速，市民在物质生活质量不断提高、闲暇时间增多的同时，注重追求精神生活质量的改善。至此，在社区学院、乡间学院等社会教育场所出现了大量提高市民修养、满足其精神生活需要的课程，如园艺、音乐、舞蹈、绘画、雕刻等。据有关资料统计，1962 年参加上述课程的人数约有 96 万人。

1968 年，自《辜边肯报告书》发表以来，英国社区教育进入又一个新的发展阶段。许多大学纷纷开设有关社区教育工作的课程并颁发文凭，使社区教育专门人才的培养与社区研究工作得到推进。其标志是：1978 年，英国成立了"社区工作人员协会"，该协会很快得到社会的认可。由于各地方政府对社区教育的重视和支持，20 世纪 60—70 年代以来，英国逐渐形成了社区教育网络，其表现如下：一是在英国各所大学、技术学院、继续教育学院普遍设立了推广部或社区教育部，为学校所在社区的成员提供多学科的推广课程；二是地方政府直接承办多种类型的为社区民众提供教育服务的学校，如地区成人教育中心、社区学院、乡村学院等；三是利用信息技术发展远距离教育，形成开放式教育系统，如以剑桥为基地的全国推广学院；四是加强学校、家庭、社会之间的联系，英国政府在 1980 年颁布的《教育法修正案》及 1988 年颁布的《教育改革法》中，都加入了有关学校、家庭、社会之间联系的条款。目前，英国中小学普遍成立了"教师家长联谊会""家长联谊会"等团体，开展"家长接待日""开放日"等活动。有的地区，如松莫塞特区，还设立"社区计划学习网"以满足社区居民的学习需要，受到社区民众的欢迎。

纵观欧美各国社区教育的发展历程可发现，社区教育的产生与发展离不开四个要素：一是整个人类社会由传统向现代的变迁；二是社会生产力水平提高和科学技术的发展所引发的提高劳动力素质的客观要求；三是社会经济水平提高为人们所创造的一定的物质基础条件；四是人类自我意识的觉醒，并由此产生的人的精神发展的主观需要。自 18 世纪欧洲产业革命揭开了人类社会现代化的历史序幕之后，社会生产力以农业经济时代无法想象的速度和规模持续高速增长，科学技术作为第一生产力的作用得到充分显现，也由此引发了数千年来欧美国家教育领域的一场现代化变革。

二 日本社区教育（社会教育）的兴起与发展

社区教育在日本称为"社会教育"。日本的社会教育有广义和狭义之分。广义的社会教育是指除家庭教育和学校教育以外的一切领域的教育活动，包括公开讲座、学习小组活动、讨论会、参观展览等有组织的教育活动，也包括读报、看电视、听广播、与人交谈等带有教育性质的各种活动。狭义的社会教育是指日本近代学校教育制度产生以后作为与学校教育制度并驾齐驱的国民教育制度，除在学校、家庭和企业之外的设施、场所开展的有目的、有组织的教育活动，如在公民馆、图书馆、博物馆、终身学习中心等地开展的学习活动。本书主要讨论的是狭义范畴的社会教育。

明治维新后，日本政府实施"富国强兵""殖产兴业""文明开化"三大政策。明治五年（1872），日本为赶超欧美发达国家、摆脱贫穷与落后的状况，进行了第一次教育改革。国家引进西方的现代教育体制，设立大、中、小各级学校，设立科学功用的教育目标，形成了近代资本主义教育体制。同年，日本文部省举办博览会。会议结束后，政府将所有设施和参展作品保留下来，改成了博物馆，用于对国民进行普及教育。这是日本政府第一个以社会教育为目的而设立的博物馆。同年4月，文部省又在博物馆内设置书籍馆，这成为日本最早的图书馆。此后，在政府的鼓励和支持下，日本各地纷纷兴办博物馆、图书馆。1887年，全国共设立博物馆10个、图书馆17个。这些设施不仅对日本国民的文明开化、启蒙思想教育产生了重要作用，而且成为日本国民举行读书、学习活动的中心。1877年，受文明开化和启蒙思想的影响，日本青年开始兴起自由民权运动，出现一大批宣传西洋新知识、开展启蒙教育的"民权学习社"。1887年，日本政府以地方教育会为中心，发动了以奖励就学为目的的"通俗教育"活动。地方青年会为一些未能就学的青年以及没有升入中等学校的学生提供义务补课。

第二次世界大战结束后，日本政府在美国教育使节团的建议下，从迅速消除军国主义和极端国家主义、建立民主和平文明国家这一目标出发，进行了第二次教育改革。昭和二十二年（1947）三月，文部省颁布《教育基本法》，其中第七条（社会教育）提出："国家和公共团体必须奖励家庭教育、学校教育以及劳动场所以外的教育。国家和地方公共团体要适当利用图书馆、博物馆、公民馆、学校等各种设施来实现教育目的。"文部省于1946年8月成立教育委员会，提出振兴社会教育的一系列具体措施，并制定了关于社会教育的3个法案，即《社会教育法》《图书馆法》《博物馆法》，使明治以来的社会教育有了法律依据。通过社会教育法制化，日本把社会教育确立为国民的权利。1946年，文部省向地方发布《关于公民馆的设置和运营》的通知，阐明了公民馆的宗旨、具体设置和管理方法等事项。社会教育设施公民馆的诞生与发展，成为日本社会教育的一个亮点。与此同时，第二次世大战后日本新诞生的家长与教师联合会（PTA）、妇女联合会、地域青年团等社会教育团体也迅速成长起来。

1955年，随着日本经济进入高速增长期，日本国民的生活发生了深刻的变化。有关社会教育环境的改善、社会教育内容与形式的更新等问题亟待解决。日本开始积极增设城市社会教育设施与场所，注重培养社会教育专门人才，在市町村设置社会教育主事、社会教育指导员等专职人员，并充分利用城市的博物馆、图书馆、科学馆、音乐馆等公共设施开展社会教育活动。同时，日本也开始培育和发展社会教育志愿者队伍及民间组织团体（NPO）。

20世纪70年代后，日本在经济持续高速发展、社会现代化过程中遇到各种各样的社会问题。如地方的城市化和工业化、劳动力的雇用化和国民文化素质的现代化相对于经济开发、社会现代化的滞后；伴随着大众化、信息化所发生的文化变革，出现了以校内暴力、拒绝上学、欺负弱小同学为特征的"教育荒废"现象等。所有这一切都要求日本进行第三次教育改革。改革的重点是：第一，强调教育改革和经济改革同步进行；第二，改革目标直接指向教育的刻板划一性、封闭性和非国际化；第三，重视发展学生及每个公民的创造力和个性；第四，重视社会教育和家庭教育的作用。1971年，社会教育审议会发布《适应社会结构急剧变化的社会教育应有状态》一文，根据终身教育的理念，从分析人生命周期各个时期的教育课题入手,确立了以终身学习为背景的社会教育新方向。

1987年,在临时教育审议会提交第四次咨询报告后,文部省成立了以文部大臣为部长的文部省教育改革实施总部,制定了《教育改革推进大纲》,要求行政部门努力促进终身学习体制的建立与完善。1988年,文部省为推进社会教育向终身学习体系过渡而进行了组织机构调整,将社会教育局更名为"终身学习局"。2001年,随着日本中央行政机构的改革,终身学习局改称为"终身学习政策局",目的在于发展社会教育团体、援助民间文化教育事业、提供学习信息、建立学习信息网、促进学校向地区和社会开放以及制定有助于创建终身学习体系的方针政策。据文部省调查统计,2000年日本参加各种终身学习的人数分别是:参加公民馆等社会教育设施开设班级和讲座的听讲者1075万人,参加知事部局、市町村开设班级和讲座的听讲者1097万人,参加民间文化中心听讲者308万人,参加大学公开讲座者75万人,参加研究生院函授教育者76万人,参加职业训练设施等的58万人。截至2002年,全日本设有公民馆(或相当于公民馆设施)17947所、图书馆2742所、博物馆1120所,其总规模和数量超过中等学校。[①]

从以上分析可以看出,日本社会教育虽然比欧美国家起步晚,但发展很快。特别是第二次世界大战结束后,在美国教育使节团的建议下,通过制定了《社会教育法》《图书馆法》《博物馆法》三个法案,在国家立法保护下,日本逐渐形成了以公民馆、终身学习中心等社会教育设施为依托的社会教育模式,同时日本经过不断的改革和扩充,构建起一套比较完整的社会教育体系,对社会现代化发展、国民教养提高以及满足国民的终身学习需要发挥了重要的作用。

三 中国社区教育的兴起与发展

中国社区教育起源于何时,又有过怎样的发展轨迹?我们在研究我国几千年来教育发展历史的基础上初步得出以下结论:我国社区教育萌

[①] 秦钠:《中日都市社区教育比较研究——以上海和大阪为例》,《上海大学》2006年第2期。

芽于元朝的社学，兴起于20世纪20—30年代的教育改革运动，复兴于20世纪80年代的社区建设浪潮。

（一）我国古代社区教育的萌芽——社学

关于我国社区教育最初起源于何时、我国古代有没有社区教育或者有没有社区教育的萌芽等问题，目前尚未见有公之于众的研究结论。我们在运用当代社区教育理念研究中国古代各种教育形态之后认为：出现于元代的社学教育，具有某些社区教育的特质，因而应被视为中国社区教育的萌芽。据《新元史·食货志》载，元朝政府规定："诸县所属村疃，五十家为一社……每社立学校一，择通晓经书者为学师，农隙使子弟入学。如学文有成者，申复官司照检。"① 当时的社学是设立在农村地区的村一级学校，学生农闲时入学，学习成绩佳者可以得到官方认可。这是目前所知最早的我国史书关于"社学"的记载。

明代社学十分发达，各地普遍设立社学。洪武八年（1375），太祖"召天下立社学"，各地遵诏奉行。《松江府志》载："洪武八年三月，奉礼部符……本府两县城市乡村皆设社学。"《姑苏志》亦载："洪武八年，府州县每五十家设社学一所。本府城市乡村共建七百三十所。"到清代，各地社学仍很发达且管理更趋完善。《清朝文献通考·学校考八》载："旧例各州、县于大乡巨镇各置社学，凡近乡子弟年十二以上二十以下有志学文者，令入学肄业。至是复经审定，将学生姓名早册申报。"更值得注意的是，清朝社学跟府、州、县在学制上连为一体：凡在社学学习成绩优异者，经考试可升入府、州、县学为生员；反之，如成绩不佳，则被遣退回社学。

由此来看，明代继承元代的社学制度，经政府大力提倡，达到封建社会社会教育的高峰。清代社学的管理趋于完善，社学与正规的府、州、县学学制相互衔接，成为一种基本的基层教育制度。纵观我国古代社学发展历程，我们认为其有以下几个突出特点：一是起步早，我国早在元代已经有了社学，这在当时处于世界领先地位；二是社学是普遍设立在农村或乡镇的基层自治性教育组织，不分等级，对所有青少年开放，具有普及教育的性质，为我国古代教育大众化做出了卓越贡献；三是社学

---

① 孙培青：《中国教育史》，华东师范大学出版社2001年版，第238页。

一般在农闲时开学，在农忙时停学，学不误农时，体现了教学组织的灵活性；四是社学跟府、州、县学等正规教育机构相互衔接，这就把正规教育和非正规教育连为一体，充分体现了古代社学制度的完备性。总之，我国古代社学的很多做法跟当今的社区教育的理念具有契合之处，对发展当今社区教育尤其是发展农村社区教育仍然具有十分重要的意义。

但是，社学只能算作我国社区教育的萌芽，它不能跟现代社区教育相提并论。它在本质上仍然是传统的旧式教育形态的变种。它在形式上是先进的，但在内容上是守旧的，是地道的旧式教育。以明代社学为例：社学先学《三字经》《百家姓》《千字文》，而后学经、史等内容，外加习冠、婚、丧、祭之礼，其学习亦是为了科举应试。

我国传统教育由于是一个"超稳定结构"，难以适应近代社会急剧变迁的形势，尤其是18世纪以来，面对西方教育的快速发展无所作为、故步自封，加上宗法社会夜郎自大的心态作祟，我国古代社学没有朝近代化方面转型。因此，我国当今的社区教育不是作为古代社学的继续，而是受国外社区教育发展影响而发展起来；不是旧式社学的复兴，而是引进国外经验为我所用的产物。

（二）近代社区教育的宝贵尝试

我国古代社学因未能顺应教育近代化转型的趋势而日渐衰微。至近代西人东侵，国人才将目光转向国外，向欧美寻求济民救国的良方。20世纪30年代，中国社会发生了一场农村教育革新的思潮。其原因是什么呢？从客观上说，是国民党政府迫切需要寻找一套解决农村"叛乱"（即土地革命）的方案，借以稳定农村社会秩序、化解农村社会矛盾、挽救农业发展颓势。从主观上论，当时有一批聚集于大专院校、研究管所里的专家学者，他们或受过良好的新式教育，或从欧美强国留学归来（如傅葆深曾获美国康奈尔大学乡村教育博士学位），他们目睹欧美诸国乡村教育发达之盛，感叹中国农村教育落后之现状，怀抱救国救民之志，掀起了一股"博士下乡"的浪潮。他们不再是坐而论道，而是跑到乡下去，住下来，实地进行各种教育实验。此时的各种教育实验诸如民众教育、生活教育、乡村教育、平民教育等，虽然不是正式作为社区教育的具体名称被提出，但考察其理念与实践，其中有不少内容属于社区教育的范畴，包含了社区教育的要旨。平民教育派的河北定县乡村建设实验区、乡村建设派的山东邹平乡村建设实验区与生活教育派创办的上海工学团是这一时期最具代表性的社区教育的典型。

1. 平民教育派的社区教育模式

平民教育派是近代中国影响最广的教育流派之一，以晏阳初等人为代表。他们运用社会调查的方法，以河北定县为实验样本，详细调查了农民的生存状态，开展了一系列的教育与社会的改造运动。就其实验内容的实质而言，平民教育运动与当今的农村社区教育最为接近，对当今社区教育的启示意义最大。

首先，平民教育派主张教育要跟社会改造连为一体，借推行平民教育以实现社会改造，赋予教育以更为深远的社会意义。

其次，平民教育以培养"整个的人"为目标。蒋梦麟认为，平民教育要实现每个人的价值，要"养成活泼之个人"，"养成独立不移之精神"，"养成健全人格"，"养成精神明晰之思考力"。[①]

再次，平民教育的终极目标是要"彻底根除国民劣根性"。他认为平民存在许多不可迁就姑息、必须予以脱胎换骨改造的劣根性，认为必须从根本上解决文化深层次中存在的劣根性，要挖掉这个恶根子。对此，胡适主张要铲除当时中国存在的"五大仇敌"："第一大仇敌是贫困，第二大仇敌是疾病，第三大仇敌是愚昧，第四大仇敌是贪污，第五大仇敌是扰乱。"[②]

与胡适稍有不同的是，晏阳初所提出的解决教育问题的方案不是凭空想出来的，而是深入乡村调查研究出来的。他不是愤世嫉俗或指手画脚，而是与平民交朋友，共同向平民的仇敌开战。他总结农村的根本问题在于"愚、穷、弱、私"四个字，并针对此种情况分别开展"四大教育"：[③]

"以文艺教育攻愚，培养知识力。从文字和艺术教育着手，使人们认识基本文字，得到求知识的工具，为接受建设一切事务做好准备；除尽一切青年文盲，将农村优秀青年组成同学会，使他们成为农村建设的中

[①] 蒋梦麟：《过渡时代之思想与教育》，商务印书馆1933年版，第112页。
[②] 胡适：《中国问题》，新月书店1930年版，第39页。
[③] 晏阳初：《晏阳初全集》第1卷，湖南教育出版社1989年版，第175—249页。

坚力量。"

"以生计教育攻穷，培养生产力。从农村经济、农村工业等方面着手，以达到农村脱贫的目标；注意选种、园艺、畜牧各部分工作，应用农业科学；利用合作方式教育农民，组织合作社、自助社；提倡发展副业，以充裕经济生产力。"

"以卫生教育攻弱，培养强健力。注重大众卫生健康及科学医药的设施建设；创建农村医药卫生保健制度，由村到县组成一个系统的保健体系。县设保健院，区设保健所，每村设一个保健员，由平民学校的学员经过短期训练后担任。"

"以公民教育攻私，培养团结力。激起人民的道德观念，施以良好的公民训练，使人民有公共心、团结力，有最低限度的公民常识、政治道德，以建立地方自治的基础；经过道德训练，使每一个公民都了解个人与社会的关系，以发扬他们的公共心观念。"

此外，晏阳初还主张通过"三大方式"，即学校式教育、社会式教育、家庭式教育，循序渐进地推进贫民教育。由此可见，晏阳初的平民教育跟今天的农村社区教育十分相似，它对于今天开展社区教育仍有重要的借鉴意义。

2. 乡村建设派的社区教育模式

梁漱溟是乡村建设派的代表人物之一，其思想主要来自丹麦民众教育。他从文化分析的角度出发，认为当时中国的根本问题是极严重的文化失调。他认为欲解决该问题，就必须走乡村建设的路。[①] 这是因为"中国固至今一大乡村社会也；乡村坏则根本摧"。他提出教育应该发生两大转型："一为由都市教育改趋于乡村教育；二为由人才教育改趋于民众教育。"[②] 于是，以丹麦民众学校为样本，梁漱溟从1929年秋起，先在河南辉县设置学院，继而在山东邹平建设研究院，开始了他的乡村教育实验。其中实验的特点有：

首先，乡村建设以生命哲学为宗旨。梁漱溟笃信法国帕格森的生命哲学，故其乡村教育亦重视精神启发，注重唤起民众的生命存在意识。

---

① 梁漱溟：《梁漱溟全集》第2卷，山东人民出版社1990年版，第167页。
② 梁漱溟：《梁漱溟教育论文集》，江苏教育出版社1988年版，第89页。

为取得精神陶冶和人格感化之效,他创立"朝会"制度,从1931年到1934年夏,"天天黎明起来就作朝会(冬天都须点灯),极少间断过"。①

其次,广设乡村学校,实行乡村民众教育。学校的主要学习者不是儿童,而是成年的农民,学校的教育目标系统中有近期目标和远期目标。近期目标为:(1)对于一般民众,以提倡民族固有精神,共图乡村生活之向上改进为目标。(2)对于当地自然领袖,使其以"晓然有悟乡村建设的意义,肯于负责,有助于乡建勃兴,成为乡村建设人才"为目标。远期目标为:达到"村无游民,野无旷土,人无不学,事无不举"的标准。②

3. 生活教育派的社区教育模式

生活教育派是"五四"以后中国较具影响力的进步教育流派之一。它是以陶行知为代表,以生活教育为基本理论,以生活教育社为核心组织,以《生活教育》刊物为阵地的教育理论与实践学派。

陶行知的生活教育理论是在杜威教育理论的基础上产生的,又是对杜威教育哲学的重要超越。他认为:杜威的"教育即生活"是假的生活教育,"生活即教育"才是真的生活教育,杜威的"教育生活化"实际上是把生活当作装饰品点缀教育的内容,而不是把整个社会生活作为教育的中心内容。他认为生活教育的基本理念是"生活即教育",其含义为:"生活教育是生活所原有、生活所自营、生活所必需的教育,过什么样的生活便受什么教育。"具体来讲有以下几层意思:生活含有教育的意义,具有教育的作用,生活本身就是一种特殊的教育;生活随着人类生活的变化而变化;生活是教育的中心,与教育是同一的过程,教育必须与生活相联系、相一致,通过生活来进行,以满足生活向上的、前进的需要;生活是多种多样的,教育要引导人们过先进的、健康的、艺术的、高尚的、有目的的生活,反对落后的、消极的教育。

为了彻底实现生活教育,陶行知曾在上海建立一种集生产、教育、自卫三种职能于一体的自助型组织——工学团。其宗旨是"工以养生,学以明生,团以保生",教大众以大众的工作养活大众的生命,以大众的

---

① 梁漱溟:《朝话》,教育科学出版社1988年版,第162页。
② 童宝良、周洪宇:《中国近代教育思潮与流派》,人民教育出版社1997年版,第139页。

科学明了大众的生命，以大众的团体的力量保护大众的生命。① 工学团是一个小工厂、一个小学校、一个小社区，它将工厂、学校、社区打成一片。"工学团可大可小，几个人的家庭、店铺，几十个人的学校、庙宇，几百个人的村庄、监狱，几千人的工厂、几十万人的军队、建设工程队，都可以被建造成一个富有意义的工学团。"② 毫无疑问，工学团是陶行知心目中理想的社会基层组织，也即今天所说的社区。

  以上三种教育实践尽管各具特色，但其在如下几个方面是统一的：第一，它们重视教育的生活性，主张教育与生活应形成和谐共存的统一体，主张教育提高生活、改造生活、创造生活；第二，它们提倡大众的、开放的教育，拒斥教育等级与特权，要求把教育资源无条件地对一切居民开放；第三，它们重视运用社区理念统筹各种教育实践，如平民教育派以县为单位（类似于大社区）、乡村教育派以村为单位（即今日之农村社区）、生活教育派的工学团以城市社会的基层组织为单位（类似于今日之城市社区），它们都赞同重视地域性，提倡多样性，支持灵活性。

  综合以上分析，发端于20世纪20—30年代的这股教育实验潮流，其一系列教育观点均符合社区教育的主要理念，具有社区教育的基本特质，遵循了社区教育的主要原则，是宝贵的社区教育实践。尤其宝贵的是，学者们的一系列教育实验抓住了当时社会的根本——农村问题，大胆在旧中国最落后、最艰难的农村地区开展实验，试图从根本上改变农民的生存状态。这为我们今天从事农村社区教育建设提供了很好的历史经验。这些实验当时还引起西方各国的注意。例如，美国哈佛大学教授霍金、美国新教育家罗格等在来华进行教育考察时，高度评价了我国的乡村教育。当时的广州中山大学教授庄泽宜赴欧洲参加"世界新教育会议"，他以邹平乡村教育为例做了发言，这种新的教育模式当时被国际教育界认为是一场"新教育运动"。③

  所遗憾者，受抗日战争影响，乡村建设运动未能持续，亦未能引起政府重视，致使我国农村社区教育中断40年之久。但是，历史的发展规

---

  ① 《陶行知全集》第2卷，湖南教育出版社1990年版，第734页。
  ② 同上书，第734页。
  ③ 梁漱溟：《梁漱溟教育论文集》，江苏教育出版社1987年版，第243页。

律决定社区教育必将复兴，亦必然复兴。只不过，它可能因不同的缘由、以不同的形式复兴。20世纪80年代以来的世界教育浪潮和中国的形势恰恰印证了这一预言。

(三) 我国新时期社区教育的复兴和发展历程

从改革开放以来，我国迎来了大发展的好时机。商品经济的发展，引起工业化进程的加速；农业人口快速向城镇流动，导致城镇人口急剧膨胀；乡镇企业的崛起，引发城镇规模的快速扩张等。凡此种种导致城市化进程的快速推进。进入20世纪90年代，城市企业纷纷开始了转换经营机制的改革，企业从综合型、福利型单位转变为市场经济的法人主体。原来由企事业单位负担的医疗、保险、住房、教育等社会服务工作逐步向社区转移。城市管理体制开始由过去的"政府—企业—职工"模式转变为"政府—社区—居民"模式。同时，我国每年都有两亿多农民工进城务工，给城市治安、市容建设带来了巨大的压力。城市化速度的加快要求城市社区接纳越来越多的人口、承载越来越丰富的功能，但我国社区建设相对滞后且结构单一，无法适应城市社区化的需要。市民与进城务工人员的社区意识淡薄，社区环境污染严重，社区文化贫乏，社区活动单调，社区人际关系疏离。凡此种种赋予社区建设以紧迫性，而要强化和完善社区功能，不仅要大力发展社区的硬件设施，而且必须着力增强社区的软件功能。只有依靠社区教育来逐步引导居民完成角色转换，才能最终构建起良好的社区秩序。

总之，改革开放以来日渐加速的工业化、城市化进程以及随之而来的社会转型现象和由此产生的新社会问题，加剧了社区转型的紧迫性，而作为完善社区功能的社区教育正是应这种社会转型的需要登上历史舞台的。

1. 新时期社区教育的复兴阶段

目前学术界大多数人认为我国社区教育是20世纪80年代才兴起的。例如，《深化基础教育管理体制改革研究》一文的作者认为："我国的社区教育是在80年代初期兴起的。"[1] 这种观点实乃对我国社区教育历史之

---

[1] "深化基础教育管理体制改革研究"课题组：《深化基础教育管理体制改革研究》（"八五"规划重点课题成果），《教育研究》1998年第12期。

误解。

其实，20世纪80年代是我国社区教育的复兴时期。1988年，中共中央在《中共中央关于改革和加强中小学德育工作的通知》中最早提出了开展社区教育的要求。但是，事实上，各地社区教育的开展时间还存在不少差异，如辽宁省社区教育起步于1986年，而湖北省"各地开展社区教育的研究和实践起步较晚，一般都是在1996年以后才开始启动"。[①] 可见，我国幅员辽阔，虽然中央政府在政策上作出了规定，但各地开展社区教育起步时间的差距却比较大，总体上是东部早于西部、城市先于农村。

从实际导源观察，我们认为我国新时期社区教育大复兴的准确时间应是在20世纪80年代中期。确言之，导源于20世纪80年代中期的"净化学校育人环境"活动。当时，一些学校里负责学生德育工作的教师发现，校内的"问题学生"（如有犯罪行为、打架斗殴、行为失常的学生）都直接或间接跟学校周边环境有密切关系。对"问题学生"的转化不能仅依靠学校内部的学生工作，还必须求助于校外的社区力量。于是，教育主管部门牵头成立了"关心下一代工作委员会"（简称"关工委"），专门负责协调学校和周边单位的关系，以共同转化"问题学生"，进而为学校教育工作创造一个良好的育人环境。

关工委在工作中进一步发现了校外教育的重要性，认识到青少年校外教育是教育工作的重要组成部分且应该主要依靠社区来开展。这是因为学校教育在内容和形式上都不能满足对青少年进行全方位教育的需要。于是，青少年校外教育就成为我国社区教育的雏形登上历史舞台。我国的社区教育由此拉开序幕。

2. 新时期社区教育的探索与实验阶段

一个国家要推行一项涉及面广泛的社会化运动，必然要经过一个实验探索阶段。通过实验体察民情，了解民众的支持度；通过实验总结经验，为日后的推广提供典型模式；通过实验推动理论研究，为运动的进一步开展提供智力支持。因此，我国广泛开展社区教育的实验不仅是必然的，而且是非常必要的。

---

① 湖北省教育厅：《湖北省社区教育现状调查报告》，2001年。

20世纪90年代，我国社区教育进入了由理论争鸣到实践摸索、由零散活动走向全国范围内有组织、有系统的实验阶段。这一阶段一直持续到2001年左右。1993年，国家颁布了《中国教育改革和发展纲要》，其中明确指出："支持和鼓励中小学同附近的企事业单位、街道或村民委员会建立社区教育组织，吸引社会各界支持学校建设、参与学校管理，优化育人环境，探索符合中小学特点的教育与社区结合的形式。"尽管政府在这一文件中明确指出了社区教育的重要性以及其与学校教育的互补地位，但由于资金等问题，社区教育在相当长时期内一直受到冷落，没有引起多少人的关注。1999年国务院批转的教育部《面向21世纪教育振兴行动计划》中提出："开展社区教育试验工作，逐步建立和完善终身教育体系，努力提高全民素质。"此后，社区教育才开始走向前台。2000年，中共中央办公厅、国务院办公厅转发的《民政部关于在全国推进城市社区建设的意见》中指出："实践证明，大力开展社区教育，引导居民爱祖国、爱城市、爱社区，可以形成崇尚先进、团结互助、积极向上的社区道德风尚。"《意见》要求："加强对社区成员的社会主义教育、政治思想教育和科学文化教育，形成健康向上、文明和谐的社区文化氛围。"2000年4月，教育部下发了《关于在部分地区开展社区教育实验工作的通知》，对开展社区教育实验工作进行了部署，并决定将北京市朝阳区、天津市河西区、太原市杏花岭区、上海市闸北区、江苏省苏州市、济南市历下区、厦门鼓浪屿区、成都市青羊区8个大中城市的城区作为社区教育实验区。2001年7月，教育部颁布《全国教育事业第十个五年计划》，再次指出要继续"扩大社区教育实验工作"。2001年11月7—9日，教育部在北京首次召开了全国性的社区教育实验工作经验交流会议，王湛副部长做了题为《积极开展社区教育实验工作，努力推动社区教育工作的新发展》的工作报告。同年，教育部又确定了20个大中城市的城区和部分区（县）作为全国社区教育实验区。2003年，为推动全国社区教育工作的广泛开展，教育部决定进一步扩大全国社区教育实验区的范围，确定北京市海淀区等33个城区（市）为第二批全国社区教育实验区。在中央连续不断的提倡和部署下，21世纪以来，全国半数以上的省区市已先后建立了约110个社区教育实验区，北京、上海、天津、江苏、浙江在全省（市）范围内开展了社区教育活动。至此，社区教育实验在全国范围内形成燎原之势,"社区教育"开始作为一个高频词汇出现在各类媒体上。

在实验阶段,我国的社区教育主要有以下特点:第一,政府重视和支持社区教育,尤其是在2000年以后,由于社区建设被置于"改革、发展、稳定"的高度,发展社区教育也被列入各级政府的施政规划,这就为实验活动提供了良好的政治条件。第二,社区教育的管理组织开始建构,各社区成立了社区教育委员会,有的地方还为社区配置了专职的社区教育干部,为实验活动提供了组织条件。第三,社区教育的主体和中心发生了移位,不少社区开展了以街道为中心的社区教育,由过去的以学校为中心变为以社区为中心。其基本模式是以街道(社区)为中心,以驻地企事业单位为依托,多元主体协调,学校、家庭、社会三位一体的教育格局。第四,各地政府与社区主动摸索、制定社区教育的法律法规及保障机制,如南京鼓楼区区委、区政府制定了《区社区教育工作章程》等规章制度,把实施教育社会化等工作纳入社会发展综合改革总体规划中。由此,社区教育进入全面拓展和规范管理阶段。

3. 社区教育的模式化阶段

开展社区教育实验的根本目的是要探索出一套切实可行的模式,为其他地区社区教育的开展提供范本和可以借鉴的经验启示。我国经过十几年的实践,已经形成了几个具有我国本土特色的社区教育模式。

第三节 社区教育的内涵、本质、特性和基本目的

一 社区教育概念的各种表述

"社区教育"(community education)一词源于20世纪初美国学者杜威提出的"学校是社会的基础"。如前所述,一般认为,自觉形态的现代社区教育是以丹麦教育家柯隆威于1844年在罗亭创办的"民众中学"为起点。随着社区教育的发展,"社区教育"这一概念虽然已被世界各国公认,但对社区教育概念的界定,学者们则是仁者见仁,各有侧重点。

(一)国外对社区教育内涵的认识

国外对社区教育内涵的认识概括起来主要有以下几种代表性的看法:

第一,将社区教育理解为民众教育。20世纪50年代联合国倡导社区发展最初就是以发展民众教育为旗号:1948年英国剑桥殖民地事业署

《夏季报》刊登的题为《对非洲社区进取心的鼓励》的文章，把"社区教育"作为"民众教育"的代名词，其内涵是指通过社区教育的力量，使社区民众自觉地、自主地参与改善社区政治、经济、文化生活的过程。

第二，把社区教育理解成社会教育。1949年日本颁布的《社会教育法》将社会教育定义为除《学校教育法》所规定的学校教育活动之外，面对社会上全体成员所实施的有组织的教育活动。其内涵包括两个方面：一是在学校课程计划中加入有关社区生活、社区问题的内容，使学生对社区有科学的认识和乡土情感；二是指将公民馆、市民学习中心等作为地域社会的教育文化中心，要向所有的社区成员开放，提供教育服务，组织学习教育活动。同时把国民的自主教育、相互教育以及自由性、灵活性视为社会教育的本质。可见，日本的"社会教育"与"社区教育"的真正含义非常相近。

第三，将社区教育视作向社区提供教育服务的非正规教育。美国社区教育的内涵极为广泛，1976年出版的《联邦任务》一书列举了社区教育的六个要素：一是利用学校之类的公共设施；二是参加者不限年龄、阶层、种族；三是人们认识自己的需要和问题；四是发展多种计划以适应这些需要；五是社区内的各种机构和部门相互协作；六是多方面的资金来源，包括公共的和私人的，地方、州和联邦各级的。美国的社区学院一般不计学分、不发文凭、不授予学位，具有与传统大学不同的教育职能，是一种非正规的社会教育服务。

第四，韩国将社区教育看作是国家新社区运动的重要组成部分，强调社区教育在开展以人本革命为核心的精神建设中所发挥的重要作用。新社区运动的目的是使社会成员从自然人转变为社会人和技能人，实现人与自然、人与社会之间的和谐互动，进而不断开拓和推动社会发展的新局面。

第五，美国社区成人教育学者布洛克菲尔德在社区成人教育实践类型学中提出了社区成人教育的三种类型：一是适应民众需求开展的社区教育；二是以社区为学习资源的社区教育；三是为社区发展而开办的社区教育。这三种类型将社区教育的成人学习目的从个人带向团体，从团体带向社区，它们强调从社区出发来开展社区教育活动，以彰显社区主体价值，耕耘地域文化，厚植社区教育。

（二）国内对社区教育的理解

在中国，把社区教育作为一门独立的现代科学进行系统研究已有20多年的历史。国内学者围绕社区教育的概念、内涵、作用和意义等问题，发表了不少富有探索性的见解。归纳起来主要有以下一些颇富代表性的看法：

第一，叶忠海曾指出：社区教育是指以社区为范围，以社区全体成员为对象，同社区民众利益和社区发展需要紧密相连，旨在建设和发展社区、消除社区社会问题、全面提高社区成员的素质和生活质量为目的的教育活动综合体。

第二，金辉在《论社区教育的概念界说》一文中提出：社区教育是指反映和满足社区发展需要，对社区全体成员身心发展施加影响的活动和过程。同时，梁春涛在《21世纪中国社区教育前瞻》一文中指出：社区教育的内涵应以社区为本，以社区人的发展为本。这些论断把社区教育与学习化社会在内涵上统一起来。

第三，黄云龙在《社区教育基础》一书中进行了如下的阐述：社区教育是学校教育与社会教育的结合，是社会所有教育机构、教育力量的协同教育活动，是适应社会发展需要，为社区所有成员提供教育服务力量的协同教育活动。

第四，华东师范大学吴遵民教授在介绍总结联合国教科文组织对社区教育的定义后认为：基于所有教育起始于社区且并不是以获取社区利益为目标，而是以提高社区居民生活质量为目的的原理，因此实现这一原理的活动即为社区教育。他还认为社区教育至少具有两个不容忽视的特性：一是它的非营利性；二是它强调社区居民对社区教育的参与及拥有的权利。

第五，学者袁方将社区教育定义为："一种教育形式，跨出学校或学院的范围，请社区其他人参加，既可作为学生也可作为教师，或兼任两者，教育意图完全是为整个社区的利益服务。"

第六，《社区工作指南》一书的观点是：社区教育是以社区为依托，以全体社区成员为教育对象，以社会主义教育、政治思想教育和科学文化教育为主要内容的一种教育形式，是社区文化建设的基础工程。

（三）社区教育应具有的特点

从国内外对社区教育的理解来看，社区教育应具有以下特点：

第一，大众化。社区教育不是对象牙塔内少数人的贵族教育，而是面向社会大众的大众化教育。它体现了社会现代化发展过程中国家对广大社会民众所提出的素质修养和文化知识等方面的要求，也反映了广大民众为适应现代社会生产力发展而产生的各种学习需要。

第二，地域性。社区教育是社区母体的组成部分，社区教育的实施和展开是一种社区发展行为。因此，社区教育需要依托一定地域，在一定的空间范围内展开。不同的国家和地区由于具有不同的社会制度和社会文化背景，会形成多元化的社区教育发展途径和模式。

第三，服务性。社区教育以社区民众的自主教育和相互教育为主要形式，其宗旨是满足社区民众的学习需要。它有别于塑造专门人才的学校教育。

第四，非营利性。社区教育的经费主要通过政府拨款、民间组织机构捐赠、企业捐赠、个人捐赠等渠道获得，属于非营利性质的教育。

第五，非正规性。社区教育的内容根据学习者的需要丰富多样，学习期限也根据学习者的具体情况灵活设置，一般不授予学位。

（四）本书的理解和表述

我们认为社区教育的内涵主要应包括以下内容：

(1) 社区教育的对象：社区中的全体民众。

(2) 社区教育的目标：满足社会现代化发展需要和社区民众的学习需要，推动社区发展。

(3) 社区教育的运作：主要通过社区学校（院）等实体机构，开展各种学习活动，为社区成员提供教育服务。

(4) 社区学校的管理体制：隶属于国家政府机关（教育委员会）有关部门的领导和管理。学校内部事务则由社区各界人士组成的董事会或校务委员会管理。

(5) 社区教育的内容：主要根据社区成员的需要，灵活多样地设置各种课程和活动。

(6) 社区教育的经费：由政府、民间组织、社区和学习者本人提供。

(7) 社区教育的施教者：主要来自社区中的一些具有专业特长的志

愿者和社区教育专门工作者。

在弄清了社区教育以上特征和要素以后,我们对"社区教育"的概念作了概括而简明的表述。这一表述只集中体现"社区教育"这一概念的本质属性,说明其核心内容,不罗列陈述其所有的一般属性。概念如下:社区教育是为提高社区全体成员素质和生活质量、推动社区发展而进行的社区性的教育活动和过程。

这一概念不同于"社区教育就是在'教育'这一词语前面加上限制词'社区',社区教育就是由社区进行的教育"的理解。社区教育并不是"社区"与"教育"的简单相加。例如,社区内一些企事业单位进行的职工教育和社区内学校进行的教育就不能被称为"社区教育"。

这一概念也不等同于"社区教育就是'教育社会化、社会教育化',社区教育就是实现'教育社会化、社会教育化'"的理解。其实,"教育社会化、社会教育化"的含义要比社区教育的含义广泛得多。"教育社会化"中的教育,既可以指正规教育,也可以指非正规教育;既可以是学校教育,也可以是社会教育;既可以是成人教育,也可以是社区教育。

所以,要理解和把握"社区教育"的概念,就必须从它的本质属性上加以理解和分析。

二 社区教育的本质

(一)社区教育的本质特征

本质是事物的根本属性,是超越现象之外的事物内在的必然联系,具有稳定性和相对确定性。人们对社区教育本质的看法概括起来主要有以下几种:

一是大众教育说。它从教育对象的广度出发,认为社区教育在本质上是一种大众教育。它是对精英主义教育观的逆反,把教育的大门向一切社区居民开放。此说在北欧、拉丁美洲广泛流行。

二是非正规教育说。它从教育的法定性出发,认为社区教育是与传统的正规教育、学历教育相对立的教育式样,是非义务性教育,是一种非正规教育。此说在美、英等国被广泛接受。

三是终生教育说。它从教育的时间维度出发,认为社区教育的核心是为了构建终身教育体系,为社区成员提供从摇篮到坟墓的受教育机会,进而促使居民实现其最大潜能。这种观点在日本非常流行。

四是职业教育与成人教育混合说。在一些发展中国家（如南非）社区教育通常是与成人教育联系在一起的，被纳入成人教育和继续教育的框架。

五是三位一体说。它从教育的空间特性出发，认为社区教育是集学校教育、家庭教育与社会教育于一身的综合性教育。我国不少学者认同此观点。

六是大教育论。近期有人提出，社区教育所形成的寓教育于管理、服务、文化活动为一体的大教育格局，是对单一学校教育的突破、拓展和延伸。也有人认为：社区教育既包括学校教育，也包括家庭教育和社会教育；既包括普通教育，也包括职业教育和成人教育；既包括正规教育，也包括非正规教育；既包括青少年教育，也包括学前教育和毕业后的继续教育乃至终身教育。故社区教育是一种大教育。

以上各种观点从不同角度揭示了社区教育的某些特征，都有其合理性，为我们进一步认识社区教育的本质提供了重要基点。社区教育特性的多面性，既与不同的国家的文化传统和现实需求有关，也说明社区教育的内涵本身还在拓展、延伸、变化中，其根本特性可能还具有不稳定性。其实，上述几种观点可以归纳为两类：一是比较具体的归纳，如前五种观点都是从某一方面揭示了社区教育的若干特性，但皆非其本质特征。二是比较宽泛的归纳，如最后一种观点，看似合理，但实际上混淆了社区教育与传统教育的区别，误导了当前的社区教育建设。这是因为社区教育并不是传统教育的大杂烩，不是以往各种教育模式的简单相加，更不是一种包罗万象的教育形态。社区教育有其独有的特色、功能和定位，与传统教育在课程、教学方式、评价模式等方面都有很大的区别。

基于以上分析，我们认为：社区教育的本质应该从教育与生活关系的角度来理解。众所周知，教育起源于社会生活的需要。我国著名教育家杨贤江说："教育的发生，就植根于当时当地人民实际生活的需要，它是帮助人经营社会生活的一种手段。"[①] 教育导源于生活，服务于生活，也创造生活。换言之，生活性是社区教育的主要属性。在人类早期，石

[①] 吴式颖：《外国教育史教程》，人民教育出版社2001年版，第5页。

器时代的教育本来就跟生活须臾不可分，进入等级社会后，教育与生活渐行渐远，教育成为脱离生活与大众的等级特权。在近代工业社会，教育或者视高难度的学术课程为"博雅"，或者以职业与技术课程为"实用"，教育丧失了趣味，成了冷冰冰的工具理性，受教育者的心理和情感被置之不问。

社区教育的真正功绩在于它再一次恢复了教育的本来面目，复归了教育的生活性。正如美国学者克莱谱所说："学校何时结束？生活何时开始？它们之间没有临界点。社区学校是这样的场所：一个可以自由地、非正式地用来满足人们多种生活和学习需要的地方。进言之，它是一个学习和生活交汇的场所。"[1] 美国另一位学者卡尔也指出，只有社区教育才能把学校和生活连接在一起。由是观之，社区教育有别于传统教育或职业教育，是一种在社区里进行的教育活动。它把教育与生活需要结为一体，生活性是其本质特性。

(二) 社区教育的基本特性

与本质特征相比，一般特征（基本特性）是事物本质属性的表现形式，可被直接感知。对于社区教育的基本特性，我们认为，应从以下三个方面着手进行分析和阐述：一是空间界定。社区教育主要是在社区里进行的教育（education in the community），植根于社区的地域性是社区教育的重要特征。二是对象界定。社区教育是为社区进行的教育（education for community），这种教育主要是为社区里的每一个居民服务，为社区发展服务。三是价值取向界定，社区教育是社区本位的教育（community based education），其中最为重要的是建立社区精神、社区文化、社区生活圈所需要的教育，培养居民的社区归属感。总之，社区教育是为社区所需、为社区居民所享、为社区所治的教育。

据此，我们分析认为社区教育应具有以下的基本特征和属性。

1. 社区性

社区性是社区教育区别于其他类别教育的本质特性。首先，从社会学角度来看，社区是一个"特殊生活圈"，它是构成社会的某一个特定单元，区域性和共同成员感、归属感是构成社区的两个基本要素。因此，

---

[1] Clapp, *Community Schools in Action*, New York: The Viking Press, 1939, p. 89.

社区教育是带有自身社区人文、地理、社会特征的教育。其出发点和归宿在于消除社区的社会问题，为特定的社区及其成员的发展服务。其次，由于各社区的地理位置、经济发展水平、生态环境和人员结构不同，社区教育在发展目标、重点、模式、内容等方面均需具有自己的特色。

2. 开放性

社区教育作为开放教育体系和终身教育体系的重要组成部分，具有广泛的开放性。其开放性具体表现为受教育对象的广泛性、教育内容的多样性、教育方法的灵活性和教育时间的无限性。

3. 三全性

社区教育的"三全性"是指全员教育、全程教育、全方位教育。所谓"全员教育"，是指以全体社区成员为教育对象，社区成员既是社区教育的对象，也是社区教育的主体。所谓"全程教育"，是指对每一个人从婴儿开始直至生命终结，都要持续、不间断地进行教育。所谓"全方位教育"，是指在教育内容上，既要为社区成员"德"的完善服务，又要为其"才"的提高服务；既要满足社区成员"谋生"的需求，又要满足他们"乐生"的需要。

4. 系统性

社区教育的系统性一方面表现为社区教育的开展应依托各类教育形态、教育机构、教育力量、教育资源以及各种教育因素的整体协调，形成整体的"教育合力"，共同为社区及其成员发展服务；另一方面表现为社区教育依靠社区所有系统的广泛参与。社区教育的发展需要政府宏观政策的指导，需要社区内的学校特别是高校的广泛参与，需要社区内社会力量的广泛参与——社区内的单位、部门都要提供各具特色的教育资源。另外，社区教育还需要社区个体即社区民众的广泛参与，其参与者的广泛程度是任何其他类型的教育所无法比拟的。

5. 非功利性和功利性的统一

非功利性是指社区教育以非功利性教育为目的；功利性是指教育内容的功利性，指教育活动与学习者自身现在的或将来的职业生活及经济权利有关。社区教育的本质特征决定了社区教育目的非功利性，而功利性教育内容有利于扩大社区教育的活动内容。联合国教科文组织曾明确指出社区教育不应以功利为目的，但同时又认为，处在一个变革的全球经济发展的时代,社区教育应为社区居民提供一些职业性的指导及与此相关的教育活动。因此,社区教育是一种集功利性和非功利性为一体的教育形式。

三 社区教育的基本目的

本章在阐明社区教育的基本含义时,已经涉及社区教育的基本目的。在这里我们再做简要的阐述。

(一) 提高社区成员的素质

作为特定空间内的教育活动综合体——社区教育,其基本目的之一就是提高社区成员的整体素质。具体而言,通过社区教育,使构成社区成员素质的"德"——品德、"识"——见识、"才"——才能、"学"——知识、"体"——身体五大素质得到整体性的发展。其中,要将"德"这一要素的培养放在首位,使社区成员具有强烈的爱国主义精神、中华民族的自尊心和自豪感以及建设文明社区的历史使命感和责任感。同时,要用创新思想铸就社区成员之魂,把创新能力作为开发的重点。

(二) 建设和发展社区

社区教育是以社区发展为本的一种教育活动,其基本目的之一就是建设和发展社区。具体来说,社区教育应立足社区、服务社区、促进社区发展,要紧紧瞄准社区可持续发展,时时刻刻为社区可持续发展服务,使社区内经济、人文、自然环境协调发展,达到人和自然和谐共存、人和社区共同发展的目的。

(三) 全面提高社区成员的生活质量

马克思在《资本论》中指出:人类社会的最高目标是"每个人的全面而自由的发展"。在马克思看来,人的发展是目的,社会的进步只是人获得幸福的手段。对社区而言,社区的可持续发展应以社区成员的发展为中心。社区成员要全面发展,就要以其生活质量不断改善作为支撑和基本保证。社区成员精神生活质量的提高,本身就是社区成员发展的重要内涵。据此,全面提高社区成员生活质量,也就是社区教育的基本目的。具体来说,社区教育应为提高社区成员的物质生活质量、精神生活质量和环境生活质量而服务。

四 社区教育与传统学校教育、成人教育的比较

较之其他教育,社区教育是新兴的、不成熟的,但是具有强大的生命力,它与传统学校教育以及成人教育都有明显的区别(见表1-3)。

表1-3　　　　　社区教育、传统学校教育与成人教育比较

比较项目	社区教育	传统学校教育	成人教育
教育对象	社区的所有居民,不受年龄限制,只要有需求都可以接受教育	青少年为主	以在职从业人员为主
教育目的	提高社区全体成员整体素质和生活质量,促进区域经济建设和社会发展	为了促使青少年的社会化和个性发展,帮助他们打下扎实的基础,为今后就业和进一步学习做好准备	有效地提高职工队伍的政治思想、科学文化、业务技术和经营管理水平,从中造就一批精通本行业的专业人才和懂得现代科学技术的经济建设人才。功利性较强
教育内容	不同人群的教育培训,如在职人员的岗位培训、下岗职工再就业培训、老年人群社会文化活动、弱势人群提高生存技能培训、外来人群适应城区社会生活培训、婴幼儿教育、青少年学生校外素质教育以及面向全体居民的科学文化、思想道德、社会生活等方面的教育培训活动	进行全面、系统的科学文化教育,基础与专业相结合	一般以在职从业人员的岗位培训、继续教育为主

续表

比较项目	社区教育	传统学校教育	成人教育
办学主体	除了依托社区内的各类教育培训机构以外,它以各类学习型组织为基础,广泛发动社会各界积极参与	学校教育主要由政府承办	一般以各类成人教育及培训机构为主体
理论支持	以社区范围内全民终身教育与学习活动为主要教育对象的教育,解决社区和教育的关系,以促进教育社区化、社区教育化。从教育和社区的关系看,社区教育原则上涵盖社区范围内的各类教育,但它并不等同、代替社区内各类教育,更多的是整合社区各类教育资源,促进社区教育的持续发展	以青少年为主要对象的教育,主要研究和解决青少年的成长与教育等方面的问题	以成人为对象的各类培训的总和,主要研究和解决的是成人与教育的关系

资料来源:梁艳萍:《社区教育的理论、实践与思考》,华南农业大学出版社2007年版,第152页。

　　总而言之,凡是为满足社区成员的各种需求而进行的教育活动,无论是正规的还是非正规的,无论是职业性的还是文化娱乐性的,无论是行政领导的还是民众组织的,都属社区性的教育,都是社区教育。社区教育可以是由社区组织的,也可以是由学校机关单位来组织的。学校或企事业单位,若是向社区开放,与社区沟通,与社区双向参与、双向互动、资源共享,则就具有一定的社区属性;学校和企事业单位如果不与社区联系、资源不与社区共享,则不具有社区属性。学校若是扩展其社区教育的功能,则可能兼具社区教育中心的功能。

第二章

社区教育管理与学校的互动

第一节 学校与社区的互动

一 学校与社区互动的内涵

（一）学校与社区互动的内涵

社会互动是社会学基本的分析单位，也是微观社会学的主要课题。社会互动又被称为社会相互作用和社会交互作用，是指社会上的个人与个人、个人与群体以及群体之间通过信息的传播而发生的具有相互依赖性的社会交往活动。社会互动主要包括向度（反映社会互动的方向，表明互动双方的关系的性质）、深度（反映社会互动的程度，表明双方相互依赖的大小）、广度（反映社会互动的范围，表明双方交往领域的大小）、频度（反映一定时间内发生社会互动的多寡）、强度（表明互动双方交往时情感的强烈程度）五个维度。从类型来划分，社会互动主要包括竞争、冲突、强制、顺从、顺应、合作等几类。①

学校与社区的互动，是指学校与社区和社区成员、机构、组织之间的双向交流与合作关系。② 互动必然是双向的，一方面，要使社区，包括成员、机构、组织理解、支持和帮助学校，以便有效地实施教育目标；另一方面，学校应该支持社区、面向社区，向社区开放、服务社区。形成学校与社区的互动，双方建立良好关系，常需形成两种有效的传播渠道：从学校到社区和从社区到学校的传播渠道。

---

① 刘淑兰：《学校与社区的互动》，四川教育出版社2003年版，第63页。
② 同上。

(二) 学校与社区互动的意义

学校教育自其产生以来，一方面，作为知识的殿堂，有目的、有组织、有计划地将学科知识传授给受教育者，在这方面，学校的作用是无与伦比的；另一方面，在这一过程中形成的以学校为中心、知识为中心、教师为中心、书本为中心的教育传统也导致学校教育在内容、教学形式、教学手段方法上与社会生活脱节，使学校教育的学生不能适应及满足社会的需要、发展。学校教育的本质是社会的、是与社会生活不可分割的，因此改变学校教育的这种状态成为教育改革的关注点，这恐怕是世界各级、各类学校共同的问题。[①]

从保罗·郎格朗提出终身教育的概念，到今天呼吁构建学习社会，在这一发展历程中，充满了人们对学校教育的不断反思，反映出人们对人的终身发展、多方面充分和谐发展的关注与期待。实现这一期待，打破以往学校教育与社会教育的分离、学术教育与生活教育的脱节、普通教育与职业教育的樊篱，构建终身教育体系是唯一的选择。而重构学校与社区的关系，使学校与社区走向整合，又是终身教育体系运行、形成学习社会的有效途径。

社区对社会、经济的发展，对社会的稳定具有十分重要的作用。在我国改革开放的发展中，随着社会主义市场经济体制的建立与不断完善，原有的以行政隶属关系为纽带，以行政命令为主要手段，以行业、单位和职能部门为主体的管理体制被打破，政府原先承担的一些社会性事务被剥离，企业也有许多职能被移交给社会，而这些转出的职能，全部由社区承担，社区成为社会物质文明建设和精神文明建设的主力军。可以说，在今天，社区的地位空前增强，其功能也在增多，对社区发展的要求也越来越高。实现社区的有效发展离不开社区与学校的互动。因为学校可以运用所拥有的办学优势、文化优势、文化教育、科技辐射等优势在社区建设与发展中、在提高社区成员素质中发挥重要的作用。

---

① 刘淑兰：《学校与社区的互动》，四川教育出版社2003年版，第65页。

二 学校与社区互动关系的基本要素和功能

（一）学校与社区互动关系的基本要素

学校与社区的互动作为学校与社区之间的双向交流与合作关系，其功能的良性发挥离不开互动关系中各个物质的、组织的和人力的基本要素和功能的协调发挥。具体来讲，学校与社区的互动关系主要包括以下几个基本要素。[1]

1. 学校

学校是从属于社区的一个组织，在社区生活中起着重要作用。学校应该直接参与社区教育，为社区教育提供学习场所和设施，能相对独立地对社区进行文明辐射，还可以间接促进社区的经济和社会发展。学校向全体居民开放，既减少了因建设场地所需的投资，又取得了当地居民的理解与支持，缩小了学校与社区的间隔，为学校与社区之间积极的互动提供了条件。

2. 社区

社区作为学校教育的最直接的外部环境条件，通过协调教育与其他部门的关系，创造与学校教育健康运行相适应的外部环境和条件，优化青少年健康成长的社区环境，对儿童、青少年学生进行道德教育，推进素质教育的顺利实施。

3. 社区教育机构

社区教育机构指社区内的一切公共设施和各协作单位提供的可以作为教育基地的企业、实验室、青少年宫及有历史意义的场所等。公共设施则包括图书馆、博物馆、科学馆、纪念馆、体育馆、教堂、文化中心、娱乐中心、展览馆等。通过合理运用这些机构和设施，使学校教育更加贴近社区生活，为社区建设服务。

4. 参与者

学校与社区互动关系的参与者包括学校全体教职员工、学生和社区的全体居民、企业和其他社会组织等，社区教育的好与坏，主要取决于互动关系参与者的态度和积极程度。

---

[1] 刘淑兰：《学校与社区的互动》，四川教育出版社2003年版，第67—68页。

(二) 学校与社区互动关系的功能

1. 学校对社区的功能

在学校与社区互动关系中，同社区相比，学校的优势主要包括办学优势、文化优势、文明辐射优势、空间优势等方面。这些方面的优势决定了学校在社区发展中可以发挥重要的功能。具体说，学校在社区发展中的功能主要体现在以下几个方面。[①]

(1) 大教育功能

学校有一定的办学经验与传统，有专职的师资队伍，懂得教育规律、教和学的方法，有强烈的教书育人的价值取向或职业道德习惯和教师人格感染力量。学校拥有相对齐全的教学设施和文娱体育活动的设备和设施，对整个社区的文化教育活动和经济发展具有空间调节作用。学校可以通过科技下乡、社区扫盲服务、社区公益事业为社区教育如夜校、假日班等办学形式提供学习场所等，为社区教育服务，这是学校承担社区建设的主要职能。学校从封闭走向开放，与社区进行交互作用是促进自身发展、增强活力的主要途径。

(2) 文明辐射的功能

学校作为一个知识密集型组织，教师群体如果具有良好的精神风貌，如具备创造精神和进取精神等，再加之有独具特色的校园文化氛围，充分体现了现代社会的文明精神和价值观念，这将对社区成员形成一定的文明辐射优势。通过现代科学知识和信息的传递，树立社区思想伦理道德和价值观念、培养社区公众归属感、增强社区人群亲和力等，学校可以有效地促进社区文化认同性整合。学校是社区精神文明建设颇为有力的推进器。如张家港市通过探索适合社区发展水平的办学模式，创办沙洲职业工学院，在较大程度上满足了社区群众迫切需要接受高等教育的愿望，适应了其对于精神文化的消费需求，促进了社区重教风气的形成。学校置身于社区之中，通过"社科研究"，突出社区学校的人文社会科学研究的应用性、地方性，以社区的精神文明建设作为重要和经常的课题，为社区的精神文明建设服务。将社区的民情风俗、文明礼仪、消费取向、企业文化、人文景观、环境保护、园林绿化等作为研究课题，为塑造健

[①] 刘淑兰：《学校与社区的互动》，四川教育出版社2003年版，第68—73页。

康向上的社区文化、形成文明清新的社区风尚提出操作性措施，为社区的精神文明建设出谋划策。

（3）经济功能

学校作为专职的培养年轻一代个性健康发展和促进其社会化成长的教育机构，为社区经济发展提供精神动力和智力支持。一般来讲，学校对社区发展所具有的经济功能主要是以学校培养的学生参与社区经济建设为中介实现的。学校通过对年轻一代进行现代科学文化知识教育和道德情操教育，提升学生的知识水平，培养学生具有符合现代社会市场经济精神的道德品质，如人文关怀、公平竞争和合作精神等，这种符合社会发展需要的人才加入社会发展的洪流中后，必将极大地促进社会发展。同时，学校所培养的合格人才在工作过程中所表现的精神风貌将在社区经济建设中形成强大的示范效应，对社区经济发展具有不可忽视的作用。学校除了间接为经济建设服务外，还可以从实际出发，通过发展校办产业以及通过进行社区经济状况调查咨询、科技服务等形式直接参与社区经济发展。

2. 社区对学校发展的功能

学校所在社区是指学校周围的、与学校具有密切联系的街区、村落等，它并不是一个固定的地理学概念，而是一个描述学校主要的、经常的活动地域的教育社会学概念。社区在学校日常运作和长期发展过程中发挥着不可或缺的重要作用。

（1）支持功能

社区对学校的支持功能主要指社区为学校的生存和发展提供物质、经费和信息等方面的支持。社区为学校师生提供各种生活必需品以及良好的校外学习、文娱活动和社会实践场所和设施，良好的社区自然环境条件和文化氛围是年轻一代健康成长的重要外部条件。社区人群是学校最为直接的社会公众群体，社区可以通过利用有效的大众传媒如社区广播、宣传单、社区报纸、黑板报等多种形式，向社区公众反映学校教育教学状况，争取社区公众对学校教育的理解和支持，形成良好的尊师重教的社区风尚。

《中国教育改革和发展纲要》指出，"教育投入不足，教师待遇偏低，办学条件较差"，一直是困扰我国教育发展的严重障碍。提出要继续深化中等以下教育体制改革，继续完善分级办学、分级管理的体制。规定改革和完善教育投资体制，增加教育经费，在加大国家财政性拨款和征收教育税费征收力度的同时，设法通过增加校办产业收入、社会捐资和设立教育基金等多种渠道保证教育经费的稳定来源和增长。可见，与学校联系最为密切的社区对教育经费的筹措具有重要的责任。社区通过发动社区公众、个人或企业组织等各种力量筹措教育经费，可以有力地弥补教育经费短缺，改善学校办学条件，提高教师待遇。这对于稳步提高学校办学水平、增加教师队伍的稳定性，进而提高学生素质具有重要作用。

（2）参与功能

社区对学校的参与功能主要是指社区要积极主动地参与学校教育过程以及参与学校内部管理。对于儿童青少年来说，社区环境和文化氛围对其成长和发展的影响具有直接性和生动可感性。良好的社区文化氛围和治安状况、干净整洁的社区自然状况、较高的社区居民生活质量和生活品位等，对于学生的健康成长具有极其强烈的陶冶作用，能在不知不觉中潜移默化地培养学生健全的人格和高尚的品质。学校教育和社区环境的一致将形成巨大的合力，促进年经一代健康发展。除了对学校教育过程的间接影响，社区还可以直接参与学校教育过程。社区通过向学校开放社区的公共图书馆、科技馆、文化馆、体育馆等教育场馆设施，整合社区内的各种教育物质资源和人才资源。同时，开发革命传统教育资源和反映改革开放崭新成就的社区德育资源，建立德育基地，使学校德育工作在国家一般要求的基础上，更切合地区发展的实际，增强德育内容的可接受性，切实提高学校德育工作的质量和教育效果。

学校是一个多功能开放的动态系统，[①]它不仅受到来自系统内部的刺激影响，而且也要受到来自外部社会环境的刺激影响，必然要与所在的社区发生人流、物流、信息流上的交换。从社区所处的地位看，社区是沟通学校和社会大环境的中介，所以学校管理理应重视社区的参与，社区可以在办学方向、课程结构、培养目标、考核评价机制等方面给予学校管理以监督和指导，使学校管理过程更加透明和公开。在管理和教育

---

① 崔秀芬：《学校管理理论应重视对社区的研究》，《教育科学》1996年第4期。

过程中充分反映社区的意愿,把教育纳入社区整体发展规划,实现学校教育与社区经济、科技发展的密切结合。

(3) 推进学校素质教育的功能

社区作为区域性的社会共同体与素质教育的实施有着紧密的联系。社区在推进素质教育中的作用主要表现在引导教育观念、创造物质条件、优化育人环境、协调教育力量和直接参与素质教育五个方面。①

社区组织如街道、居民委员会或村民委员会可以引导社区成员树立正确的教育观念,使其认识到教育在推动区域经济长远健康发展和提高社区成员生活质量方面具有重要作用,扫清学校实施素质教育的思想障碍。

通过教育观念的转变,将素质教育的实施与社区的发展紧密联系起来,开拓各种渠道为素质教育的实施创造良好的办学条件,弥补教育经费之不足,保证素质教育的长期实施。

社区可以调动区域内各种力量,净化社区环境,建立文明社区,形成良好的社区文化氛围,消除诱发儿童、青少年产生不良行为的因素。

社区通过整合丰富的教育资源和各种形式的教育力量,使各级各类教育与素质教育在方向上统一要求,在时空上密切联系,在作用上形成互补,形成素质教育的合力。

社区还可以通过加强区域教育规划、直接参与素质教育标准的制定和部分教材的编选、对学校素质教育实施的过程和结果进行监督和评估等途径,直接参与学校素质教育的实施。

第二节 学校与社区互动的行动策略

一 学校与社区互动关系发展现状

(一) 学校与社区关系发展的国际共识

在国际上,对学校与社区的关系已有如下共识。②

---

① 任胜洪:《浅析社区在推进素质教育中的作用》,《贵州师范大学学报》(社会科学版) 2000 年第 3 期。

② 刘淑兰:《学校与社区的互动》,四川教育出版社 2003 年版,第 117—118 页。

1. 学校方面

（1）学校为社区所有，社区所治，社区所享。

（2）学校为社区的生活中心，向社区开放。

（3）学校是培养儿童社区乡土观念的场所。

（4）学校协助社区居民满足其需要，改善社区的生活。

（5）学校影响社区的发展。

2. 社区方面[①]

（1）社区为学校所在地提供发展背景。

（2）社区为学校提供价值基础。

（3）社区参与学校，支持学校，评估学校。

（4）社区提供学校的教育教学资源。

（5）社区问题影响学校教育的推行。

学校与社区的互动，在内容上主要是资源服务的相互提供及利用，在形式上是双向的参与。在实践中，特别是20世纪90年代以来，各国、各地、各所学校从自身条件出发，选择和采用了丰富多彩的实现学校与社区互动的内容与策略。

（二）学校与社区互动关系发展现状

20世纪80年代以来，世界范围内，改革学校教育与行政的呼声甚高，究其原因，一方面是现行学校教育的结果不能令人满意，有诸多急需解决的问题。在被指出的诸多的教育缺失中，学校教育体系与社会生活、社会需要脱节是非常突出的问题；另一方面是社会整体环境的变迁，要求学校教育主动改革以求在适应社会变化的过程中，获得生存与发展。许多国家在提出21世纪学校教育的目标及发展策略中，将学校与社区的互动、学校教育与社区生活联系作为重要的内容。[②] 例如：

英国：在1997年，英国在名为《追求卓越的学校教育》（Excellence in Schools）的教育白皮书中，一共提出了七项构建卓越学校教育的目标及措施。其中包括：新的展望，好的开始，标准和绩效，学校教育的现代化，教学的高地位和高标准，协助学生提升学习成就，新的伙伴

---

① 厉以贤：《论社区教育的视角与体制》，《教育研究》1995年第8期。

② 刘淑兰：《学校与社区的互动》，四川教育出版社2003年版，第118—120页。

关系。

日本：日本政府于 1997 年开始了包括教育改革在内的（行政改革、经济改革、金融制度改革、社会保障制度及财政结构改革）六大改革，并且把教育改革定为施政的最重要的项目。1997 年 1 月文部省向前首相桥本提出"教育改革计划"。该计划的内容主要由教育改革计划要旨、灵活应对社会需求变化、与学校外部的社会积极合作、增进国际交流活动四部分构成。

二 有效推进学校与社会生活的联系

（一）加强学校的生活教育

加强学校的生活教育，打破学校教育与生活教育的樊篱，是 21 世纪学校教育改革的重要内容。

美国教育家杜威在他的《学校与社会》（1899）一书中认为，学校制度的改变深受社会进化历程的影响，儿童的学校生活应是自然、社会及个人三者的融合；教育的浪费在于学校与社会的脱节。随着社会工业化的进程，学校教育越来越远离社会、远离生活。

其表现为，一方面，儿童的生活环境发生了很大的变化。例如，日本总务厅 2000 年的有关低年龄少年价值观等问题的调查结果显示，儿童生活正在孤独化。在日本小学生中，55% 的小学生有自己的房间，14% 的小学生有个人使用的电视，3% 的小学生有手机。高中学生中半数以上有手机或 PHS。另外，据调查，儿童不能与父母共进早餐，而是独自就餐的情况在增加。

另一方面，近代以来，学校教育越来越指向学校内部，学校的围墙越建越高，力图挡住来自校外的不良影响与干扰；教育教学内容局限于书本知识的传授。这样的学校教育，再加上环境的变化，使现代的学生生活体验、社会体验、自然体验倾向越来越少。日本儿童体验活动研究会，于 2000 年进行了关于儿童体验活动的国际比较调查。结果显示：现在，日本儿童比 20 年前，诸如看护婴幼儿并与他们玩耍，给婴儿换拿玩具、喂奶，在家中饲养小动物、种植花草、自己削苹果、梨的皮等方面生活体验；又诸如被邻近的人所斥责、褒奖，参加志愿活动，通过劳动挣钱，与小朋友打架，参加社区或本乡本土的例事、仪式及各种纪念活动等社会体验；又如，触摸青蛙等动植物的自然体验等，都有减少的倾向。

众所周知，教育的本质是要使受教育者学会做人做事的基本原理原则，学会如何适应群体生活，创造和谐发展的人文社会，而非单纯的知识技能的传授。我国知名教育家陶行知先生曾指出，"学校教育要伸张到大自然、大社去会活动，去接触"，"生活即教育、社会即学校"。生活教育是给生活以教育，用生活来教育，办使生活向前向上的教育。由于学校教育与生活脱节，致使生活习俗规范无法落实于日常生活中，造成社会公德心弱化乃至消失，社会秩序紊乱，是非价值混淆不清。由于学校教育与生活脱节，还可能使学生对自己生活周围的环境漠不关心，当然，更难以培养形成相应的高尚情怀及持续发展的理念。

（二）利用社区教育资源

学校教育的内容是非常广泛的，形式是多样的，只靠学校的老师，只在学校的教室中进行远远不能满足学生学习的需要，是难以实现教育目标的。依托社区的各种力量与场所，主动地、充分地利用社区的教育资源是最现实的策略。

位于社区中的企业、商店、博物馆、养老院等各种机构以及其成员都是学校进行生活教育的资源。例如，日本的向社会学习"14岁的挑战"、英国的三十九步计划等。

三 学校向社区开放

（一）学校向社区开放的设施、设备

学校向社区开放，是以开放校园的方式，将学校的物质资源，包括校舍、教室、集会场所、运动场所及器材、图书阅览室、计算机房等设施、设备，供社区民众使用，满足社区居民的学习、发展、健康、娱乐等各方面的需求。

学校的场地、设备、人力，在星期假日、晚间、清晨或寒暑假大多停用或休息，如能提供给社区开展文化教育、健康娱乐等活动使用，亦可物尽其用，既能减少社区发展的经费开支，也能发挥学校作为社区文化中心的作用。近年来，随着学校教育改革的深化，在学校办学体制创新、学校重组的过程中，在社区教育蓬勃发展中，进一步加大了综合利用学校资源为社区服务的步伐。

在我国,学校向社区居民开放始于北京市西城区的裕中中学。学校的教育资源是一种社会公共资源,而在我国,各级教育部门的领导和学校校长缺乏这种意识,反之,却视为仅是自己部门的资源。这一举措的出现和推广,发挥了我国教育资源的利用率,让有限的教育资源发挥最大的作用。作为市一级的举措,四川省成都市是个榜样。1999年成都市决定:全市中小学、幼儿园、职业中学的教育资源向社会开放,开放的项目有三大类:运动场包括田径场地和球类场地、操场,体育器械活动场地;教育设施包括专用教室、语音室、实验室、普通教室、会场、图书阅览室;教学设备包括微机,职业培训设备、电化教育设备,图书刊物。

(二) 学校开放日制度

学校开放日是指安排一个特定的时间,让以家长为主的校外公众参观、检查学校教育、教学工作,使他们能对学校工作有直接的了解,并就社区学院建设发现的问题提出意见,以增强对学校的信任与支持。一些学校为了使公众对各方面工作的了解、检查有更自由的选择机会,规定听课者可以不必事前打招呼,可以随时听任何老师的课,只要在打上课铃之前进入教室。我国许多省市,如湖北省沙市便河路二小等,从20世纪90年代开始,已经建立了学生家长听课评课制度,取得了良好的效果。

国外的开放日制度如下:

一是英国教育行动区计划。"教育行动区"——基本上是学校的群集(local chusters of schools),通常由最多不超过二十所中小学和特殊学校所组成,并且是由地方教育行政机构、家长、企业界、英国训练和企业协会以及其他民间组织组成的合作团体,这一团体建立的主要目的在于改善社区所有不利于学校教育的因素,以提高学校教育的质量。

二是澳大利亚家长委员会。澳大利亚家长委员会参与学校方方面面的管理,同时发挥对学校工作一定程度的制约作用。在澳大利亚,各校都成立家长委员会(有的学校称家长咨询委员会),家长委员会有12—17人不等,由选举产生,选前校长必须发布安民告示,将选举的日期和地点通知全体家长,在家长聚会上当场选出代表,代表任期一般为2—3

年。家长委员会选举产生自己的主席和司库，明文规定家长委员会的主要参与职责。

三是日本冈山县的"冈山教育日"制度。日本冈山县建立了"冈山教育日"制度。在冈山县，随着县居民对教育认识的不断深化，振兴学校教育和终身学习的社会氛围的酿成，进一步推动它的充实与发展，在2001年6月，以县条例的形式规定11月1日为"冈山教育日"。另外根据教育日的活动宗旨，举行了11月1—7日的"冈山教育周"活动，内容是与广大县居民一起思考21世纪的教育。在这教育周里，举行了县民的初中、高中学生的意见发表会；在学校里，举行了具有学校和社区特性的各种纪念仪式、讲演会、发表会等；在家庭、社区，利用社区的图书馆、公民馆、体育设施，举行了多样的亲子活动和以儿童为对象的群体活动。

四　社区参与学校

（一）社区参与学校的必要性

1. 社会环境多元化，要求重视社区参与学校教育

我国正面临转型时期，青少年面对的是多元化社会环境。一方面，生活在现实生活中的儿童、青少年，除了在家庭生活和学校学习以外，很大一部分时间要在社区内活动，接触社区内的各种各样的人群。社区作为学生成长、发展的基本场所和文化背景，其中各种因素都会对学生的成长、发展产生正面或负面的影响。这种影响是客观存在的。另一方面，社区的各种因素，如社会风气、社会环境、社会舆论和各种宣传工具都是影响青少年成长的重要因素。好的、健康的社区风气、社区传统、社区人际关系，会对青少年产生良好的影响，但其他一些不健康的生活方式也会乘虚而入。因此，对青少年的教育，仅靠学校和家庭是远远不够的，需要有目的、有计划、有组织地加强社区教育的功能，共同加强对青少年素质的培养。

2. 教育改革和青少年素质教育的现实，要求社区参与学校教育

社区与学校存在着天然的联系。社区要根据青少年学生的兴趣和需要，引导他们接受有益的社会影响，从中获得丰富的知识，这也是大变革时期青少年素质培养过程的内在要求。传统教育只重视校内正规教育，

忽视校外的社区教育；只重视纵向连接，忽视横向沟通。实施素质教育以后，学生有更多的自主支配的闲暇时间。青少年学生需要走向社区，走出相对封闭的学习环境和居住生活方式，参与社区，更好地融入社区群体中，社区则给他们提供一个宽广的、发展和检验素质教育的场所。青少年走进社区，意味着他们开始走进真实的社会生活，他们会发现许多书本上没有或与书本不相符合的东西，这些因素会冲击甚至会动摇他们在家庭和学校教育中所形成的价值观念。因此可以通过社区来促进他们开始新一轮的社会化活动，调整和发展自己的价值标准和行为方式，达到其适应社会的目的。

3. 青少年自身成长发展的现实，要求社区参与学校

在一个人的终身学习中，青少年阶段，是一个人社会化的最重要的阶段，也是最富有色彩的时期。这不仅是因为青少年学生在生理心理上迅速发展，对复杂的社会关系每天都有新的认识和适应，而且还因为青少年学生时期是其社会地位、价值取向从模糊走向清晰的阶段。各种社会影响尤其是我国社会急剧变革带来的强大冲力，每时每刻都在刺激着他们新的欲望与追求，决定着他们对家庭、学校、社区教育的种种需求与抉择。当代青少年社会化历程中呈现出的新变化、新特点，客观上要求社区参与学校。

(二) 社区参与学校的主要方式

1. 社区参与学校课程的开发

我国是一个文明古国，有着深厚的文化底蕴与优良传统，每个地域、辖区都有其丰富的乡土历史文化，其中不乏重大的历史事件、文物古迹及民俗传说。同时，我国正处于一种急剧变革的时期，整个社会处于迅速发展的阶段，取得了众多的成就，但其中也免不了许多社会问题与社会矛盾的相伴而生。而具体到每个社区，每个社区的成就及问题又存在着地域性、独特性。通过社区参与课程开发，这些都可以成为学校课程的重要素材，丰富教学内容，使学生更加了解社区的历史文化和社会实际。

但是，长期以来我国的课程设置严重脱离了地方的实际，乡土教材在课程设置中不被重视、没有地位，严重影响着学生个体的社会化。

个体社会化是个体与社会的相互作用，将社会所期望的价值观、行

为规范内化，获得社会所需要的知识和技能，以适应变迁的过程。对学生个体而言，社会是一个大的、抽象的存在，只有社区才是具体的、可触摸的，因此，学生社会化的过程首先是了解社区文化、了解社区现实的过程。而学生对于社区缺乏真实的了解，从而也很难形成学生对社区的认同感和归属感。应该看到，社区参与学校课程的开发是解决这一问题的重要途径。目前，许多地区在进行校本课程的研究与实验，而校本课程最重要的一个方面就是社区参与课程开发和社区文化教育资源的充分利用，使学校教育符合当地社会（社区）的实际情况和需要。

2. 聘用有能力的社区人士参与学校的课程教学

我国学校聘用有能力的社区人士担任课外辅导员、参与校外教育，已成为一种制度。但是，没有聘用有能力的社区人士参与学校的课程教学的制度。

日本正在大力实施的"特别非正式讲师制度"，对我国很有借鉴意义。

日本的"特别非正式讲师"的内容，主要针对那些不具有教师资格证书的，但具有丰富的相关知识、经验的社区居民及社区组织中的人士，经过向地方教育部门申报，就可以在中小学校承担教学计划中各科的一部分教学工作。到2001年，全日本利用这一制度，聘用非正式教师在中小学校担任一部分学科教学的事例，已有11607件。作为目标，到2004年将吸引、聘用5万人，进入学校支援在校教师的学科教学工作，帮助指导学生的学习。那么，请什么人进入学校，讲些什么课程和内容，当然要视社区已有的人力资源和学校的教学需求而定。

3. 社区为学校提供教育基地

（1）为学校提供社会实践的基地，健全学生的智力结构和培养实践能力。

在学校中，学生的学习以间接经验的学习为主，通过间接经验的学习，可以在最短的时间内获得人类世代积累下来的基本知识。但是，仅学习间接知识是远远不够的，它必须以一定的直接经验为基础，才能建构完整的智力结构，才能真正理解和运用间接知识。可是，在实践中，许多学校往往将间接知识的学习绝对化，导致学生掌握了许多知识，但并不会运用这些知识，使其成为"死"的知识。学生的实际动手能力差，已经成为学校教育中的一个突出问题。因此,在教学过程中必须结合直接经验的学习。如何结合?社会实践是最佳的途径。对于学生来说,工厂、农村、机关、部队、商场等各类社会组织都是学生学习、获得直接经验的大课堂。在社会实践中,青少年学生不仅可以将学校中所学的知识运用于实际,还可以从实践中去检验和印证学校所学的知识,甚至学到学校所没有的知识,从而增强所学知识的有效性,建构完整的知识结构。同时,培养青少年的劳动实践能力本身就是素质教育的重要组成部分,通过社会实践,可以培养青少年的劳动品质和热爱劳动的情感,培养简单的劳动技能,为未来参加劳动奠定良好的基础。

(2) 提供德育资源和基地,共同培养青少年的道德品质,增强德育实效性。

培养青少年良好的道德品质是整个社会的责任,也是社区参与学校教育的主要内容之一。长期以来,由于学校德育的空洞、说教,严重脱离现实生活、脱离学生的实际,导致学校德育缺乏实效性。增强德育的实效性,一方面,需要教师从社会发展的实际,尤其是从市场经济中重构价值基础,建构一种符合社会实际的师德体系,并以此为基础改进德育的内容和方法;另一方面,学校的德育必须要有家庭与社区的积极参与和配合。

青少年生活在一种多层次、全方位、立体化的社会中,青少年受到多方面的影响。各种影响有时是统一的,而有时又是相悖的,特别是社会风尚的低落,导致社会中的现实情况往往与学校所要求的德育相背离,而处于成长阶段的青少年学生还不具有完全分清是非的能力,无法独立理解社会中的复杂问题。在这种情况下,学校如果不采取一种理性分析与引导,帮助青少年学生明辨是非,而是采取强制的、空洞的说教,就将直接导致德育内在的逻辑矛盾,使学生的价值观与人生观发生偏差。

从社区的角度而言,社区是青少年德育的基础,也是学校德育的基本素材,因为学校德育的最终目的还要落实在社会实践上,而社会中的各种现象与问题也应是学校德育的基本内容。因此社区参与青少年德育是提高德育实效性的重要环节。

4. 组织家长参与学生的教育和学校工作

学生家长具有双重角色,既是孩子的父母,同时又是社区的成员。

作为父母，家长的责任是帮助子女成长发展，这包括照顾子女的学业、情绪、社群和其他各方面的发展。可惜因为各种不同的因素，如家长的教育水平和对学校教育的价值观等，家长参与个别学生教育的结果，往往差强人意，甚至有负面的影响。从教育社会学的观点来说，学生的家庭背景，特别是家长的教育方式和家庭文化，与学生学习成就有着关联。要改变这种现象，学校与家长必须合作，使家长对参与学生教育起积极的作用。在这方面，有效的家长参与，其方式可包括：学校与家长互相提供有关学生的资料，加深了解学生的学习情况；家长作为学生的行为模范，助学生全面发展；家长要积极支持学生在家学习，并提供适当的环境、设备及指导。

这样的家长参与，可使家长和学校互相了解，有效地配合，帮助教师工作和学生学习。由于家长更了解学生的困难和学校的期望，可在家继续教育他们，那么，学童的各方面成长必然更健康，学校教育自然更有效。

当然，要成功推动家长参与子女的教育，可能有一些基本条件。例如，家长需要接受适当的家长教育，如此才有足够知识、才能帮助学生的个人发展。学校和社区应开办家长学校，指导家庭教育，也可以组织其他家长和社区力量，共同开展教育。学校、教师、社区的工作，实际上也起着对家长的无形监管作用。

学校和社区可以把家长组织起来，凝聚个人的力量为集体力量，策划活动，支持学校的运作，帮助学校解决各种困难和问题，维护学校的声誉和权益，支持学校和教师的革新活动。这样的家长组织，便成为学校的另一支援系统，与学校、社区相互配合，为学校和社区的需要做出贡献。

家长参与学校运作的地方很多，例如，家长可以帮助筹办学校开放日，协助课外活动，作为教学助手等。当家长参与学校运作时，明显地增加了学校可运用的人力资源。家长成为生力军，学校当然可更有效地运作；对家长而言，他们亦有机会更加了解学校的运作和对学生的要求，这些经验自然可以在他们教育子女时发挥积极作用。

家长也可以代表社区的利益参与学校运作，促使学校的运作透明度相应增加，促使学校要面对社区的不同意见，促使学校要有技巧地处理那些随着参与学校日常运作而来的问题,有效地吸纳社区的建议和利用各种社区资源。

5. 参与学校的计划制订、重大事情决策和学校评价

从组织外部环境的关系看,由于现代生活的各个方面都在日益社会化,这种倾向使得组织的利益紧紧地结合在一起。因此,一个组织在对其发展及对具体业务作出决策时,都要考虑超越单纯对自身利益的最优化,不忘记社会利益是各种团体的利益结合的整体。它必须首先考虑自己的社会责任,寻求组织利益与社会公众利益的协调,在二者之间建立默契与平衡。只有当组织的活动满足了社会公众的需要时,才能获得社会的理解与支持,从而为组织的生存与发展奠定坚实的道义与现实的基础。也就是说,任何一个组织如果失去了其他社会力量的物质及道义上的支持,都不可能长期存在下去。因此对外沟通联系,促进友善关系,是现代组织管理的重要职能,也是现代组织管理的改革发展趋势。国际公共关系协会曾指出:"不论公私机构和组织,均通过它(指组织的管理职能)保持与其人相关的公众之间的了解、同情和支持,也就是审度公众的意见,使本机构的政策和措施与之配合,再运用有计划的大量,争取建设性的使用,而获得共同利益。"

在现代社会中,学校组织也不例外,把管理运作指向组织内部,把管理追求的目标指向学校自身利益及教育效率的最优化的传统做法,日益受外部环境的挑战,管理的职能活动必须向学校以外扩展。

与学校相关的外部机构和公众,主要包括社区的企业、商社、团体、组织、居民(包括家长)等。吸引和扩大以上机构和公众参与学校的管理,推动学校的开放,提高学校的办学水平,构成了现代学校改革的一个主要内容。为实践以上的学校管理开放化、民主化的理念及内容,各国开拓及创新了多种渠道和方式。

第三节 学校素质教育——学校、家庭、社区的整合

一 实施素质教育中的学校工作的转向

(一)学校工作转向的背景

当前,终身学习、终身教育、迈向学习社会已经成为世界主导性教

育思潮。1996年联合国教科文组织"国际二十一世纪教育委员会"发表了德洛尔（Delors）的报告书《学习：内在的财富》（*Learning: The Treasure within*）。"国际二十一世纪教育委员会"提出教育革新的政策建议，展望未来教育的走向。报告书中有两个中心思想：一是终身学习，二是"教育的四个支柱"，而两者是紧密联系的。终身学习需要建立在"教育的四个支柱"的基础上，"四个支柱"就是："学会认知"（Learning to know）、"学会做事"（Learning to do）、"学会共同生活"（learning to live together）、"学会发展"（Learning to be）。"教育的四个支柱"，即四项学习、四项"学会"，具体体现了终身学习。这四项学习是终身的，即不局限于人生的某一时期和年龄阶段；这四项学习是普遍的，即不局限于学校，同时也包括家庭、工作单位、社区等学习场所。也就是说，每个人都是终身学习者；每一个场所，也都应成为学习的场所。

终身学习主张个人终其一生都需要学习，终身学习是一种持续发展知识、技能和态度的过程。终身学习是指个人在一生中，为增进知识、发展技能、改正态度所进行的有目的、有意识的活动。它可能发生于正规教育中，或发生于非正规教育中。

终身学习是从整体的观点看学习，既强调个人学习生涯的连续性，也强调教育、社区或社会的整体规划与发展。终身学习把学习的概念扩大了，使学习有了更广泛的目标。

学校工作转向，一般说来可以列出如下一些，如教育观念的转变，进行新课程建设，改变办学模式，改革课堂教学，重塑与提高教师的素质，建立新的评价制度等。但是在终身学习、终身教育、迈向学习社会背景下，学校工作转向首先需要一个新的素质教育观。

（二）学校工作转向需要的素质教育观

1. 人才观

人才观反映了社会标准。尽管由于各国社会标准和发展水平不一样，然而在人才素质方面同样有不少共同点：（1）需具有自主、积极进取和创新精神，敢于迎接挑战而不是保守和退缩。应重视发展个性、发展自主性和自我意识，善于自律并能协调与他人的关系：与他人协作。（2）应有较强的适应力，在急剧变化的未来世界中具有高度的适应能力，树立与社会发展相适应的思想观念、行为方式和生活方式。（3）应对人类、对他人有高度的责任感，有更高的道德品质。应能抵制强权的压力，有正确的道德价值、伦理价值，对科学与真理有执着的追求。（4）应学会学习，具有独立获取知识的能力。（5）应具有丰富的个性，具备特长，适应多样化和多彩的未来社会。

2. 知识观、学习观

（1）需要更多地采取一种多元文化的知识观，多种文化特点的求知方式。

（2）追求知识的更高的整体性、综合性。随着科学技术的发展，社会的进步，人类文明已经步入了一个新的阶段——综合化阶段。多种学科交叉、多方面知识综合及其在教育上的反映，已日益成为带有时代特征的主要趋势。过去的几个世纪，人类文明的发展比较强调的是分析，经过较长时期学科日益分化的历程之后，又重新出现了学科综合的趋势，综合化对教育影响深远的一个重要方面是人文社会科学和自然科学、技术科学的交叉渗透，教育的综合无疑是科学与人文综合的先导。

（3）学会学习中的选择，学习是对知识的选择过程。人类社会积累了极为浩瀚的文化知识内容，学习就是根据各种目的和要求，进行选择。这种选择不是一种随意的活动，而是在一定价值观指导下的选择性活动。传统教育重视的是社会和教育者对学习知识的选择，而忽视了学生自己在学习中的选择。没有学生自己在学习中的选择，也就没有自主性。事实上学生总是不断地在对所学的知识进行判断、评价、认可、选择，关键在于需要重视和引导学生自主地选择。

（4）学习应当越来越成为学习者主动和自主推动的过程。传统的知识观、学习观是建立在教师和教材是知识的源泉上，学生只是被动的接受者。新的知识观、学习观的重点在于学习者能够做什么，而不仅是知道什么，要求学习者积极参与，以学习者的主动性、创造性、想象力为基础并导致积极的行动，使其有能力创造一个期望的未来。

（5）学习应培养各种应对未来的能力。包括：适应终身学习的要求，自主获取知识的能力；发现问题和解决问题的能力；科学思维，特别是创造性思维的能力；在复杂的环境中与人相处的能力；判断、选择、开拓、参与的能力。

3. 伦理道德观

当今许多国家的教育都面临着社会准则危机。现代科学技术和经济的发展，在给人类带来空前便利、享受和优越物质条件的同时，也出现了许多与物质文明进步不协调的消极的影响。例如，社会享乐之风和个人利己思想蔓延滋长；公共团结意识和社会责任感、社会公德普遍下降；人际关系的疏离、冷淡和不信任感；传统价值观念的淡薄；社会风气恶化，社会道德水准下降等。面对这一切，要求加强自主、自律、自尊、自立、自决、自信、责任感等方面的教育。

从20世纪70年代强调的"智能中心"，转到把注意力放在提高儿童、青少年的道德和更改的水平上来，这就需要：（1）重新提出教育为全体人而不是只为部分人的目标；（2）发展一种服务的观点，从强调为私人利益而学习转变到为公共利益而学习；（3）树立起更高境界的理想、信念与责任感；（4）学会同情，学会自律，学会合作，学会克服自我中心主义产生的贪欲性，学会遵守社会公德；（5）促进发展人际关系，促进对不同观点、看法的容忍与对不同文化、宗教、种族以及异性、残疾人的尊重；（6）关心曾经滋养自己的社会价值观的内源文化。

二 学校、家庭、社区结合，培养青少年素质

（一）学校是实施青少年素质教育的核心

学校教育是教育者根据一定社会要求和个体身心发展规律，有目的、有计划、有组织地对受教育者身心施加影响，把他们培养成为具有一定社会服务意识的人的活动。学校教育是实施青少年学生素质教育的核心部分，并对家庭教育和社区教育起着导向和组织的枢纽作用。

学校教育的核心作用是由学校教育的专门性决定的。学校是受国家、社会的委托专门培养人的场所。学校也是社会分工的产物。从经济的角度讲，学校能够以最节约的投入，产出最大的收益（个人的和社会的）。因此，相对于其他教育形式，学校教育是最有效率的。而随着社会的不断进步，学校教育的功能还会进一步强化和完善。学校一直是社会最根本的教育形态，相对于其他社会组织，学校的根本特点就在于教育上的专门性。[1]

---

[1] 刘淑兰：《学校与社区的互动》，四川教育出版社2003年版，第198—199页。

1. 学校教育具有明确的教育目标

学校存在的唯一意义就在于培养人,更确切地说应该是最有效地培养人才,使之适应社会的需要。因此,培养人才是学校的根本目标,而这一目标下又有培养什么样的人才以及达到什么程度等一系列具体的目标。学校的一切工作都是围绕这些教育目标展开的。

2. 学校具有专门的教师

他们受过专门的训练,懂得教育规律,以教育教学为专门职业,并组成一个系统的组织。

3. 学校具有明确的教育内容

教育内容是根据受教育者的身心发展规律加以筛选和设计过的,并通过一定的教学方式传授给受教育者。

4. 学校具有专门的场所和设施

学校的一切设施是为教育活动而专门设置,学校的一切成员以这些设施为物质基础展开教育活动。

由于学校在教育中有这样的优势和特点,在建立学校、家庭、社区三位一体的素质教育体系中学校居于核心的地位。这意味着学校应成为该体系的中心,对家庭、社区加以引导和组织,发挥枢纽作用,将社区、家庭中的分散的教育资源和教育要素加以组织以形成教育的合力,共同培养青少年的全面素质。

(二) 家庭教育是实施青少年素质教育的基础

对于每个人而言,家庭是最早的"学校",是接触到的第一个也是最基本的社会环境。家庭对青少年的身体发育、知识的获得、能力的培养、道德的培养、个性的形成,都是至关重要的。家庭教育在每个人的成长过程中起着独特的作用。

1. 家庭教育具有针对性

对于每个个别的孩子而言,其父母是最直接的"利害攸关者",这是一般学校所不及的。因为学校教育特别是班级授课制只能是面对全体学生,但在家庭教育中教育的对象只有一个,父母完全可以根据孩子的个性特点及思维特性进行针对性的教育,做到因材施教。

2. 家庭教育具有权威性

由于经济和伦理关系上的依附,父母及其他长者对孩子的长期道德熏陶、行为影响，父爱和母爱的感化作用，是学校无法替代的。特别是孩子的个性与道德品质的培养，家庭教育具有极为重要的作用。父母怎样对待生活、工作、学习，怎样对待社会、同事、朋友、邻里，怎样为人处世等，都在子女的头脑中留下深刻的印象，在潜移默化中对青少年的成长产生影响。这种影响虽然可能不是有意的，但却是直接的、至关重要的。因此，没有家庭的配合，学校的很多努力常常会付之东流，实施青少年素质教育，必须有家庭的积极配合才能实现。

3. 家庭教育的局限性

家庭教育是实施素质教育的基础，但家庭教育也存在很大的局限性。家庭教育大多都处于一种经验式的教育，缺乏科学理论的指导，同时它还受到家庭成员的观念、素质等的影响。在实施素质教育过程中，需要对家庭教育进行有效的指导，帮助家长树立科学的教子观念，掌握科学的教育方法，提高家庭教育的质量。同时，学校对家庭教育应进行积极的引导与沟通，使之与学校教育的目标一体化，形成教育的合力。

（三）社区是学校教育与家庭教育的延伸与重要补充

社区是学校教育与家庭教育在时间和空间上的延伸和发展，同时也是学校教育与家庭教育的大环境与大背景。社区为学校教育与家庭教育提供文化背景与价值基础，同时社区中存在着丰富的教育资源，对于青少年的成长而言，社区是一个更加广阔的空间。

社区对于学校素质教育的实施具有重要的价值，具体体现为以下特点。[1]

1. 社区为学校的所在地，提供青少年发展的背景

从地域空间上看，社区是家庭、学校赖以存在的地方，社区内的人与人的交往，尤其是成人之间的交往，客观上为青少年接触社区成员、了解社会生活、认识各种社会现象、培养各种社会能力提供了社会基础。

同时，社区也为青少年的成长提供了基本的文化背景，社区文化主要包括社区人群的信仰、价值观念、行为规范和社会习俗，等等。它们决定人们的思维方式和行为模式，对社区成员的精神生活和生活方式具有导向作用，青少年的成长过程中不可避免地会打上其所在社区的文化

---

[1] 刘淑兰：《学校与社区的互动》，四川教育出版社 2003 年版，第 199—201 页。

烙印。而积极向上的社区文化氛围对于学校的教育工作是一种重要的支持，能提高学校教育的实效性。

2. 社区为学校提供价值基础，社区有助于素质教育观念的树立

学校的存续与发展都以一定的价值作为基础和依托。无论自觉与否，这种价值都是客观存在的，它主要体现于学校的教育方针、教育目标及教育观念中。学校的价值基础是多元化的，它们可能来自家庭、教师、社区中的教育相关人群及教育行政部门，它们彼此可能一致也可能不一致。如学校的教育目标就有显性与隐性之分，显性的教育目标可能更多地来自教育行政部门，以书面的形式公之于众，但学校中可能存在着另一种价值体系（构成一种隐性的教育目标），而这种隐性的教育目标对于教师行为的引导作用可能更强。这在一定程度上也可以解释，为什么许多所谓的教育方针、教育目标无法真正在学校落实而流于形式化的问题。这对素质教育实施具有重要的启发意义。素质教育是一种价值观念，它的实施不是凭某几个领导的想当然或颁发几个文件就能实现的，首先它需要获得一种与素质教育相适应的价值基础。而这种价值基础，又有更深层的基础——社区的价值基础，只有社区中的大多数成员真正认同了素质教育的价值观，素质教育的观念才能真正树立起来，素质教育的实施才能真正落实到实处。

3. 社区为学校提供教育教学资源，使学生在与社会的接触中接受教育

社区中蕴含着丰富的教育教学资源。首先，社区可以为学校提供丰富的人力资源。青少年的素质教育仅靠学校的专职教师是不够的，社区中存在着大量的有识之士和关心教育的人群，他们愿意也能够参与学校内外的教育教学活动，如共同开发课程、参与管理、兼职教学等。更为重要的是，他们可以将学校中难以接触到的丰富的、直观的经验引入教育教学中，丰富教育内容，拓展学生的学习视野。

其次，社区为学校提供丰富物质与环境资源。社区教育活动是素质教育的重要组成部分，它在很大程度上依赖于社区物质和环境资源的充分开发和利用，从而为青少年开辟更广阔的社会实践的空间和更加丰富的活动内容。此外，对学生来说，工厂、机关、农村、部队、商场等社会组织都是学生向社会学习的大课堂。这些单位与所辖地区的学校建立

联系，可以为学生提供了解社会、从事实践活动的条件。

4. 社区参与学校的管理与评估，有助于学校教育的民主化进程

民主化是现代教育的重要标志，也是学校正确决策的基础。然而，长期以来教育行政部门垂直领导、学校的封闭管理导致的是一种集权式的管理系统，这样的系统很难实现真正的民主，它也是导致学校决策失误的重要根源。教育作为社会和个人发展的基础，它涉及广泛的利益主体，其内在的要求是获得均等的、公正的教育权利和机会。实现这种公正和平等是素质教育的重要目标。因为素质教育不同于精英式的应试教育，它不仅要求学生素质的全面发展，更要求每一个学生的全面发展。但是，在传统的教育体系中，许多学生（所谓的差生）是完全被边缘化的。解决这一问题的重要途径就是积极地组织社区人士参与学校的管理活动，监督和督促学校的决策和教育教学尽可能地实现公正、和平等。而社区参与学校管理不同于行政部门直接的指令性管理，它主要是一种间接性的建议和监督。

（四）学校、家庭和社区相结合的机制与管理

这种机制的形成，包括两个方面，一是社区与学校建立互动的机制，二是家庭与学校建立互动机制。①

1. 建立社区——学校的教育网络

关于社区与学校建立互动机制，湖北省沙市教委"社区教育与学校素质教育实验"的实验成果中，关于社区与学校互动模式非常有价值，值得参考和借鉴，介绍如下：

（1）设计社区参与学校教育的整体战略部署。社区对学校教育的影响大多是零散的和无序的，其中还包括许多负面的影响。因此，社区参与学校教育必须做整体的和系统的思考和设计，只有如此才能将社区里积极的教育资源加以全面利用。该试验中，提出了以现代教育理论为指导，打破学校封闭状态，集合社区各种教育因素，形成政府统筹、街道牵头、学校主体、社区参与、校社互动、共育人才的思路，即突出学校教育的重心，落实街道社区委员会与家长学校这两个连接点，实现学校社区一体化，提高青少年素质的目标。

---

① 刘淑兰：《学校与社区的互动》，四川教育出版社 2003 年版，第 202—206 页。

（2）建构管理体制。构建区、街道、学校三级社区教育组织，建立了社区教育委员会，委员会主任和副主任分别由区委副书记和副区长担任，教委、街道办、公安、团委、妇联等部门为成员，统筹与经济、科技的协调发展。街道社区教育委员会主任由各街道党政一把手担任。学校社区教育委员会由各学校校长担任。从纵向分层（区、街道、学校）、横向联体（联合辖区内企业、事业单位），组建社区教育委员会。增设街道办事处教育科，选派学校优秀干部到各街道办事处任教育科长，履行社区教育的职责，协调辖区内学校与社区的关系，组织辖区内日常社区教育的具体管理工作。在办学体制方面，形成以政府为主，各企事业单位、社会团体、公民个人共同参与的办学体制。并且统筹社区内各类教育，在体系上充分体现了社区教育是社区内各种教育因素的集合、协调互动。

2. 建立家庭—学校教育网络

建立家庭—学校教育网络，无论对于提高学校教育的质量还是家庭教育的质量都是非常重要的。没有二者的协作、互补，培养青少年全面的素质是难以实现的。现实中，家庭教育与学校教育相左的情况比比皆是，这不仅不能形成教育的合力，相反彼此的教育影响还会相互抵消。与此同时，在应试教育的长期影响之下，许多家长已经想当然地认为教育就应该是学校的责任，而不注意自身的言行以及与子女的沟通交流中对子女所起到的教育影响，而学校长期的封闭状态，又导致家长对学校的教育状况知之甚少。在这种条件下，学校与家庭的协作和互动是无法实现的，因此，如何建立学校与家庭积极而有效的沟通是一个首要的课题。

（1）学校向家庭开放。家长是其子女的监护人，他们有权了解和监督学校对其子女实施的教育，这是他们基本的权利，应通过制度来加以确认和保障。同时，学校向家庭开放，也有助于学校了解学生的家庭教育状况，在教育过程中做到具体问题具体对待。学校向家庭开放可以采取各种形式，其中主要的形式：建立家长委员会；充分利用家长会制度；在不影响正常教育教学的前提下，向家长提供观摩课堂教学的机会。

（2）学校对家庭教育实施积极的引导

自觉性低、缺乏科学理论的引导是许多家庭教育的一大特点，也是家庭教育水平低的一个重要原因。建立学校—家庭的素质教育网络，学校对于家庭教育的引导是非常必要的。

对于家庭教育的引导主要包括教育观念和理念的引导以及具体方法上的指导。

对于教育观念的引导，主要是帮助家长树立正确的教育观念，使家长了解和认识应试教育对孩子发展的局限性及重要缺陷，建立全面发展的正确教育观念，自觉重视家庭教育的重要意义和作用，积极配合学校教育等。

对于教育方法的指导，主要是如何与子女有效地沟通、如何从教育的角度去观察和理解子女的思想和行为、如何利用日常生活对子女进行教育等多方面的方法技巧上的指导。学校对家庭教育的引导形式则主要有家长学校、家访、建立家校通信（包括电话、书信、网络）等形式，采取何种形式应根据学校自身的具体情况而定，关键在于所采取的形式可以有效地保证学校与家庭能够实现真正地、深入地沟通和交流。

第四节　社区青少年教育与管理

一　社区青少年教育的目标

社区青少年教育的总目标在于：培养和发展青少年的身心素质，发挥社区与学校的互动作用，为青少年的成长创设良好的育人环境。不断强化学校的素质教育，使青少年学生在校外仍得到时间和空间上连续不断、形式上更加灵活多样的素质教育，以弥补学校教育的不足；给予那些受现存教育体系主要是正规的学校教育体系所排斥的青少年以受教育的权利和机会；为社区中的青少年弱势群体提供特殊的援助，增强他们生存和发展的信心和能力；使社区内每一位青少年的身心素质都得到现有条件下更好的发展。[1]

（一）学会做人

青少年正处于价值观、人生观、世界观的形成过程，由于心智发展尚不健全，情绪的波动比较大，对人生、对生活、对社会、对他人的看

---

[1] 参见刘淑兰《学校与社区的互动》，四川教育出版社2003年版，第233—238页。

法常常摇摆不定，可塑性很强。青少年教育工作者一定要重视这个思想和心理发展的关键期，突出教育的基础性、思想性和引导性，关键是教他们学会"如何做人"。对于社区青少年教育工作者来说，应该与学校教育相互配合，利用社区的教育资源，对青少年进行理想教育、价值观、人生观、世界观的教育。在青少年的日常学习、工作、生活中，教会他们如何做人，引导青少年在理论教育与实践体验的有机结合中，对各种各样的理想、道德、价值观进行自主的分析和选择，逐步掌握做人的基本道理，并用以指导自己的行为。

（二）学会交往

良好的人际能给人们带来愉快的心情，创造更多的机会。拥有良好的人际关系，关键是要学会如何交往。社区可以通过各种群体活动，为青少年创造更多彼此接触的机会，增加青少年同龄人之间、与长辈、与老师、与社会的沟通和交流，帮助他们解决在人际交往中的各种困惑，克服各种心理障碍，如孤僻、虚伪、胆怯、自卑、悲观等，培养人与人之间交往所应该有的性格、精神和品质，如宽容、真诚、善良、自信、乐观等，掌握与人交往的基本方法和技巧。

（三）学会自我发展

社区青少年素质教育要培青少年学会自我发展。

首先，要培养青少年自我发展的意识。认识自己是发展自己的第一步，应引导青少年学会客观、清晰地了解自我，包括对自己的身体、思想、行为等的观察、分析和评价，学会自我要求、自我调节、自我监控、自我教育，使自我意识得到良好的发展。

其次，要对青少年进行理想教育，指导青少年根据个人的实际情况树立远大的理想，把自我发展的意识同自己的理想联系起来，以理想作为行动的指南，自觉、积极、主动地发展自我，为实现理想而奋斗。

最后，要培养青少年自我发展的能力。通过组织青少年参加各种活动和社会实践，让青少年在实践中锻炼意志，坚定对理想的追求，学会通过理论和实践相结合发挥自己的才能，学会协调个人理想与社会发展的关系，正确对待理想与现实的冲突，适时调整自己的远期目标与近期目标。此外，还要培养相应的精神和品质，如灵活、自信、乐观、坚强、脚踏实地、坚忍不拔、锲而不舍等。

(四) 学会学习

青少年的文化知识大部分是在学校教育的系统传授和自己的自觉学习中习得，而社区同样具有文化传播的功能，它在巩固和补充青少年在学校所学的理论知识，增长知识、社会经验，扩充青少年的文化视野等方面拥有极其丰富的资源。社区青少年教育工作者应该有效地利用社区资源，增长青少年的科学知识和人文知识。如利用企业、科技馆、展览馆等作为科学知识传播的阵地，对青少年进行科普教育，培养科学精神，发展科学文化素质；利用社区文化市场、图书馆、历史博物馆、爱国主义教育基地等传播历史、人文知识，培养青少年的人文素质。但传播知识、提供信息不是目的，更重要的是要引导青少年学会学习，学会提高自己的文化素质。

(五) 培养实践能力

培养青少年的实践能力，单单依靠社区学校教育的力量，确实有点力不从心。而社区恰好能给青少年提供这样的空间和舞台，是一个实践育人的摇篮。社区应该为青少年开放各种实践资源，组织青少年深入社区，学会有效利用各种实践资源，并通过创造条件，组织活动，带领青少年走出社区，走向大自然，走向社会，扩大青少年的实践和活动空间，使青少年能够亲身接触社会，开阔眼界，在实践中逐渐学会将抽象的理论与具体的实践联系起来，巩固学校所学知识，培养解决实际问题的能力，学会将个人的发展与社会的发展和需要结合起来，并积极参与社区的两个文明建设，使个人的自我价值和社会价值都能够得到更好的协调和实现。

(六) 发展创新能力

青少年正处于智力发展的黄金时期，思维很活跃，在日常生活、学习中，经常会迸发出新奇的思想火花。对此，社区青少年教育工作者要理解、引导和鼓励，并为青少年的创新、创新思维和创新能力的发展提供各种有利的"软环境""硬环境"。社区要为青少年营造一个宽松、自由、包容、和谐，同时充满尊重、信任、关爱、激励的生活环境，培养青少年的科学精神、创新意识，发挥他们的创造潜能，增强他们的创新能力。

（七）训练社会适应能力

青少年成长的过程就是一个逐步实现社会化的过程，而这个社会化的过程无论如何不可能只在学校这个"小社会"中实现。相比而言，社区作为一个更具真正意义上的"小社会"，它能为青少年走进社会、接触社会、了解社会提供学校教育所不能提供的现成的社会资源，是能够在培养青少年的社会适应力方面发挥突破性作用的。社区教育工作应该重视和利用这个相对资源优势，把提高青少年的社会适应能力作为社区青少年素质教育中一项重要的能力素质来培养。带领青少年深入社区、走进社会，通过参加各种社会实践，了解社会，增加阅历，才能适应社会，更好地发展自我，服务社会，实现社会化。

（八）形成社区意识

社区是青少年生活、学习、工作的地方，社区的环境、社区的形象、社区的建设和发展无不关系青少年的切身利益。因此，在青少年的自我意识结构中也应该渗透一种集体的、社区的意识，形成社区性的自我、社会性的自我，否则青少年的强烈的自我只能是一种狭隘而自私的自我。社区应该通过多种的宣传和活动的开展，培养青少年对社区的感情，引导他们树立对社区的认同感、荣誉感和责任感，建立"社区是我家，发展靠大家"的社区意识与参与意识，自觉维护社区的形象，并积极参加到社区的建设中来。

二 社区青少年教育工作的原则

（一）服务青少年为本

围绕社区青少年教育培养和发展青少年素质的总目标，社区青少年教育工作应该以服务青少年为根本宗旨，一切工作的开展均以有利于促进青少年素质的发展和提高作为衡量工作成效的最高标准之一。因此，社区青少年工作者要从青少年健康成长的需要出发，通过形式多样、体现青少年根本利益的教育活动，为青少年提供更多、更好的学习、生活、工作等方面的便利与帮助，丰富青少年的社区生活。

1. 做好"青少年事务"工作

所谓"青少年事务"是指围绕青少年社会教育、劳动就业、生活娱乐、婚恋家政、社会交往等青少年成长成才、生产生活的基本需求和青少年群体的生存和发展的状况，各级政府和各类经济、社会组织依照有关法律、法规和政策、制度，对青少年这一特殊社会年龄群体进行服务的事项。此外，还应该随时随地关注青少年成长成才的新变化和新需要，进一步转变思想观念，进一步拓展服务项目。

2. 主动、清晰地了解青少年的基本情况

为了更好地服务青少年，要通过各种途径，主动与青少年朋友和青少年父母、老师等进行沟通，了解不同年龄、不同领域、不同层次的青少年特点以及他们成长成才的多元化需求，倾听他们对社区青少年工作的想法、建议和意见，努力做到"想青少年所想，急青少年所急"，取得青少年朋友的信任和来自多方面的支持，为工作的顺利开展奠定良好的人际关系。此外，社区还要通过协调社区各部门和有关单位的关系，整合和创造社区资源，争取更加广泛的物质保障和精神支持，并充分利用社区有形和无形的资源，提供更加丰富多彩的青少年服务，为青少年的成长成才创造最好的条件和环境。

（二）从实际出发、办实事、抓成效

社区青少年教育工作的开展，要从实际出发，服从青少年素质培养和发展的实际需要。社区介入青少年素质教育在我国还是一个比较新鲜的事物，对社区来讲既是一个艰巨的任务，也是促进社区发展和树立社区新形象的机会。不能排除某些社区在工作中存在一种急于求成、形式主义的浮躁作风。必须指出，该项工作是一项长期的工程，切忌"一窝蜂""高大空"。因此，评价社区青少年教育工作是否得到实效，其根本标准不仅在于是否完成了上级任务、得到了上级认可或制造了社会"轰动"效应等，更在于是否对青少年的素质发展起到了切实的促进作用。

从实际出发、办实事、抓实效，意味着社区青少年教育工作的各项内容都应该在了解、调查、研究青少年成长成才的基本情况和实际需要的基础上开展。从社会发展需要、青少年发展的需要和特点出发，关注现实的变化，把握新情况、新特点、新问题，包括社区青少年成长环境、青少年的分布特点、素质状况、思想动态、生活方式等的新变化，使每一项工作的开展、每一次活动的举办都能以丰富多彩的内容和形式吸引青少年的兴趣，真正走进青少年的心里，对青少年真正起到教育和引导作用。同时，还要从社区实际情况出发，包括社区的需要、社区资源状况、社区青少年的构成和分布特点，制定中、长、短期目标，增强工作的计划性。此外，还要加强对社区青少年教育工作的理论和实践的研究，及时总结工作中的经验和教训，探索新形势、新情况下的新工作内容和新的工作形式，以求更大的进步和发展。

（三）重视青少年的特点和变化

当代青少年的成长环境较之以往发生了很大的变化，处在中国社会经济、政治、思想、文化等各方面都急剧变化的时期，尤其是经济的发展和西方文化、价值观的流入，对青少年的思想意识以及世界观、人生观、价值观的形成产生了巨大甚至是决定性的影响。如注重对物质生活的追求；思想开放、前卫、表现欲强烈；要求对自我个性的张扬；逆反心理强、反感和反抗压制，讨厌说教、强制和约束；要求平等、独立和自由、自我意识强烈，更加关注个人的生活理想、职业理想的实现等。由于这些特点的存在，当代青少年形成了层次和表现不一的多元文化。从思想到语言到服饰到行为，都能看到这种区别的明显性。

此外，由于竞争的激烈，当代青少年所面临的成才的困难和挑战很严峻，所受的心理压力也很大，有来自社会的，有来自同龄人的，有来自父母长辈老师的，还有来自自己的。社会复杂，价值观多元，使其尚未成熟的心灵困惑不断，思想开放的同时又喜欢自我封闭，追求理想的同时又常被现实生活所困扰，比较容易产生浮躁的心理、冲动鲁莽的个性。同时，当代青少年中有很大一部分是独生子女，由于成长环境的优越，又比较容易使他们养成依赖性、任性、以自我为中心，缺乏独立性、社会责任感、吃苦奋斗精神等。社区青少年工作者应该了解青少年的这些特点，遵循青少年身心发展的规律，有针对性地开展对他们的教育。

（四）充分尊重青少年的自主性

强烈的自主独立意识是青少年的一大思想特征，他们不愿意接受父母、长辈、老师们过多的干涉和约束，希望能自由地安排自己的学习、工作和生活，希望自己的个性能够得到充分的表现。这就要求教育必须重视青少年的价值地位、人格尊严与自我抉择的权利和能力。素质教育较之传统教育模式的一个重要进步体现在，素质教育在本质上就是一种重视青少年主体地位，体现青少年自主性的教育模式。与学校教育相比，社区青少年教育更要淡化正规教育的味道，充分尊重青少年的人格和自我选择，更多地体现引导性和志愿性，避免浓重的说教性和强制性。

充分尊重青少年的自主性，要求社区青少年教育工作者在进行每一项教育活动时，要把青少年的兴趣爱好、利益意愿等切实考虑在内，切忌以权相压。尤其是德育方面，更应该充分尊重青少年的主体性，注重组织他们参与形式多样的道德实践，发挥他们在道德形成中的可塑性，对其施加潜移默化的影响。利用这些活动，鼓励他们进行自我教育、自我管理、自我监督、自我调控、自我提高等自主性的教育，培养他们自主自立的精神和意识以及自我发展的能力。社区必须重视和利用青少年的这种自主愿望和能力，为青少年建立自主教育、自主管理的活动机制和运行机制，引导他们自主地培养和发展自己的各方面素质。

（五）重视实践育人

社区就是一个小社会，它拥有学校无法比拟的社会实践资源，对应于以学校教育理论性为主的特点，社区青少年教育的特色和优势应更体现在其实践性这一点上。社区应该成为一个实践育人的摇篮。青少年的大部分理论知识是从学校教育、从书本中习得的，但是其实际能力却大多要在学校以外、在实践和活动中获得。在实践中，能够培养青少年发现问题和解决问题的能力，最充分地发挥和发展他们的自主性和能动性。社区青少年教育工作者应该重视实践教育在青少年素质培养发展中的重要作用，配合学校的理论教育，开展实践教育，使青少年学生学会将理论知识运用于实践，巩固理论知识，增加实践经验和做事能力。通过实践，充分发挥青少年的自主性，增加青少年的情感体验，通过培养青少年的主体意识和各种实际能力，达到发展青少年素质的目的。

为此，社区要搞好阵地建设，为青少年提供宽广的实践活动基地，建设一批校外教育基地，建立和完善青少年参加社会实践、社区建设的激励、组织、评估、奖励机制，组织丰富多彩的社会实践活动，引导青少年自觉参加社区的建设、社会的服务，让青少年在社会实践中、社区服务中，进行奉献社会、帮助他人的情感体验，形成强烈的社区意识、社区归属感、荣誉感和责任感，进而树立社会责任感。学会进行自我教育，学会自己动手，在做中学，学会在自助、助人、参与中发展自我，在实践体验中健康成长，培养强烈的独立意识及良好的实践能力和社会适应能力。

（六）全面培养与重点发展相结合

社会和时代的愈加进步对人才的综合素质的要求便会越来越高，青少年的健康成长成才不是单纯的某方面素质的发展，而是各方面素质的全面、协调的发展，在对青少年进行素质培养的时候，始终要有一个全面培养、全面发展的意识。同时，由于素质教育是针对传统教育的弊端提出来的，在继续发挥传统教育模式优势的基础上，素质教育要从填补青少年素质发展的空白点出发，抓住一些重要方面，进行重点的培养和发展。总之，要做到全面培养和重点发展相结合。具体而言就是：

首先，科学素养与人文素养并重。目前科学技术飞速发展，对社会各个领域、各个层面影响至深，给青少年的学习、工作、生活带来了新的工具和方式。科学素养的具备不是单指掌握了一些科学知识，了解了比较新的科学信息，懂得运用一定的科学技术，还包括科学精神的养成，如实事求是、勇于探索、脚踏实地、锲而不舍、勇往直前的科学精神，创新意识、创新能力的培养等，这些都需要社区青少年工作者在教育活动中进行教育和引导。同时，人文素养是青少年素质结构中的重要组成部分，是青少年思想意识、文化素养、道德品质、精神面貌等方面的综合体现。有学者说："人文教育的欠缺会出现两种畸形人：只懂技术而灵魂苍白的'空心人'和不懂科学、奢谈人文的'边缘人'。"因此，对青少年的素质教育应该科学素养和人文素养并重。

其次，道德素养与能力素养并重。能力的培养是素质教育的重点，但是如果只有能力而没有道德素养，这样的人才对社会没有帮助反而可能带来更大的灾害，在社会转型时期，价值观多元，并存在某种程度的混乱，青少年面对这种情况，会感觉眼花缭乱，也因为心智未成熟，正确而坚定的是非观念未树立，辨别能力尚欠缺，这些都需要教育工作者进行正确的引导，帮助他们培养正确的道德感、高尚的情操、正确的道德观念，形成良好的道德素养。

再次，重点发展青少年实践能力和创新能力。这是针对传统教育模式所培养出来的人才素质的缺陷而提出来的。把培养实践能力和创新能力作为素质教育的重点，这不但是学校素质教育的重点，也是社区青少年素质教育的重点。所以，社区在开展青少年素质教育、培养青少年各种能力素质的时候，也应该把这两种能力作为重点能力来培养。

（七）在改革中进步，在创新中发展

社会在不断地发展和变化，青少年的成长成才环境也在不断地发生变化，如果只是停留在过去或现在的某个层面、某种模式、某种方法上，不管是对于学校教育而言，还是对于家庭教育和社区教育而言，都是难以收到良好的教育效果的，必须根据社会环境的新变化和青少年的新特点，适时转变思想观念，及时进行改革和创新。

这就要求社区青少年工作者要有现代意识和创新精神，要用改革的、发展的、创新的眼光来研究和探索社区青少年工作的新的生长点，探索新的更有成效的工作方法，利用更先进的教育手段和技术，根据青少年的变化和需要，创造更新颖、更生动活泼、更能吸引青少年的活动形式，不断地创新青少年教育和服务的项目和方式。要结合社区的优势，形成一些有时代特色、青少年特色、社区特色的"特色品牌"，为社区青少年教育事业注入新的血液和活力，实现社区青少年工作的可持续发展，并把这种改革意识和创新精神渗透社区青少年教育实际工作的各个层面，从内容到形式、从手段到方法、从组织到制度等。同时，社区青少年教育工作的创新不仅是指实际工作中的创新，还应该完整地包括理论创新和实践创新两个层面，这两个方面是相互促进、相得益彰的。在实践创新的同时，应加强对实践经验的总结和创新，加强对社区青少年和社区青少年教育工作者的问题调查和理论研究，创造新的理论，以便更好地指导实践，实现实践创新—理论创新—实践创新的良性循环。

三　社区青少年教育工作的重点内容

（一）与学校教育活动配合协调

社区所具有的青少年教育职能是一种社会性、带有一定非正规化的教育职能，在青少年社会化的过程中起着非常重要的作用。对于青少年来说，学校仍是他们接受教育的最主要场所。社区的青少年素质教育，在总方向上，与学校青少年素质教育是一致的。社区与学校的需要相互配合，形成交流与合作的关系，共同为青少年创设良好的育人环境，开展相应的教育活动，主要体现在以下三个方面。

1. 社区青少年教育与学校理论知识教育相配合

学校是一个传播知识的特定场所，到目前为止，理论性知识的传授仍是它最主要的传播知识的方式，青少年从学校教育中所直接获得的知识更多地属理论知识范畴，系统但比较抽象。由于学校教育单纯强调这种理论知识传授的职能，忽视了青少年其他知识和能力的培养和发展，尤其是在实践知识和实践能力的发展、创新意识和创新能力的培养上，片面追求高分数和高升学率，"高分低能"的现象充分说明了这一点。在这两个方面，学校教育虽做出了很多的努力，但是仍难以满足青少年这两种能力素质的培养和发展，而社区恰好能在这方面给予学校教育以有力的支持、有益的补充。如果说学校是一个以理论知识武装人的阵地，那么社区就是一个以实践育人的摇篮。社区应配合学校的理论教育，充分发挥自己的实践资源优势，做学校推进实践教育的大课堂，为青少年提供各种实践空间和机会，进一步巩固在学校学到的理论知识，做到理论实践相结合，达到学以致用的目的。培养他们在实践中发现问题、解决问题的能力，增强理论学习的针对性和目的性；培养他们的动手能力，发挥他们的创造潜能，引导他们在实践中创新。此外，社区还可以通过一定的传播渠道，如专题知识讲座、技能培训、科普活动、社区媒体宣传等，对青少年传授更多、更实用、更贴近青少年学习、生活、工作的理论知识，对学校的理论性知识教育进行补充，并不局限于其内容与形式。

2. 社区青少年教育与学校德育相配合

社区与学校相互配合，除了体现在理论知识教育方面，更重要的体现在德育方面。社区与学校德育相配合，最主要的是努力创设一个良好的德育环境，为青少年提供与学校德育一致的正面影响和教育。主要体现在：

第一，社区要通过减少道德污染源，净化社区风气，培育健康向上的社区精神风貌，使青少年通过耳濡目染，在心里对积极高尚的道德产生认同感并不断通过行为实现内化。

第二，由于青少年的模仿能力和可塑性都很强，要弘扬高尚的社会风气，传播先进的人物事迹，发挥榜样在青少年中的道德力量，尤其应该重视青少年中的优秀群体和个人在同龄人中的正面影响作用。

第三，要多开展主体性教育活动。社区的青少年德育工作应更侧重于实践性德育，重视主体性在青少年道德形成中的积极作用。要从青少年的心理特点和道德发展水平以及兴趣爱好出发，通过组织形式新颖吸引人的活动，创设生动活泼的道德情境，对他们进行道德训练。在活动中要淡化正规德育说教，除了进行适当的引导和指导外，完全由青少年通过自己的道德认识做自由、自主的道德选择，做表里如一的道德行为，充分发挥他们的自主性，进行切身的道德情感体验，让他们在"做中悟道""为中成德"。社区可以利用各种开展活动的机会，寓教于乐，让思想政治教育融入到轻松活泼的青少年团体活动中去。

3. 社区青少年教育与学校的校外教育相配合

对青少年学生进行课外、校外教育，也是素质教育的一项重要内容。社区可以通过开放和整合社区资源，为学校的校外青少年教育提供各种场地、设施、经费、政策、宣传等方面的物质和精神支持，对在时间上和空间上暂时脱离了学校的青少年进行有效的教育和管理。有条件的社区应该建立青少年的社区团队组织，延伸共青团和少先队对青少年的校外教育、社会教育管理职能，培养他们的能力，发展他们的素质。使社区在"家庭、学校、社会三位一体"的青少年教育体系中扮演越来越重要的角色，在青少年的成长成才中发挥越来越重要的作用。

（二）组织社区青少年团队活动

从社会学的角度而言，青少年成长的过程就是青少年逐步社会化的过程，促成青少年社会化的因素多种多样，其中各种群体和团体起着特别重要的作用。组织社区青少年团体活动，社区应从自身的资源状况以及青少年的兴趣爱好和素质发展的需要出发，有目的、有计划地进行。从活动组织形式、内容、目的、时间和成员等方面来分，社区团体活动主要有以下类型。

1. 从活动组织形式和参加主体来看，分为社区型、社团型和小组型三类

社区型是面对全区内全体青少年，没有固定的组织成员，活动组织多是主题性形式，如"六一"儿童节面对社区全体儿童所开展的一些以庆祝节日为主题的大型活动。社团型是根据社区资源条件和青少年兴趣爱好而成立的比较正式、比较稳定的社区团体组织，有一定的社会职能，有较固定的成员，开展活动具有经常性，活动的主体主要限制于社团组织的成员。小组型的成员也比较稳定，在规模上比社团型小一些，一般

在3—20人，不是稳定的组织，常常根据需要而组成或解散，时效性很强，活动组织形式相对比较灵活、分散。

2. 从活动开展时间来看，可以分为日常型、定期型、临时型三种

日常型团体活动，指活动的开展除了是在青少年的校外时间外没有特别的时间限制，参加者具有较强的资源性和随意性，这类活动多数是在那些常设性的社区青少年社团和社区的青少年文化、娱乐中心中的组织。定期型团体活动的开展主题比较固定，有一定的时间段间隔，一般是在寒暑假或者是在一些特殊的节日举办活动，也可以由社区的有关社团或其他活动组织者来安排一个具体而较固定的日期。临时型团体活动的开展在参加人员和活动时间上没有固定性，只是根据需要而临时组织起来的，而且往往是一次性的，具有较大的随意性、即兴性、应急性和时效性。

3. 从活动组织的目的和内容来看，主要有社会实践型、创新创造型、兴趣特长型、娱乐趣味型、知识技能学习型、社区服务型等团体活动

社会实践型团体活动。其目的主要是配合和弥补学校理论性知识教育的不足，把社区和社会当成青少年的"活教科书"，让青少年通过接触社会、了解社会和服务社区与社会，增加社会经验和实践知识，开阔眼界和胸怀，增强青少年的是非观和社会适应感，学会正确处理理想与现实、个人与社会的关系，树立正确的社会观和强烈的社会责任感，培养实践能力和社会适应能力，促进青少年的社会化以及正确的世界观、人生观、价值观的形成。

创新创造型团体活动。其目的在于鼓励和保护青少年在日常生活、学习和工作中所产生的创新性思想火花，为这些火花提供实践场所和机会，满足他们的好奇心和创新欲望，培养创新精神、意识、思维和技巧，培养实事求是、勇于探索、锲而不舍的科学精神，发挥青少年的想象力，挖掘他们的创造和创新潜能。

兴趣特长型团体活动。目的是满足青少年多方面兴趣、爱好的需要，发挥他们的业余特长，发展他们多方面的素质和能力，丰富青少年的校外生活，并在活动中挖掘和培养一批具有特殊才能的青少年人才。

娱乐趣味型团体活动。目的是通过组织青少年参加各种集思想性、

娱乐性、教育性于一体的团体活动，陶冶他们的情操，丰富他们的社区生活，使他们从紧张的学校生活中得到适度的放松，使青少年养成健康的娱乐生活习惯，远离那些不健康的娱乐场所和生活方式；同时，为青少年提供广泛接触、沟通和交流的机会，增进彼此的友谊，消除和克服各种交往心理障碍，培养社交技巧和技能，建立协调的人际关系。

知识技能学习型团体活动。目的是拓展青少年的知识面，满足他们的求知欲望，向青少年推荐各种文化知识精品，用先进的文化知识武装青少年的头脑；向青少年传播各种实用的知识，包括科普知识、法律知识、安全知识、军事国防知识、生活常识和技能等，使他们更健康地成长，更有效地保护自己；引导青少年多读书、读好书，在青少年中成立学习型组织，营造浓厚的文化学习氛围，使青少年学会自觉提高自己的文化、思想素养。

社区服务型团体活动。目的有二：一是通过活动为服务对象提供多方面、多层次、多样化的服务，给他们的生活、学习和工作带来便利和有效的帮助；二是通过让青少年参加这些服务性活动，充分发挥他们的自主性，使他们学会将个人的兴趣爱好、人生理想与社区和社会发展的需要联系起来，培养关心他人、关心社区、关心社会的意识和精神，培养强烈的社区归属感、荣誉感和责任感。

思想道德教育型团体活动。其目的在于通过各种生动活泼、寓教于乐的青少年团体活动，对青少年进行思想道德教育，以正确的、先进的、积极的、高尚的思想道德占领青少年的思想高地，提高他们的思想觉悟、道德修养，培养健康的心理，塑造健全的人格，帮助他们形成正确的世界观、人生观、价值观。

（三）对青少年中的不良行为的矫治与辅导

在青少年的成长过程中，由于家庭或自身的因素或受到外界不良的影响，会形成一些不好的行为方式和习惯，这些行为方式和习惯如果得不到正确的、及时的教育、引导和矫正，将会对他们的成长成才造成极其有害的影响，甚至会导致他们走上违法犯罪的道路，毁了个人前程，也增加了社会的不稳定因素。

1. 闲散青少年的教育管理工作

闲散青少年主要是那些升学失败或因其他原因而中途辍学、退学的青少年。这些青少年离开学校以后，由于没有了学习任务，暂时也没有工作的压力，时间充裕，精力充沛，大部分人的生活却很空虚，于是经常出没于网吧、游戏厅、赌博场所、酒吧等娱乐场所，渐渐沾染上了各种不良的生活习惯。他们深受社会不良风气的侵蚀，甚至成为社会不良风气的制造者，给生活在社区的在读青少年造成消极的"带头"作用，严重影响社区、社会的治安秩序以及良好的育人环境的形成。为此，应加强对本社区闲散青少年的基本情况的调查研究，形成教育管理机制。如成立社区闲散青少年的管理部门、固定闲散青少年教育管理者队伍并使其工作落实；与学校的辍学工作相交接，对闲散青少年中的不良分子进行特殊帮教，对闲散青少年进行教育与职业培训，推动青少年之间的互助，推动家庭与社会的参与和支持，等等。

此外，对闲散青少年中已经受到过刑罚或其他行政处分或已构成犯罪但未受到处罚的，要给予特别的关注。除了加强对他们的教育、管理和转化外，要给他们特殊的温暖和帮助。要帮助他们端正态度，鼓励他们重新拾起生活的勇气，用更加健康的生活方式去生活，用决心和行动改变自己的人生和别人对自己的看法。

2. 青少年亚犯罪群体的教育和挽救

所谓亚犯罪，主要是指主体在进入刑法所界定的犯罪状态之前的一段潜伏期里所存在的一种处于犯罪边缘或具有犯罪倾向的行为状态。例如，一般的违法行为以及其他一些具有犯罪倾向的行为，如打架斗殴、吸毒、赌博、小偷小盗、酗酒闹事等。从亚犯罪到真正的犯罪具有很大的可能性和必然性，社区一定要及时做好这个群体的挽救和转化工作。

进入亚犯罪群体的青少年一般都存在一定的性格和心理缺陷，如没有明确的人生目标和生活追求，目空一切，自我为中心；性格孤僻、冷酷，不善于、不愿意与同龄人交往，更从内心里抗拒与父母长辈的交流和沟通；自我封闭后，又常以一些不健康的行为来发泄情绪，冲动而鲁莽等。教育首先要了解这个群体的特点；其次要针对这些特点，对他们进行心理健康教育，进行及时的疏导，帮助他们克服各种心理障碍，解决好心理困惑，医治各种心理疾病；再次，加强法制教育，做好犯罪心理预防与其改善工作。

3. 青少年亚文化群体的教育和转化

青少年亚文化群体,① 是指由青少年个体参与、构成,其价值、行为游离于与社会文化之外的某些群体。主要特点有:成员思想观念独特,有潜在的反文化倾向;行为方式独特,喜欢我行我素和标新立异;成员构成复杂,文化层次较低;重视群体成员身份;群体中人际关系密切,有频繁的互动和沟通;群体内聚力强等。这类群体对青少年的思想、行为起着至关重要的影响作用,很容易引起群体性的不良行为,应该引起高度重视。

从群体特点来看,青少年亚文化群体与亚犯罪群体在思想、行为上有一定的共同之处。社区教育工作者应该通过组织更健康、更有利于青少年成长成才的团体和活动,肢解这些不健康的青少年亚文化群体,把这部分青少年争取过来,纳入到健康的主流文化中来,用健康向上的主流文化影响和改变这部分青少年的思想、观念、价值、生活和行为方式,帮助他们树立正确的世界观、人生观和价值观,防止他们走向亚犯罪和犯罪的道路。

(四) 对弱势群体的关心和帮助

社区照顾是社区的一项重要职能。本研究从以下四个方面进行说明。

1. 对未成年人的权益保护

犯罪学的大量研究成果表明,大量的严重犯罪者和暴力犯在其儿童、少年时期曾受过多种形式的迫害。这说明,对未成年人给予特殊的援助,不仅是一个保护未成年人合法权益的问题,同时也是一个减少犯罪诱因、降低社会犯罪率的社会问题。因为犯罪者和被害人之间的角色并不是固定的,被害人在一定条件下可能转化为犯罪者,对于未成年人来说,这种转化并不少见。因此,保护好未成年人,一方面可以防止他们成为被害人,另一方面还可以防止他们因为报复而实施未成年人犯罪或因少时受到迫害而在成年人后走上犯罪道路。

目前,我国对未成年人的保护渠道主要包括家庭保护、学校保护、社会保护和司法保护。社区保护属于社会保护的范畴,主要的保护形式是通过成立相关的未成年人援助和保护机构,如"社区青少年权益保护

---

① 张胜康:《论亚文化群体对青少年毒品使用行为的影响》,《青年探索》2002 年第 2 期。

中心""社区未成年人法律援助中心"等，为未成年人在日常生活、学习、工作中所享有的各种合法权益提供直接或间接的援助。

直接的保护一般是指针对一些情节比较轻微、能为社区权力所辖的权益侵害事件，通常指一些民事纠纷，如未成年人在社区里受到大龄青少年的轻度身体伤害。间接的援助主要是指对未成年人进行法律知识的普及，安全预警技能培训、法律求助渠道的开辟和协助运用，未成年人的合法权益受到侵害时，可以提供法律咨询、代拟法律文书、提供诉讼代理服务、接收举报并与公检法部门联系，帮助他们寻求司法救济或者其他方式的权利救济。此外，社区还应该加强未成年人的自我保护意识和能力，通过各种途径，向青少年宣传与他们的权利义务相关的法律知识，传递政策精神，培养青少年"知法、懂法、书法、用法"的法制观念和意识，自觉维护法律的尊严与权威。

2. 对单亲家庭青少年的特殊帮助和保护

单亲家庭是社会变迁和家庭形式变化的产物，一般是指只有父亲（母亲）一方与其未婚的、年龄在18周岁以下的、不具备生活能力的子女共同生活的家庭。根据相关研究，单亲家庭分为丧偶式、离异式、非婚生子女式、失踪式、独身领养及隔代抚养式的单亲家庭。单亲家庭的增多，不只是一个简单的家庭模式变化问题，已成为当今中国社会一个复杂的社会问题。大量资料表明，众多的家庭问题、子女抚养、教育问题、青少年犯罪问题、社会负担问题等，伴随着单亲家庭的存在而产生。

单亲家庭子女的教育成为令家长、学校、社会头痛的问题，很大程度上直接源于家庭裂变对青少年儿童带来的心灵上的消极影响，尤其是离异式单亲家庭中，父母的离异往往对成长中的孩子们造成难以愈合的心灵创伤，造成一系列的心理问题（如性格孤僻、情感冷漠、依赖性强和自我中心、自信不足、自暴自弃等）、社会适应问题（如不善于与别人沟通交流、自卑、怯懦、对性别角色模糊）和行为问题（如自卫性、报复性、主动攻击性、反社会倾向等）的产生。

针对以上的问题，社区应根据本社区的具体情况，在单亲家庭达到一定数量时，建立专门机构，聘请心理学专家、教育专家、法律专家为单亲家庭青少年和单亲家庭提供心理咨询服务，帮助他们解决各种心理问题和困惑，克服因家庭裂变引起的不良情绪、习惯以及性格中的弱点。

同时，通过组织各种活动，为单亲家庭青少年创造与同龄人接触、交流、合作的机会，帮助他们克服不愿与别人交往的消极情绪，消除各种交往心理障碍，提高他们的社会交往能力和适应能力，使他们能像正常家庭的孩子一样健康成长。

3. 对家庭贫困青少年的帮助

家庭贫困青少年的成长成才往往要面临更多的困难和挑战，相对于没有特别的家庭经济负担的青少年来说，他们是处于逆境中的一个弱势群体，同样属于社区照顾的范畴。对于家庭贫困青少年的援助体现在物质和精神两个方面。

物质方面。应通过社区福利、社区捐助、同龄人互助等途径给予这些青少年以一定的金钱、学习用品等物质支援，给他们送去一份温暖，减少一份负担；同时还可以通过为这些青少年提供各种"勤工俭学"的渠道和机会，使他们能通过力所能及的劳动，减轻家庭的负担和经济上的困境，减少因经济困难所带来的生活、学习和工作的困难。

精神方面。一方面，社区青少年教育工作者要做好贫苦家庭青少年的思想教育和引导工作，教育青少年不要因为贫苦而失去对美好生活追求的信心，失去对生命的热爱；鼓励同龄人互助，帮助他们克服因贫困而产生的自卑和孤僻，消除人际交往的心理障碍。另一方面，家庭困难的孩子，由于家庭困难、物质生活匮乏，他们早早就培养起了很强的自我独立意识和能力，对家庭有一份很强的责任感，应该充分利用他们在思想、心理、性格上这些优势，引导他们将对家庭的责任感迁移到对家庭外的他人、集体、社区、社会，强烈的社会责任感一旦养成将会对他们的成才产生积极的影响作用；同时还要引导他们把贫穷当作一种财富，鼓励他们把自己在逆境中培养起来的自主、独立、吃苦的精神，运用到学习、工作中来，化贫穷为努力学习、勤奋工作的精神动力。

此外，应该注意的是，人无论贫富都有自己的自尊，某些时候，贫者的自尊甚至强于富者。贫困青少年往往在内心筑起一道难以逾越的心灵鸿沟，在同龄人面前往往容易产生一种自卑心理，只要稍稍有人触碰到便会变得极其脆弱，别人的一些无意甚至是好心的言语和帮助行为可能都会在不经意间触及他们内心的伤痛。所以不能认为只要是提供帮助就是好的，一定要注意方式的恰当，必须考虑到青少年内心的真实感受，以免适得其反。

(五) 对外来务工青年的教育管理和保护

有统计资料显示,外来务工青年也是城市和社区犯罪的一个重要群体之一。他们普遍文化素质较低,不受城里人的欢迎。但是,他们跟城里的年轻人一样,同样有满腔热血,有自己的理想和抱负,也为城市建设和发展做出了特殊的贡献。他们的人格和尊严应该受到尊重,他们的劳动应该得到合理的报酬,他们的合法权益应该受到法律的保护,他们的能力应该受到肯定,他们的生存和发展应该有人来关心和重视。

有效地教育和管理外来务工青年的途径是,端正对他们的偏见和态度,在社区为他们建立社区团组织或其他属于他们自己的合法组织,把他们纳入到社区青少年教育体系中来,对他们进行教育、管理和保护。在外来务工青年中树立"第一故乡、第二故乡,都是创业之乡;本地青年,外地青年,都是有为青年"的理念,引导他们共同参与文明社区的建设。社区在开展各种文体活动、志愿者活动、教育培训、创新、竞技、读书等活动和比赛时,也应该把外来青年考虑进来,给予他们平等的参与机会和发展机会。同时,社区为本地青少年提供的各种教育资源,如心理咨询中心、培训部、实践基地、就业信息等,也应该为外来务工青年开放。总之,尊重外来务工青年,教育和管理好外来务工青年,维护外来务工青年的合法权益,这是城市发展、社区发展中一个具有前瞻性、明智性的理念,是社区管理工作中一个不能忽视的环节,对创造良好的社区青少年育人环境起着极其重要的作用。

(六) 开展择业指导、职业培训

青年就业问题成为我国目前最大的青年问题。就业问题解决不好会影响到青年人的成才和生活方方面面,还会引发一系列的社会问题,无论是从社区青年利益出发,还是从社区发展、社区的社会管理职能出发,社区都有责任为青少年的就业提供力所能及的便利和服务。

对在校青少年和青年毕业生的择业观教育,主要是帮助他们树立正确的择业观,形成基本的职业技能。青少年的择业观决定了他们对专业的选择,尤其是对于初中毕业生和高中毕业生来说,会影响他们进入中专学校、职业学校或高等院校以后的专业学习方向,从而影响到他们以后的职业选择范围,影响到个人就业的前景。而对那些面临就业的毕业生来说，择业观直接影响着他们的就业方向，对用人单位的选择，进而影响到他们能力的发挥，职业理想的实现。青少年的择业观对他们能否顺利就业、有效发挥自己的能力起着至关重要的作用。

对在岗青年、下岗青年、待业青年、外来务工青年的职业培训，包括择业观、职业技能和职业道德3方面。对于学历或能力低而没有能够顺利就业的下岗青年、待业青年、外来务工青年来说，一方面要鼓励有条件的青年通过接受更高的教育获取学历和文凭；另一方面要为他们提供职业培训，使他们具有一技之长，争取更多的就业机会。

（七）对青少年儿童家长的辅导和帮助

家庭对青少年的成长成才会产生很大的影响作用，尤其是对青少年的思想和人格的形成。社区应加强对家长进行家教方面的辅导和帮助，主要内容包括以下两方面。

1. 传播先进的家教思想、观念和理论

随着社会的进步，家庭也在向着更健康、优化的方向发展，家教也成为研究的重点，不断产生各种跟时代和社会相适应的家庭教育的思想、观念和理念。家长的思想观念必须适应这种变化，才能产生良好的家教效果。但是，由于家长还要肩负着家庭经济生活的重担，不管是时间上还是精力上，往往对进行系统的家教理论的学习显得"心有余而力不足"，很难做到及时地关注、接触、学习和吸收新的家教思想、观念和理论。家长只有不断地更新自己的观念，不断地学习和提高自己的知识水平，提高自己的综合素质，才能更好地适应青少年儿童成长环境的变化，更有效地对孩子进行家庭教育，也才能更有力地支持学校和社区对青少年的素质教育。所以，社区中家长、学校的职能及为家长和孩子服务的着眼点，首先要体现在对家长家教的思想、观念和理论的传播和不断更新上。

2. 培养家长正确的家教观念，普及科学的家教理论和方法

不同的家教观念会在很大程度上决定家教方式、方法的运用，而不同的家教方式会对孩子的思想、行为产生不同的作用和影响。如专断型、强制型的家教方式容易造成孩子的无主见、无个性；和谐型、民主型的家教方式有利于孩子独立意识和主体意识的养成。社区中家长、学校要针对家教中存在的种种问题，在家长中普及尊重孩子人格、倾听孩子心

声、与孩子进行贴心的情感和思想交流的观念，推行循循善诱、以理服人，以引导和鼓励为主的民主、科学、和谐的教育方法，引导家长对孩子"以推理代替批评，用暗示代替控制，以引导代替指责，用商量代替命令"。同时，家长学校还应该建立一些日常性的家教服务部门或机构，通过一定渠道，为家长解决家庭教育过程中遇到的各种难题，如对青少年心理特点的了解，心理困惑和压力的缓解，科学的教育方法、技巧的传授等。

四 社区青少年教育工作发展的规划与建议

（一）社区青少年教育体系的建立和完善

正常、有序、有效地开展社区青少年教育工作，离不开必要的组织和制度保障，这是整个社区青少年教育发展工作规划的基础。完善的社区青少年教育体系至少应包括以下几个方面。

1. 组织、制度

组织、制度层面上要形成以"社区青少年教育服务中心"为主，社区其他各部门积极配合，学校、社区、家庭"横向一体化"，党、团、队"垂直一体化"，纵横交错的网络化、综合化、多功能化的社区青少年教育组织体系。首先，成立"社区青少年教育中心"，此中心为社区青少年教育工作的最高权力机构，全面统揽和主管社区青少年各级管理机构，各个职能部门、机构的工作。其次，此中心实行纵横交错的双向管理体系。纵向根据社区的实际情况，实行不同的分级管理。横向是围绕一些基本的青少年服务项目而设置的各个职能部门、机构。如社区青少年教育部、社区青少年维权部、社区青少年活动中心等。

2. 队伍建设

总体而言，目前我国社区青少年教育工作者队伍还显得比较弱小。一方面，跟社区领导者本身对青少年教育不够重视有关；另一方面，社区青少年工作者本身的素质还有待提高。

针对以上存在的问题，第一，要求社区领导者从思想上、行动上真正重视社区青少年工作以及社区青少年教育工作者的地位和价值，给予物质和精神上的合情合理的待遇，以稳住现有的队伍、防止出现不正常的"跳槽"。第二，亚欧加强对现有社区青少年教育工作者的教育和培训，切实保证质量，提高素质，包括必要的专业技能、教育基本理论、实践经验、理论修养、工作热情和责任心的培训和培养。第三，要给社区青少年工作者队伍增加新的血液和活力，重视年轻干部的培养。第四，要结合青少年教育工作的需要，在加强社区青少年教育工作者专业化、职业化的同时，实现社区青少年教育工作者队伍的多样性和良性流动。第五，还要形成一批社区青少年教育工作的理论研究者，为实践工作提高理论指导，实现实践—理论—实践的良性循环。

3. 物质资源建设

社区青少年教育的物质资源主要是指能够为开展社区青少年教育工作和活动之用的经费、场地和设施。离开了一定的物质资源保障，社区青少年教育的开展寸步难行，因此应通过多种渠道努力争取经费、场地、设施和其他物质资源的政府、社区、社会等方面的支持，整合和开发社区资源，重点建设一批能够用于社区青少年教育的场地和设施，为社区青少年教育工作的顺利开展提供物质依托。

（二）巩固和完善社区团、队组织工作

共青团、少先队是青少年的先锋组织，对广大青少年发挥着联系、教育、示范、指引的作用，巩固和完善团队组织工作是由新时期社区青少年所面临的新形势、新特点和新任务决定的。

从青年群体而言，由于社会和经济的新发展、新变化，青年的流动性日益增强，越来越多层次不同的青年聚集到社区，给社区造成了不同程度的压力，社区青少年工作面临更复杂、更艰巨的挑战。对于共青团来说，也出现了现有的团组织难以覆盖青年团员的困难，给团工作的开展带来了诸多不便。从这个意义上讲，加强社区团组织是新形势下共青团开展团员工作、社区开展青少年教育工作的必然要求。为此，一方面，对共青团来说，面对青年团员的流动性加强的现实挑战，要更好地教育、管理青年团员，共青团必须走社会化的道路，必须走进社区，以社区为阵地，建立相应的团组织，把广大青年团员覆盖起来。另一方面，对于社区而言，通过相应的社团组织，能够把社区青少年联系和聚集起来，纳入到社区教育工作体系中，以社区团组织为依托，更有效地开展教育工作。

从少年、儿童群体而言，素质教育实施以后，特别是减负工程的实施，少年、儿童有更多的课余时间要在社区中度过，学校少先队组织在对队员的教育和管理上也面临着时间和空间上的难题。事实证明，减负以后，学校与社区、家长之间如果没有形成一定的衔接机制，这对自制力和独立性比较弱的少年儿童而言，确实难以达到减负的初衷和素质教育的目的。所以，少先队要继续有效地发挥对少年儿童的教育管理职能，适应青少年儿童成长环境的变化，走社区化、社会化的道路，以寻求更宽广的发展空间。

新时期加强社区团队建设的主要内容包括三个方面：一是建立和健全社区团队组织；二是开展和加强社区团队工作的创新；三是优化社区团队干部。

（三）加强社区青少年文化环境的建设和文化氛围的营造

社区文化与社区青少年文化是整体与部分、共性与个性的关系。社区文化统揽着整个社区文明建设的大局，是社区青少年文化的存在和发展的大背景，决定和影响着社区青少年文化的现状和未来。社区青少年文化是社区文化在年龄层次上的具体体现，是社区文化的重要组成部分，对社区文化的形成和存在形态有重要影响，更对青少年的成长和成才发挥着不可低估的作用。应该从社区精神文明建设的大局和青少年成长成才的需要出发，把社区青少年的文化建设纳入到社区文化建设的整体规划中，把创建健康向上的青少年文化环境作为社区青少年工作的重要方面来抓。

1. 加强对社区文化市场的管理和治理，减少腐朽文化的负面影响

社区风气的污染往往是社区不良文化所造成的，净化社区风气首先要净化社区文化本身。而社区文化的物质环境或文化载体在很大意义上决定着社区文化的形成和存在状态。因此，创设美好的社区文化的物质环境，是防止和减少文化污染、营造良好的社区风气的一个关键性环节。社区文化市场作为一个以文化产品销售和文化性服务经营为特征的文化产业部门，是社区文化物质环境的最重要组成部分，社区青少年文化市场是指社区内各种对青少年开放的文化产品销售单位和文化性服务经营单位，主要包括各类网吧、书店、游戏厅、酒吧、娱乐场所等。要切实管理好社区内的网吧、游戏厅、书店等服务经营单位，为青少年的成长提供良好的文化环境。

2. 加强对健康向上的社区文化的传播，强化优秀文化的正面影响

加强对社区先进、优秀文化的传播，发挥这些在青少年素质教育中的正面影响作用，引导社区青少年文化向文明、积极、健康、向上的方向发展。如通过对社区内文化业、娱乐业经营者的教育和管理，开展"先进文化单位""先进文化传播者"等评选活动；与文化企业、单位、经营者协调联合，定期为青少年推荐优秀文化产品等。

3. 组织和开展社区青少年文化自创活动

青少年文化是青少年自己的文化，应该由他们作为自己的文化的主体创造者，社区大文化和社区教育工作者等这些外界因素虽然极其重要、必不可少，但是对青少年文化只能起到引导、示范和教育的作用。因此，应让青少年主动参与各种形式的文化建设实践，在实践中引导他们为社区文化做贡献，并创建和形成属于自己的健康向上的主流文化，实现自身素质的良好发展。

（四）深化"青年文明社区"的创建活动

青年文明社区是指在以城市区、街为基础的特定区域内，以团组织作为主要力量，配合党政有关部门，动员组织广大青少年积极参与社区物质文明建设和精神文明建设，建立良好的社区秩序、优美的社区环境、完善的社区服务，提高青少年素质，形成人际关系和谐的社区。创建"青年文明社区"，与社区青少年工作开展的总体目标相一致，都是要实现社区青少年素质的提高，应该继续把"青年文明社区"的创建工作纳入到社区青少年工作中，以"青年文明社区"的创建为突破口，把本社区的青少年教育工作推向高潮。

"青年文明社区"创建活动的开展主要围绕"六个有"的目标：围绕有健全的社区团的工作机构、有社区青年文明号、有社区青年志愿者服务站、有社区职业介绍和技能培训站、有社区青少年科技文化法制教育活动阵地、有社区青少年服务项目来展开。其中，"青年文明社区"的创建要以青少年为创建主体，社区工作者只是组织者和指导者，关键在于青少年本身，而社区青年志愿者活动正是这样一种最能体现和发挥青少年的主体性和素质、发挥主动性的活动，它是创建"青年文明社区"的重要载体。

(五) 创新社区青少年工作的网络化建设

由于计算机和网络在当代青少年成长过程中占据越来越重要的分量，青少年教育要充分利用好这个工具，迅速占领青少年的思想、文化高地，实现青少年教育服务的网络化。重点可以围绕以下几个方面建设。

1. 社区青少年工作信息网

把社区青少年教育工作的基本机构，工作性质和内容，工作的规划、目标、计划、进展等基本情况公布于社区教育工作者和社区居民，以便于社区青少年教育工作者更好地掌握情况、开展工作，收集和吸收各方面的意见和建议，营造一种气氛，带动社区居民共同关心青少年教育事业，促进部门与部门、社区青少年工作者与社区居民、社区教育工作者之间的交流和沟通，以实现社区青少年教育工作的信息化、透明化、大众化。

2. 社区青少年服务信息网

主要是围绕一些基本的社区青少年服务项目为青少年提供在线服务，使青少年能够通过网络的渠道获得帮助，拓展社区青少年服务的形式和内容，解决社区青少年服务在时间和空间上的局限性。如开辟网上教室、网上德育、社区青少年援助网站、网上信息资料库、网上人才库、在线心理咨询等。

3. 社区青少年网上俱乐部

可以由社区青少年教育工作有关部门成立社区青少年网络俱乐部，作为社区青少年教育工作的一个基地，这样可以占领青少年的活动阵地，避免他们涉足一些不健康的网吧和游戏厅，更好地管理和教育社区青少年。

第三章

社区教育管理与终身教育

第一节 知识社会与终身教育

一 知识社会内涵与特点

（一）知识、知识经济和信息社会[①]

"知识经济"是近年来的热门话题，"知识经济"首先是从美国、从经济合作与发展组织（OECD）国家开始讨论的，而在中国已达到了火爆的程度，"知识经济"一词成为中国媒体使用频率最高的词汇之一。在德国却很少提及"知识经济"这个概念，他们从自己传统的、特有的理性思维模式研究着"知识社会"。笔者很赞同知识社会的提法，认为"知识社会"比"知识经济"的概念含义更为广泛、更符合社会发展的特点。

知识经济，按照OECD的理解，是"以知识为基础的经济"的简称。1996年，OECD从《1996年科学、技术和产业展望》中选录部分内容，以《以知识为基础的经济》为题形成报告，较为系统地讨论了知识经济的发展趋势，科学系统在经济发展中的作用以及知识经济测度的指标体系与统计数据问题。知识经济是指以现代科学技术为核心的、建立在知识和信息的生产、存储、使用和消费之上的经济。知识经济也就是高技术经济、高文化经济、高智力经济，它以高技术产业为第一产业支柱，以智力资源为首要依托。或者说，知识经济就是知识成为促进经济增长的一种主要要素的经济形态，所以知识经济主要是经济领域范畴的概念。

我们还使用过"信息社会"这一概念。信息社会是以信息科学技术

---

① 参见厉以贤《社区教育原理》，四川教育出版社2003年版，第49—50页。

为特征的，它以微电子技术和计算机技术为基础，包括信息的采集、处理、存储和传输技术，涉及传感技术、多媒体技术、光导纤维技术、集成电路技术、人工智能技术和网络技术等一系列技术，使人类能最大限度地利用知识，使科学技术成为第一生产力。所以信息社会主要是技术层面范畴的概念。

应该说，知识是指可以被人们认识、掌握和运用的有价值的信息。OECD将知识区分为四种形式，即知道是什么的知识（know-what），知道为什么的知识（know-why），知道怎样做的知识（know-how）和知道是谁的知识（know-who）。OECD认为，信息一般属于前两类知识，而信息技术的发展是有效地处理这两类知识的需要。而现代经济学，特别是信息经济学，一般习惯于把上述四种知识都看成信息，或是深加工的信息，或是原始信息。知识不仅是信息，它还涉及文化、经济、政治以及科学技术与教育，所以，用知识社会来说明未来社会更为妥帖。

（二）知识社会内涵与特点

知识社会强调的是：（1）知识将成为生产力的主要特征；（2）知识和智力开发是未来经济发展的动力；（3）知识将改变未来社会人们劳动的含义和结构；（4）知识网络促使国家创新体系的进步，科学系统、教育系统在国家创新体系中具有重要作用；（5）知识和学习把人们联系在一起，增强人与人之间的相互依赖，增强人与社会、人与自然的联系；（6）人将是知识社会的主体，终身学习将成为人的自我完善、自我发展的必然要求，正规教育并非教育和学习的唯一途径；（7）终身教育、终身学习构成知识社会的基础；（8）构建学习社会是迈向知识社会的必然环节。[①]

二 终身教育内涵与理念

（一）终身教育的内涵与体系

对终身教育较为具体和普遍的解释是："人们在一生中所受到的各种培养的总和"，把终身教育理解为一种教育体系，并且努力去营造和构建这种集各种教育形式于一体的教育体系。

[①] 厉以贤：《社区教育原理》，四川教育出版社2003年版，第51页。

人们一般都把终身教育体系理解为：学前教育、基础教育（中小学教育）、高等教育、职业教育、成人教育的总和，我们称它为"板块体系"，它与目前我国教育部的管理体系是一致的。我们在前面第一章第一节讲社区教育与已有教育分类的关系中，已经说明板块体系的分类不是依据一个同一的教育标准分类的。因此，终身教育体系不能按这种"板块"构建。

终身教育体系应该理解为：正规教育、非正规教育和非正式教育的整合、协调和互动。

正规教育，主要指的是各级各类的学历教育，能获得国家和政府所承认的文凭。

非正规教育，主要指的是在职培训、转岗、转业的培训，受行业委托的职业资格教育，再就业教育，在业和退休人员继续教育，居民文化生活教育，青少年校外教育，等等。

非正式教育，主要指的是通过各种媒体，如报纸、杂志、电视、电影、戏剧、计算机网络等，以及参与图书馆、展览会、读书会、文化宫、俱乐部等各种形式与内容的团体活动、小组活动，所受到的影响和教育。

（二）终身教育的理念

1. 构成要素

构建终身教育体系需要明确构建终身教育体系的要素。构建终身教育体系的基本要素包括：一是要有健全的组织领导机构；二是要有完善的规章制度和工作制度；三是要有网络化的实体；四是要有畅通的运行机制；五是要有得力的保障措施；六是要有到位的经费投入；七是要有权威的督导评估；八是要有科学的理论研究体系。

2. 体系特征

关于终身教育体系特征的表述主要有以下三种：[1]

克帕尔提出三项特征：一是扩充，包括时间方面的扩充、教育范围及内容的扩充、学习情境的扩充；二是创新，包括创新学习结构和形态，创新学习工具和技术、学习内容多样化、学习时间和场所弹性化等；三是统整，包括知识的统整、教育途径的统整、教育内容的统整、教育不

---

[1] 厉以贤：《社区教育原理》，四川教育出版社2003年版，第56—57页。

同阶段的统整。

黄富顺教授认为其有以下特征：一是开放性，终身教育向全民开放，没有资格的限制；二是整体性，终身教育包括个人一生中所有的教育活动；三是连贯性，终身教育强调各种教育体系的联系；四是统整性，在终身教育体系下，各种教育形态有机地协调与整合；五是弹性化，终身教育的目标、方式、时间、地点、内容及过程多具有弹性；六是生活化，终身教育强调教育的内容与生活、工作相结合。

胡梦鲸教授则认为其特征包括：一是在本质方面，具有终身性、生活性、民主化和动态性的特征；二是在目的方面，具有个别化的特征；三是在范围方面，具有统整性的特征；四是在阶段方面，具有连贯性的特征；五是在内容方面，具有多样化的特征；六是在方法方面，具有弹性的特征。

第二节　终身教育政策的实施

一　影响终身教育政策制定的因素

实施终身教育离不开合理政策的制定、指导和贯彻。了解影响终身教育政策制定的主要因素是一个重要的问题。影响终身教育政策制定的重要因素有以下一些。[①]

1. 理论认识

政策的制定，完全取决于对终身教育理论认识的准确性以及深度和广度。

2. 政策环境

政策环境是一个无法抗拒的因素。制定终身教育政策要以政策为依据。尽管西方在19世纪20年代已出现终身教育观念，但是，却被人们称为"乌托邦"，形成不了政策，其根本原因是缺乏政策环境。政策环境主要是指外在环境，它受社会多种因素的制约。确定终身教育的政策环境因素有：社会经济发展、科学技术进步、产业结构和产权结构调整、人口老龄化、休闲时间增加、教育普及化程度提高、失业现象和岗位变换、

---

① 厉以贤：《社区教育原理》，四川教育出版社2003年版，第60—61页。

职业更易加速、社会问题加剧、民众教育需求扩展；等等。

3. 决策者素质

决策者是政策的直接制定者，他（们）是决策主体，具有决策权力，领导、组织和决定着决策的工作。在终身教育决策中，决策者的主观认识、教育理论水平、现代教育视野、能力和创新精神、价值观念、个人品质、民主作风等，对终身教育政策的制定具有决定影响。

4. 组织整合

当代政策的特点之一就是政策的复杂性和政策间的错综关系。终身教育是一个涉及教育内外众多相互影响和制约的综合性事情，需要有教育内外各有关部门、机构和组织的整合。没有这样的整合，终身教育的决策是无法制定的，即使制定了，在实施过程中也会困难重重。

二 政策在终身教育实施中的重要性

1. 政策是实现目的或目标的反映

政策是实现目的或目标的反映。制定和贯彻执行终身教育政策，必须清晰地了解和明确终身教育的目的和目标。关于终身教育的目标和目的，胡梦鲸教授曾做过如下表述："一般而言教育目标（objectives）与教育目的（aims）有所不同。所谓教育目标，通常是指经由教育历程和手段，所欲达成的短程的、具体的、甚至是可测量的结果；所谓教育目的，则通常指的是经由教育历程和途径，所欲完成的长程的、抽象的、终极的后果。……终身教育的目标在：（1）建立终身教育体系；（2）扩充均等的教育机会；（3）增强个人自我导向学习能力。终身教育的目的则在：（4）帮助个人适应社会生活及变迁；（5）帮助个人完成社会化及自我实现；（6）达成社会的改造与重建；（7）发展以教育为中心的学习社会。"[①]

2. 政策是自主行为的向导

任何一项政策的制定都是想以最少的投入取得最大的效益，也就是所谓"绩效化"，这就需要政策制定的科学化、民主化、制度化、程序化。制定终身教育政策同样也是如此。但是，制定和实施终身教育政策

---

① 胡梦鲸：《终身教育典范的发展与实践》，台湾师大书苑 1997 年版，第 117 页。

还需要有两个方面的积极参与，即政府方面的参与和社会团体、组织、个人的参与。因为终身教育、终身学习，不仅是政府行为，也是社会团体、组织及个人的行为，这是由终身教育、终身学习的特性所决定的。从一定的意义上可以说，终身学习是个人的自主行为，取决于自身的积极性；终身教育是政府或领导部门为满足学习者的需求而架构的教育体系，向学习者提供机会和场所，或是启示和宣传社会对个人在学习方面和素养方面的要求。因此，必须要有两个方面的积极参与。

为落实两个方面的积极参与，需要建立决策和实施终身教育的中介机构。这个终身教育中介机构的名称可以称为"终身教育委员会"。

终身教育委员会的任务应是：决策，统筹，协调，重组，沟通，推动，服务。终身教育委员会的活动模式不应是权力→命令→服从，而应是统筹→协调→沟通→服务。

3. 政策是一种解决问题或改良问题的策略

政策是一种策略，使问题化为最少、最小的策略。终身教育政策也同样如此。要使终身教育成为一种解决问题或改良问题的策略，需要构建终身教育的动力机制和有效的运行机制，它们有：（1）办学机制：它必须能够适应社会经济发展的需要，适应民众个体和群体的教育需求。（2）保障机制：包括有组织保障机制，物质投入保障机制，工作制度保障机制，法律制度保障机制等。（3）激励机制：激发终身学习、终身教育的动力和活力，建立终身学习、终身教育的社会文化氛围，表扬和奖惩的激励机制等。（4）监控机制：包括指导、检查、反馈、监督、评价等。

第三节　社区教育在终身教育中的角色

一　终身教育是社区教育的重要内涵

终身教育需要通过社区教育把教育纳入社会大系统，使其成为社会各部门共有的责任、权利、义务和职能。终身教育与社区教育之间是双向互动的关系。

终身教育是现代教育的重要特征之一。这一理念是基于个体成长、发展以及生活的需要而提出的，倡导人类将学习作为自身发展的需求和整个生命期的持续活动。终身教育理念的提出是个体成长发展的需要，同时也是整个社会不断进步的原动力。终身教育理念激励着人们获得终身所需的知识和技能，激发出自身的潜能，在自我价值得以实现的同时，为社会创造物质和精神财富。因此，从根本上讲，终身学习、终身教育构成了知识社会的基础。社区教育的主要特征是"全员""全面""全程"。从根本上讲，终身教育的特征与社区教育的特征是一致的。终身教育的理念必须通过一定的手段和方法才能得以实施。从社会对个体的要求到个体自身学习的主动性来看，学校教育为人类提供学习的机会相对于整个人类生命来说是远远不够的，终身教育必须通过其他补充方式才能实现。社区教育能够充分体现终身教育的特点，在学习内容和目标上具有较高的自主性，在学习形式、地点、时间等方面具有较大的灵活性，且社区教育的各项运作系统的逐渐成熟能为人类的终身教育提供良好的依存环境和最佳的组织形式。因此，社区教育是终身教育理念在实践中的较好体现形式。人们在结束学校教育之后，工作、生活的各方面需要促使他们以其他的方式接触、认识、学习新的事物，如接受各种培训，这时候他们学习的主动性是在社会的要求下产生的，社区教育的许多机构设置是为了满足社区成员的这一需求。开展这样的社区教育是为了满足社区成员"谋生"的需要，还有一些社区教育的开展是为了满足社区成员的"乐生"需要。社区成员参与以"乐生"为目的的社区教育，更多的是为开发自身的潜能，满足自身的兴趣、爱好，提高生活质量，全面提高自身素质。

二 社区教育的开展以终身教育思想为指导

社区教育的开展是以终身教育思想为指导，并通过以下两个方面来实施社区教育体系整体优化的：

第一，从纵向来看，社区教育各阶段之间，即社区婴幼儿教育、社区青少年教育、社区成人教育、社区老人教育之间是前后相继、上下连贯的。前阶段教育是后阶段社区教育的必要准备，后阶段教育又是前阶段教育发展的结果。

第二，从横向来看，社区教育的各个侧面，如家庭教育、学校社区教育、企事业单位社区教育等，实现了左右协调、有机结合。多种序列、多种形式的社区教育之间的沟通比较充分，它们互相依存、互为补充。社区可以定期利用学校资源，由学校教师或者外聘专家向家长们开展家庭教育方面的讲座，加强学校、家庭和社区之间的联系，实现对青少年教育的齐抓共管，从而大大增强学校教育的效果。同时，学校也通过青少年学生把道德文明方面的知识和社区环境建设的知识带回家中，提高家长们的社区文明意识。三方只有紧密地结合起来，才能促进社区教育的发展，才能全方位地促进全民素质的提高。

社区教育在发展过程中只有自发地以终身教育思想为指导，才能真正创建教育类型多样、形式完备、效果显著的社区教育局面。

第四章

社区教育管理与学习型社会

第一节 学习型社会的内涵与特征

一 学习型社会的内涵

"学习型社会"这一术语最早是由美国著名学者、芝加哥大学前校长罗勃特·哈钦斯1968年在其所著《学习社会》一书中提出的。1972年,联合国教科文组织国际教育发展委员会发表的《学会生存》报告中又多次重申了这一概念。对于"学习型社会"的内涵,不同的学者有不同的表述。《学会生存》报告认为:"学习型社会"可理解为一个教育与社会、政治、经济组织(包括家庭单位和公民生活)密切交织的过程;在该社会里,每一个公民享有在任何情况下都可以自由获得学习、训练和培养的权利。1990年,英国成人教育社会学专家彼得·贾维斯在《国际成人及继续教育词典》中对学习社会的理解为:"在此社会中,社会提供给所有社会成员在一生中的任何时间均有充分的学习机会。因此,每个人均能通过学习,充分发展自己的潜能,达成自我的实现。"学者胡梦鲸将学习型社会定位为世界变迁与教育发展的大趋势:"所谓学习社会,就是学习意识普遍化和学习行为社会化的社会。"他在《学习社会的概念意涵和发展条件》中描述道:"学习社会是人人终身学习的社会;学习社会是以学习者为中心的社会;学习社会是学习无障碍的社会;学习社会是以终身教育体系为基础的社会。"学习型社会实质上是强调未来社会的知识化特征。从社会学的角度讲,学习化社会是继农业社会、工业社会、技术社会和资讯社会之后的又一个社会时期。与传统的各个社会时期相比,学习化社会是一个机会开放、全民共享、终身学习的社会,它将建立起更加有利于个人的学习制度，教育的普及性与公平性将大大提高。厉以贤教授认为："学习社会是指以学习者为中心，以终身学习、终身教育体系和学习型组织为基础，以保障和满足社会全体成员各种学习需求和获得社会自身可持续发展的社会。"

也有学者总结到：学习型社会是对现代社会发展特征的一种理论描述，是指在信息社会中，随着科学技术的迅速发展、信息与知识的急剧增长、知识更新的周期无限缩短、创新的频率不断加快，社会对人的素质要求逐步提高、人力资源的重要性增加，学习就成为个人、组织以及社会的迫切需要。学习型社会要求学习行为的社会化和普遍化，包括学习型公民、学习型组织、学习型城市、学习型政党、学习型政府等内容。学习型社会要求学习行为的持续性和长久性：个人要终身学习和受教育，企业要不断学习与变革，国家要始终保持竞争的动力和创新的活力。

综合以上观点，本书对学习型社会作以下表述：学习型社会是任何人在任何时间都可在任何地点获得学习机会的社会。在这样的社会中，学习者是中心，终身教育体系是基础，各类学习资源是保障。

二　学习型社会的特征

学习型社会的特点可以从以下三个方面来表述：

第一，从个人角度出发，在学习型社会中学习成为个人自身发展的需要，学习成为人整个生命期都要参与的活动，在个人生活和社会生活中占有越来越重要的位置，学习的目的在于人的全面发展，在于人的潜能的充分发挥、人的自我实现、人的素质和生活质量的提高，在于推动社会发展。

第二，从社会角度出发，学习型社会中的学习是教育与社会的积极互动。在学习型社会中，学习成为一种社会责任。整个社会构成一个社会化的学习网络，使学习贯穿于社会所有成员、所有组织、所有社会活动中。

第三，从个人与社会关系的角度出发，在学习型社会中，个人为了自身发展的需要，从教育与社会的积极互动中，得到个人所要的、可获得的、适合自身的、丰富的学习机会，即人人享有同等的学习权利，这包括社会中处境不利的弱势人群和特殊人群；社会中所有人均享有平等的受教育权和自主的教育选择权，真正体现学习型社会学习者的自主地位，同时学习者学习的途径、方法、手段也是多样的，社会所有部门皆能提供丰富的学习资源、机会和条件。总之，这是一个无学习障碍的社会。

第二节　学习型组织与管理

一　学习型组织的产生与内涵

学习型组织概念的产生始于20世纪80年代后期，它与组织学习概念相关联，并首先是从企业界兴起的。当时，经济和科学技术的飞速发展，对企业形成竞争压力。为了应对这种变化，使组织获得持续发展，社会中的每一个组织、单位、企业都必须学习、适应，对组织内部的成员提供教育和培训，而组织内部的成员也必须具备学习型组织的品质，这种思想体现在全面品质管理（total quality management）及其所衍生的全面品质学习（total quality learning）方面。

二　学习型组织的基本要素及其管理

什么是学习型组织？彼得·圣吉在《第五项修炼——学习型组织的艺术与实务》一书中这样表述：所谓学习型组织，"在其中，大家得以不断突破自己的能力上限，创造真心向往的结果，培养全新、前瞻而开阔的思考方式，全力实现共同的抱负以及不断一起学习如何共同学习"。

也曾有人这样表述：所谓学习型组织是指，"组织具有加强个体与团体学习的气氛，教导其员工批判性思考的过程，以使其了解做什么及为何做什么；而组织成员也能帮助组织从错误及成功中学习，而使组织能认识环境的改变和有效地应对。所以学习组织可以视为组织使成员具有能力，以产生新的知识，增进生产和提高服务品质为目的。"（Tight, M., 1996）

学习型组织有哪些要素？学习型组织的最基本的要素有：组织、学习、过程、成果。如果再加以细化，学习型组织的基本要素可列举为：（1）适当的组织架构和形态；（2）继续不断的、各种层次的、各种内容的学习；（3）合作的学习文化；（4）学习网络；（5）创造知识和转移知识；(6) 自我超越、品质；(7) 改善心智模式、策略；(8) 支持性的气氛；(9) 团队合作；(10) 系统思考；(11) 共同愿景；(12) 共同创新成长的成果等。

第三节 学习型社区与管理

一 学习型社区的目标

根据欧洲终身学习推展协会（Europan Lifelong Learning Initiative）的看法，学习型城市有以下14项指标：[1]（1）领导（Leadership）：发展学习型城市的领导人才，并和学习咨询课程、技巧与教师培训结合；（2）就业与就业能力（Employment and Employability）：通过有效的计划和技巧，使市民具有就业的能力；（3）愿望（Aspirations）：鼓励各年龄层次公民运用学习计划与指导者，以发挥学习潜能；（4）资源（Resources）：促使公私成为合作伙伴，整合各种资源；（5）网络（Network）：利用各种方案整合族群、年龄与地方信仰，培养宽容和开放的心胸；（6）资讯（Information）：发布与宣传学习资讯，扩大对学习的参与；（7）需求与需要（Need and Requirements）：了解与满足市民的学习需求；（8）成长（Growth）：发展人的潜能与创新，与其他城市合作，发展经济；（9）更新管理（Change Management）：制订计划方案，使市民在变更快速的现代社会免于恐惧并能积极回应；（10）投资（Investment）：将学习策略与各财务部门政策连接起来，使学习更有前瞻性；（11）科技（Technology）：运用新科技，使城市成为学习中心；（12）参与（Involvement）：建立市民的技能、知识和才能资料库，鼓励市民用自己的技能为他人服务，鼓励市民参与；（13）环境（Environment）：建立方案，鼓励市民关心社区环境；（14）家庭的策略（Strategies for the Family）：通过举办各种庆典和聚会活动，鼓励社区民众与所有家庭共同学习，养成学习的习惯。

上述《欧洲终身学习推展协会》关于学习型城市14项指标的看法，可以为我们构建学习型社区借鉴。

关于学习型社区的目标和任务，根据我国当前的实际，笔者认为，

---

[1] 厉以贤：《社区教育原理》，四川教育出版社2003年版，第91—93页。

首先需要重视并予以突出的有以下几项：(1) 广泛开展并深化社区教育，并与实施终身教育结合起来，建立社区学习体系；(2) 促使社区内各单位、机关、团体和组织成为学习型组织，并都能为社区提供学习所需要的人力、物力、场地、设施等学习资源，发挥对社区的教育职能；(3) 开发并整合社区内各种显性的和隐性的学习资源与教育资源，使得社区资源能更有效地使用，以满足学习的需要；(4) 领导自身首先需要学习，使之能够真正推展学习型社区，需要培养和训练骨干，形成发展学习型社区的骨干队伍；需要广大社区成员的参与，形成志愿者队伍；(5) 激发社区成员终身学习兴趣，提升社区成员终身学习的能力，形成社区学习网络，建立社区持续发展的愿景；(6) 塑造社区学习文化，形成社区学习的氛围、风气和习惯。

二 构建学习型社区的主要行动步骤

构建学习型社区的主要行动步骤和操作策略有：(1) 调查社区成员的学习需求及需求满足的程度和状况；(2) 调查社区的教育资源及资源开发利用情况；(3) 建立社区学习教育中心，组成学习型社区推进委员会；(4) 形成社区成员终身学习的共同愿景；(5) 根据社区需求，规划社区学习活动；(6) 培训社区学习活动领导人才，举办系列社区学习课程；(7) 成立并发展社区读书会，培训读书会骨干；(8) 发展志愿者队伍，建立指导学习的义务工作者队伍，并对他们进行培训；(9) 策划和整合各类学习教育活动，建立完善的社区学习体系；(10) 利用和发展远程教育，采用各种学习手段和方法，以方便社区成员参与学习；(11) 建立社区学习档案；(12) 定期对社区学习进行检查、总结和评价。

第四节 学习型家庭与管理

一 学习型家庭的目标

学习型家庭的推动目标有：

(1) 家庭每个成员能持续不断学习。培养起终身学习的观念和能力，通过持续不断的学习来发展自己。通过持续不断的学习，培养正确的家庭伦理观念，营造美好的家庭生活。

（2）家庭成员间彼此能自由沟通。家庭有共同学习、共同讨论的时间。在家庭成员间自由沟通过程中，家庭中的每一个成员都能担当自己适当的角色。

（3）家庭具有温馨、和谐的气氛。家庭成员间有亲密的相互帮助、相互合作的感情和精神。

（4）家庭成员能共同分享。家庭成员间能实现知识分享、资讯分享、智慧分享、价值分享、经验分享等。

二 培育与管理学习型家庭的途径

学习型家庭的形成是需要培育的，其主要的途径和手段有：

（1）家庭成员的学习能力。家庭学习的成效取决于每个家庭成员的学习能力，因此要通过社区教育帮助家庭成员学会如何学习，培养学习能力和技巧。

（2）在家庭中形成学习团队。只有家庭成员每个个人的学习，还形成不了学习型家庭。学习型家庭需要建立团队学习的机制，有共同学习的时间，以发挥学习分享的功能。

（3）帮助父母成为孩子学习的良伴。父母在家庭中，在对孩子的教育过程中，要扮演自信而主动的学习陪伴角色。

（4）父母提供亲职教育课程。父母要了解孩子的成长和发展的知识，促使亲子间的互动关系。

（5）提供符合孩子需要的课程。协助孩子成为能充分发展其潜能的学习者。

第 五 章

社区教育管理与和谐社会

第一节　和谐社会的内涵与特征

一　和谐社会的内涵

1. 和谐社会理念的提出

和谐社会是人类孜孜以求的理想社会状态,早在古代奴隶制社会,就已经有人提出消灭私有制、消灭人剥削人的不平等社会的口号。在近代,空想社会主义者傅立叶在其著作《全世界和谐》中较早地提出了"和谐社会"的概念。欧文则设计了人人平等的理想模式——"新和谐公社"。魏特林直接把社会主义称为"和谐与自由的社会"。马克思主义经典著作正是在批判、吸收和借鉴历史上的社会学说的基础上描绘出理想的和谐社会蓝图。从构词意义上说,"和"有和睦、和平、融合之意,它在中国古代被广泛应用到家庭关系、人际交往、治理国家等方面,用以描述事物内部治理良好、上下协调一致的状态。从系统论的观点看,"和"是指一个系统内部各组成要素之间的协调发展,"谐"则有协调、融洽、无抵触、无冲突之义,"和谐"是事物协调、均衡、有效的发展状态。① "社会"概念具有广义和狭义之分,具有多种含义:(1)泛指与自然界相对应的一个抽象概念,即整个人类社会;(2)指某种社会制度,如社会主义社会、资本主义社会等;(3)指某一区域的社会,如农村社会、城市社会等;(4)指特定群体,如工厂、学校都是一个小社会。与此相应,"和谐社会"也有广义和狭义之分,作为一种社会理想,"和谐

---

① 李殿斌:《简论和谐范畴》,《河北师范大学学报》1998 年第 10 期。

社会"应该是广义的,而作为一种实际的社会发展过程中的任务,它又是狭义的。社会学认为:社会是由人群组成的一种特殊形态的群体形式,是相当数量的人们按照一定的规范发生相互联系的生活共同体。"社会在本质上是生产关系的总和,它是以共同的物质生产活动为基础而相互联系的人们的有机总体。"[1] 按照系统论的观点,系统组成部分之间以及系统与环境之间只有协调才能获得最好的整体功能。从这个角度讲,和谐社会就是构成社会的多种要素相互包容、相互依赖、协调运作、良性转化的富有生机和活力的社会。社会主义和谐社会应该是一个建立在人与自然、人与社会、人与人协调发展的基础上,社会各阶层和睦相处,社会各成员各尽其能、各得其所,人们的聪明才智、创造力得到充分发挥和全面发展的社会。

2. 和谐社会的内涵

和谐社会的内涵包括以下三个方面:

(1) 人与自然和谐相处。人与自然的和谐是社会和谐的前提和最高境界。人是自然存在物,没有自然界,人是无法存在的。同时,人为了自身的生存与发展又需要不断地改造自然界,与自然界进行物质、能量和信息的交换,不断地产生人化自然。人与自然以实践为纽带,人通过改造自然、利用自然来满足自身需要。通过实践,人所处周围的自然作为人类生存的必备前提和条件实际上已经通过人的实践活动内化为社会的一部分,成为"人的无机的身体"。

(2) 人与社会和谐发展。人与社会的和谐是和谐社会的重要方面。社会发展是生产力与生产关系统一发展的结果,从本质上讲,人与社会的关系就是社会生产关系,个人的社会关系越丰富,个人的作用就越突出,个人的特征也就越突出,个人的社会性也就日益加强。人类在认识和改造自然的过程中,不是单个人孤立地进行的,也不是完全从头开始的,而是结成一定的社会关系,在前人的基础上进行的。社会的进步包含着个人的发展,个人的发展是社会进步的重要内容,个人发展程度是社会进步的重要标志,但个人的发展程度最终依赖于社会的进步程度。

(3) 人与人和谐相处。人与人的和谐是其他一切和谐关系的基础,

---

[1] 郑杭生:《社会学概论新修》,中国人民大学出版社1994年版,第79页。

因而也是整个社会和谐的基础，是建设和谐社会的中心环节。人与人的和谐包含人自身的和谐、人与人的和谐两个层次。在第一个层次中，人自身的和谐包括思想的和谐、心理（道德）的和谐与发展（能力）的和谐三个方面。人自身的和谐是指人的内在条件和外在表现都能同时和社会相适应，并能积极推动社会和时代的进步，主要内容包括思想层面的、心理层面的和发展层面的，即人的思想能与时俱进，适应时代的发展；人的心理处于积极的状态，乐观向上；人的发展是全面的协调的发展，是能力的充分展示和价值的充分实现，作为自由自觉从事实践活动的人，人的全面发展即全面发展的人的各种能力。在第二个层次中，由于人的存在是一种类存在，人是社会关系中的人，人的社会属性决定了人需要参与社会生产和交往活动，人的本质是人真正的社会联系。因此，正确处理人民群众的内部矛盾、使人与人之间和睦相处，是实现人与人之间关系和谐的关键。

二 和谐社会的基本特征

"和谐社会"作为一个全新的完整的概念，是以中国共产党的治国方略提出来的，党的十六届四中全会提出了"构建社会主义和谐社会"的执政理念。十六届六中全会通过了《中共中央关于构建社会主义和谐社会若干重大问题的决定》，第一次把和谐社会放在同经济建设、政治建设、文化建设和人民生活水平的提高同等重要的位置。2005年2月19日，胡锦涛同志在省部级主要领导干部提高构建社会主义和谐社会能力专题研讨班上明确指出：我们所要建设的社会主义和谐社会应该是"民主法治、公平正义、诚信友爱、充满活力、安定有序、人与自然和谐相处的社会"。这更加清晰地描绘了社会主义和谐社会的基本特征。

第二节 社区教育在和谐社会政策实施中的作用

一 社区教育：建设和谐社会的一种途径

1. 以人为本，教育优先

构建社会主义和谐社会的提出，标志着我国的社会主义现代化建设进入新的阶段。国以民为本，人是社会的主体。和谐社会的核心是解决好人们的生存和发展问题。"以人为本"就是要在发展中正确地处理好"为了人"和"依靠人"的关系，把"依靠人"作为发展的根本前提，把"尊重人"作为发展的根本要求，把"提高人"作为发展的根本目的。教育是培养人、改造人、提升人最有力的途径和手段，关于促进社会发展的一切精神文明成果只有通过教育才能得到传播和普及，也只有通过教育才能转化为推动社会发展的巨大力量。因此，建设和谐社会，必须坚持以人为本、教育优先。

2. 调整关系，公平教育

改革开放在促进社会进步的同时，也形成了新的社会矛盾、社会冲突。化解矛盾、缓和冲突固然需要调整重大利益关系，需要采取有效措施着力解决好就业、社会保障等事关人民群众切身利益的紧迫性问题，但保障公民接受教育的权利，实现教育公平，则有着更加重大、更加深远的意义。这是因为如果追溯地区差距、行业差距、贫富差距、"蓝领"与"白领"的差距等一切"社会差距"的产生根源，我们就会发现，它们在本质上是人或者人群"素质"的差距。这种"差距"虽然不都是由"教育"引起的，但"教育"却是缩小这种差距最有效、最得力的手段。从这个意义上说，"教育公平是最大的社会公平"。"治穷先治愚"，如果社会能切实地保证公民接受教育的权利，实现教育平等，那么贫穷、落后地区的公民就可能通过受教育改变自己的命运。与此同时，素质低、教养差的公民人数就会日益减少，拥护改革、理解改革的公民人数就会相对增加。显然，这有利于化解社会矛盾，促进社会和谐。

3. 社区教育，和谐社会

社区教育负有构建终身教育体系，形成学习型社会的重大历史使命。这与建设社会主义和谐社会的目标是完全一致的。二者不仅都属于"发展战略"的范畴，都是为适应时代进步、应对国际竞争所提出的社会对策，而且它们的"社会动力学原理"也是完全相同的，即都主张通过激发人的活力和促进人全面发展来使社会充满活力并且能全面、协调、可持续发展。显然，这是社会科学上的重大创新。

二 社区教育基本价值取向:"构建和谐社区""服务和谐社会"

1. 社区教育主体的整体性

作为社会基本细胞的社区是社会大系统的缩影,社区教育主体的整体性体现为社区教育对象的全员观照性。作为面向全体社区成员的教育,社区教育既要重视高层次人才的培训与教育,又要重视普通劳动者的学习与指导;既要重视在职人员的学习与参与,又要重视下岗人员、失业人员的学习与参与;既要重视青壮年社区居民的学习教育,又要关注儿童和老年居民的学习状况。这样最终会形成一个人人受教育、个个能学习、全体受关注的涉及全体社区成员的学习型社区主体群。

2. 社区教育目标的现实性

转型期的中国国情和国家经济、科技、文化发展水平决定了我们的社区教育在规划、组织、实施过程中必须始终体现和贯彻"富民强国"的学习理念。我们要通过"富民强国"理念的传播促进社区教育活动和整个社会实践活动的有机统一,并自觉将发展国家经济、提高公民生活水平作为各项工作的出发点和归宿点。社区教育必须以提高学习者能力为本位,以就业为导向。社区教育要瞄准社区不同群体的生存状态开发不同层次的教育活动,如开展针对下岗失业人员的再就业教育、针对流动人口的创业教育和文明市民教育、针对在职人员的能力提高教育等。通过多样的教育和学习活动实现无业者有业、有业者乐业的社区教育目标。

3. 社区教育内容的丰富性

社区教育对象的多元性决定了教育内容的丰富多样性。要根据社区人员年龄、职业的多样性和社区组织的复杂性特点,有针对性地设计和安排具有多样性的教育内容。和谐型社区应当具有一种成熟的知识的外化、内化,运用的转换和流动机制,社区开明的学习制度支持每位居民成为学习活动的主动、积极的参与者;社区完善的学习设施支撑每位居民成为自由的学习者;社区宽松的文化氛围保证每位居民成为公共知识的吸收者、创造者、丰富者。

4. 社区教育资源的充裕性

社区教育对象的多样性、社区组成人员的复杂性以及学习内容的丰富性要求有充裕、完善的学习条件作保证。要不断创造条件、整合资源、提供设施，以保证社区居民有不断更新知识、继续学习的机会，这包括劳动者所在的企业、单位提供的岗位培训和继续教育的程度和数量，公民所在的社区、街道所提供的社会教育的范围和内容，社区居民文化娱乐设施的满足程度，社区专、兼职师资队伍及社区工作者的配备程度等。

第六章

社区教育管理与社区发展

第一节 社区发展的要素、目标和内容

一 社区发展的概念及要素

(一) 社区发展与社区建设

分析和综合各种说法和社区发展的实践，可以认为，社区发展实际上是一种教育与组织的行动过程，以提高社区居民的素质和生活质量，运用社区内外的各种资源，促进社区经济、文化和社会进步。社区发展的重点是人的因素、人与人的因素，是人的培养、发展和教育。

我国近年来提出"社区建设"这一术语，其内涵与社区发展是一致的。

在我国，随着改革开放的深入，社会结构不断发生变化，传统的高度集中的管理体制，已不再适应社会发展的需要，"小政府、大社会"已是必然趋势。政府承担的部分社会职能，逐渐向社会，尤其是向基层社区转移。同时，随着市场经济的发展，越来越多的企业、机关、学校改变"单位"办社会的状况。广大职工逐渐从生、老、病、死一切都附属于单位的"单位人"，向"社会人""社区人"转变。单位将其职工的生活后勤服务、管理功能以及社会公共教育功能弱化，使基层社区的"无单位归属人员"日益增多。这些都在客观上要求社区承担起政府和企事业单位转移出来的社会职能，不断开发社区功能，把社区建设成为社会整合的基地，使之充分发挥对社区成员的教育、组织管理、行为调控等的作用。

社区建设是在我国市场经济发展的过程中予以特殊重视的。面对我

国市场经济的发展，社区建设更强调的是社会因素，是社会问题的解决。相对于市场的竞争，它强调的是合作；相对于市场的无情，它强调的是情感、认同、凝聚、参与。因此，社区的基本功能是为社区全体成员的生存和生活质量的改善，以及素质的提高、人际关系的和谐、社会风尚的优化创造条件，提供保障。

(二) 社区发展的要素

1. 社区经济

社区是一个具有一定地理空间的社会体系。在这个体系中，人们要生活，要消费。要生活就需要为其提供生活资料，要消费就要有交换，在市场经济条件下，这就是一种经济行为。在社区中，具有各种物质形态和价值形态的资源，包括有形资产，资金，技术、专利等无形资产，它们是流动的。资源在重新组合中，市场经济起基础性作用。社区经济的发展，需要大量的人才，有了人才，就会拥有技术和产品。

2. 社区文化

文化体现了社会和人在历史上一定的发展水平，它表现为人们进行生活和活动的种种类型和形式，以及人们所创造的物质财富和精神财富。文化的含义有广义和狭义之分。广义的文化概念，把与自然物相区别的、人所创造的一切都看成文化。文化，其中不仅包括物质和精神发展中所取得的成果，还包括各种社会现象、社会过程和社会事物。狭义的文化概念，把文化仅仅归结为与精神生产直接有关的精神生活、精神现象、精神过程。从社区发展的角度来说，社区文化中的文化概念，指的是狭义的文化概念。社区文化指社区内所形成的特定的文化现象，包括社区成员的价值观、行为规范、生活方式、风尚习惯、历史传统、地方语言；包括社区内建筑、道路、绿化等的人文环境；包括社区内各种文化设施，如图书馆、文化馆站、娱乐场所、体育设施等。

3. 社区教育

需要整合社区各种组织和机构的教育资源，开展社区的学习和教育活动，提高社区全体成员的素质和生活质量，实现物质文明和精神文明的建设，建设文明社区。

4. 社区服务

包括社区福利服务和便民服务。充分开发和利用社区资源，健全社区便民利民、互帮互助、扶困济危的服务体系，为社区居民排忧解难。倡导社区志愿者服务活动，加强社区服务设施建设。

5. 社区卫生

社区卫生在于综合利用社区卫生资源，实施基层卫生保健。基层卫生保健，又称初级卫生保健，社区是初级卫生保健的落脚点。社区卫生组织倡导的初级卫生保健包括增进健康、预防保健、合理治疗、社区康复等内容。

6. 社区环境

社区环境是社区成员在一定的地域内所面对和感受的一切客观事物的总和，是物质环境和文化环境的综合体。社区物质环境包括社区环境卫生、绿化美化、道路和市政设施建设等。社区精神环境包括社区风尚、人际关系、邻里关系、社区成员的社区归属感等。

7. 社区治安

维护社区秩序，保障居民安全。积极疏导和化解各种不稳定因素，做好各种民事调解工作，开展群防群治活动，维护社会稳定。

8. 社区管理

包括街道和居委会的工作，社区的各项法规和制度的建设，社区管理责任制的建立，管理人员的素质和管理能力的提高等。

二 社区发展的目标和主要内容

1. 社区发展目标

社区发展重视以下的目标和内容：（1）发展社区居民的文化水平和职业的、技术的能力；（2）启发社区居民的互助合作精神，改进社区内的人群关系；（3）协助社区居民认识其共同的需要，发展社区居民的组织，训练其自治能力与自助精神；（4）推进社区文化生活教育，举办文化休闲娱乐活动，提倡建立良好的邻里关系和社会秩序；（5）发展并运用各种社区资源；（6）改善社区生活环境。

2. 社区发展的主要内容

社区发展的主要内容包括：

（1）以人为中心，以满足社区成员生存、享受和发展的需要为中心，提高社区成员的素质和生活质量，促进社区成员个性和潜能的发挥。

（2）沟通和密切人与人的关系、人与社区（社会）的关系，创造一种友好互助的精神以及和谐的社区氛围。

（3）增强社区成员的参与意识。社区参与体现了社区成员对社区共同利益和需求的自觉认同，社区参与是社区整合和稳定的重要基础。

（4）推进社区教育和社区文化。在社区发展中，社区教育和社区文化是最首要的。因为只有社区教育和社区文化才能促进社区成员思维方式、价值观念、行为模式的改观，风气、个性及人格的重组，素质的全面提高，凝聚力增强；只有社区教育和社区文化是推动社区发展主要的内在动力。

三　社区教育在社区发展中的作用

社区教育在社区发展中的主要作用，大致有以下几个方面：

（1）社区教育可以形成社区居民积极的态度、良好的道德及价值观。

（2）社区教育可以提高社区成员，包括社区管理和工作人员的素质、文化水平、文明程度和生活质量。

（3）社区教育可以形成良好的社区文化。社区文化表现为社区成员的生活方式，它包括物质的和精神的两个方面。物质方面的生活方式，主要指人们的衣食住行和休闲娱乐等。精神方面的生活方式，主要指人们的追求、期望、信仰、行为规范、人与人之间的关系、社会风尚等。良好的社区文化不会自然产生，而是通过社区教育有目的地培养形成的。

（4）社区教育可以实现社区成员的社会化，培养社区角色。人的社会化，是人和社会相互作用的结果。一方面，个人受社会的影响，学习社会；另一方面，同时又参与社会，影响社会。社区发展是社区成员参与的有目标的行动过程，参与是社区发展的基础，是社区发展必不可少的条件。人们的参与意识、参与态度、参与能力，是在社区教育过程中培养和形成的。通过社区教育形成人的社会化，培养社区角色，增强社区意识和社区归属感。

第二节　农村社区教育和社区发展

一　农村社区的特点

（一）农村社区是"自然的社区"

1. 农村社区具有自然的疆界

自然村、镇是农村社会存在形态的基础。一切行政规划都要尊重和考虑不同的村、镇的自然存在形态。农村社区就是在自然村、镇的基础上形成的，并且代表着农村社会形态发展方向。既然农村社区是在自然村、镇的基础上形成的，那么自然村、镇的"疆界"就会对农村社区的地域界线具有规范作用，从而使农村社区具有鲜明的区域界线。

2. 农村社区体现着农村社会发展的自然要求

不同的社会组织形态，总是一定社会生产方式的产物，体现着一定社会文明程度。社区正是在新的社会发展阶段和经济生活条件下产生的，或者可以说，追求特定区域内全体成员生活质量的提高及注重特定区域综合发展的时代已经到来。更重要的是，现在所说的社区，多与区划有所不同，具有相当的"原发性"，较客观地体现着社会发展的自然要求。在城市中，传统的两级政府三级管理中的"街道"与通常的社区不完全重合。而在农村，社区体制或许刚刚提出，可以说，农村社区的产生、出现和发展，不是由规划而来，不是一种单纯的社会结构调整，也不只是一种管理手段或形式，它实实在在地应时代潮流而生，昭示着未来农村社会的存在形态，萌动着生活方式变革的自然要求。

（二）农村社区是社会发展的综合体

在农村社区里社会生活与经济生活体现出高度的一体化，这种社区既是生活场所，同时也是工作场所，生产与消费紧密地联系在一起。首先，社区生活与经济生活息息相关。这主要表现在共同使用土地等共同的自然资源，劳动技术互相传授，产品具有相关性等几个方面。经济活动要在社区中进行，社区发展的水平和规模就必然要影响和制约经济活动，由此，就会激发和强化社区成员建设、维护社区的主动性。其次，社区的各项公益事业也要求社区成员共同投入。现阶段，一般地说，除非重点建设项目所及，政府一般不会对农村社区建设有较大规模的投入，即使是共同投入，社区成员的投入也要占相当的份额，这在客观上已形成发展模式。

（三）农村社区成员社会文化心理具有高度一致性

所谓社会文化心理是指在一定社会经济生活条件下，社会成员所具有的社会理想、价值观、文化取向和心理趋势，可以具体化为大致相当的风俗习惯、审美观和生活品位等。相对城市而言，农村社区成员的社会文化心理具有较高的一致性。

1. 悠久的历史是构成社会文化心理一致性的基础

城市是近代历史的产物，繁忙的口岸一百多年前可能不过是一个小小的渔村。而乡村则不同，深山中的几间老屋就会历经沧桑。历史是沉甸甸的，总会有各种因子沉积下来，规范和制约着后辈的文化心理倾向。

2. 密切的亲情、乡情是社会文化心理一致性的纽带

我国各民族大体上各有自己的居住区域，而汉民族又喜聚族而居，刘庄、李庄是各地常见的称谓。在一个民族、家庭聚集的特定区域里，其成员自然生活习惯相近，价值尺度相当，文化心理趋于一致。

3. 大致相同的经济地位是社会文化心理趋于一致的基本条件

一般说来，某一农村区域，谋生手段总是大致相当。村民们有共同的基本生活资源——土地，有共同的地理条件和自然资源及生产技术，因而其经济地位总是大体相当。因此，共同的存在也就决定了共同的意识。

4. 乡土观念是社会文化心理一致性的核心

传统农业在人的意识中打下的最深的烙印就是乡土观念，那是一种世代劳作的农民对家乡和土地的深深眷恋，也是中国农民远未解开的心理情结。这种乡土观念，使农村社区具有天然的凝聚力和稳定性。它的积极意义之一在于激励社区成员最大限度地热爱家乡、建设家乡，为社区发展做贡献。

二　农村社区教育的特点

农村社区教育的特点是相对于城市社区教育而言的。其特点主要有：

1. 需要关注和重视人际关系和邻里关系的教育

城市居民虽然彼此都居住在同一社区，但是由于往往在不同的单位

工作，一般来说，对社区的依附性较弱。又由于居住和生活方式的封闭性特点，邻居之间的关系较松散，往往不甚了解，或是不相往来，共同利益不明显，于是也不太容易产生矛盾。

农村居民则不同，他们的生活和生产都依附于同一社区，共同利益明显。居住和生活方式的特点都是开放性的，相互较了解，人际关系、邻里关系较密切。因此，农村社区成员的社区意识要比城市居民强，社区的凝聚力也相对较强。

但是，从利益方面来说，由于农民的思想狭隘，人群关系密切也容易带来对小事的计较、矛盾、纠纷和冲突。农村的社区教育需要重视人际关系和邻里关系的教育。

2. 农村的社区教育更加需要加强精神文明教育

农村社区成员的亲情、宗族、宗法观念较强，封建意识较浓，思想开放的程度和接触的信息量较少，受教育程度较低，因此，农村的社区教育更加需要加强精神文明教育、现代意识教育、文化生活教育和补偿教育。

3. 农村的社区教育必须以发展生产所需要的实用科学技术、专业技能培训为重点

城市居民工作在单位，拿工资，以养活自己并改善全家的生活；对于农村成员来说，生产是命脉，生产收益大了，才能改善生活。因此，农村社区教育必须以发展生产所需要的实用科学技术、专业技能培训为重点，以利于发家致富、保护生态。小康后的农村社区，除发展经济的科学技术、专业技能的提高仍是重点外，社区需要关注文明素养、科学素养、文化素养、生活素养等的教育。

第七章

社区教育体制与管理

第一节　现有社区教育管理体制弊端及社区教育实体建设

一　现有社区教育管理体制弊端

1. 没有社会教育的"板块制"教育管理体制

我国教育管理体制，长期以来基本上是"板块制"的，即把教育划分为若干个"板块"，构成独立系统，进行垂直领导。所划分的"教育板块"大致有：幼儿教育、基础教育、高等教育、职业教育、成人教育等。把教育管理划分为"板块"，其优点是便于垂直领导；其缺点是各自分割，相互间缺乏联系。

在我国教育领导管理体系现有的"板块"中，把社区教育划入其中任何一个"板块"，都是不恰当的。过去，有的把社区教育划入基础教育板块，其视角是把社区教育看作学校青少年教育、校外教育，这是不正确的。在《中国教育发展纲要》中，提到开展社区教育的目的是"探索符合中小学特点的教育与社会结合的形式"，虽然有其历史的原因，但毕竟由于其表述和理解的不完整和不科学，在一定意义上，误导了人们看待社区教育的视角。如今，我国教育部开始重视社会教育的实验工作，由职业教育和成人教育司领导和管理，这比过去前进了一大步。但是，社区教育并不属于成人教育或职业教育"板块"，把社区教育列入社会教育是比较妥帖的。而很遗憾的是，我国教育部不设社会教育司，所领导和管辖的教育基本上是学校教育、学历教育，这在国际上也是罕见的。

2. 缺乏整合与协调

在我国由政府系统领导和管理社区教育的体系中，街道办事处是现行城市管理体制中最终端的政府派出部门和管理机构，各级、各类上级主管部门向街道办事处部署本部门的工作任务。其所管辖的教育种类众多，同时管理教育的科室也同样众多，缺乏整合与协调。

海淀区曾对本区的社区教育管理的弊端体制进行过调查。按海淀区自己的总结，其弊端主要表现在：（1）区级有关部门直接向街道办事处各相关部门下达任务，这种纵向管理体制缺乏统筹、整合和集中；（2）靠行政指令启动和推进，主要对上负责，缺乏教育发展的自主性；（3）街道办事处各部门分头开展教育，各类教育的管理方式、力度、范围、目标不能统一，缺乏相互联系；（4）体制运行的被动性、子系统的封闭性，使街道社区教育缺乏适应社会经济和文化发展的主动性、自觉性、目的性，也使社区发展与社区教育相割裂。这种运行机制的最大障碍是不能把各种教育因素加以整合、协调和互动，社区教育的管理体制必须进行改革。

二 社区教育实体建设

（一）社区教育实体建设的方向

加强社区教育实体建设是社区教育深入持久发展的必然选择。社区教育实体建设的方向是：

（1）低重心。社区教育实体的设置重点建在区、街道、居委会等基层，使之贴近社区居民，面向人民大众，体现大众化特色。

（2）多功能。社区教育实体的功能多样化，既具有教育培训功能，而且兼具组织协调、推动社区教育工作，宣传而后辐射文明、促进精神文明建设的功能，以及服务和科研等多种功能。由于功能齐全，就使实体更具活力，增强效能。

（3）网络化。区、街、居委会各种层次的社区教育实体相互联系，上下贯通，形成一个实体网络系统，使社区教育体制顺畅，结构优化，运作通畅，保证各种功能的充分发挥。

（4）开放型。社区教育实体向社区开放，教育对象包括男女老少全体社区成员，办学空间伸展到整个社区，教育内容、课程设置不拘一格，都根据社区建设和教育对象的实际要求机动灵活安排。社区教育实体上与社会息息相通。

（5）综合性。在办学模式上集普通教育、职业技术教育、成人教育、老年教育于一体，职前培训与在职培训、岗前培训与介绍就业相连通，学历教育与非学历教育、补偿教育与继续教育、休闲教育、幼儿和青少年教育与家长教育并举，实现社区教育综合性。

（6）多样化。社区教育实体的名称、规格、机构、做法等多种多样，不求统一。坚持灵活多样，不仅符合国情、市情、区情、街情，容易被群众接受、便于操作，而且有利于百花齐放和创新，使社区教育更加生动活泼、增强活力。

（二）建设社区教育实体的要点

建设社区教育实体必须注意如下几点：

（1）形成自己特色。坚持从社区实际出发，根据实际需要和具体条件建立实体。学习借鉴别人的经验是必要的，但是力戒生搬硬套，要努力创新，形成自己的特色。

（2）务求落实。实体，根本在一个"实"字，一定要求实，要搞得实实在在、扎扎实实，办实事、求实效，不搞形式主义花架子。搞好社区教育实体要在"实、活、新、优"四个字上做文章。"实"，即实体的基地、设施、机构、人员、实务等都要落实，而且坚持按计划运作。"活"，即搞得生动灵活、生动活泼。"新"，即内容新、办法新，不断创新。"优"，即工作讲求质量和效益，要使对象多受益，要特别注重实效。

（3）稳中求进。实体建设需要一个过程，不能一蹴而就，急于求成。要循序渐进，成熟一个建设一个，由少到多，由小到大，逐步健全和完善，逐渐形成社区教育实体网络。

第二节　社区教育网络化发展模式管理

一　构建社区教育网络的意义

所谓构建社区教育网络是指借鉴网络技术设计、确定社区教育组织形式的过程。网络可以使整个社区教育形成一个有机整体，有利于资源共享和系统整合；网络可以促进社区教育的有效覆盖，提高系统功效。

我们应把社区教育网络理解为一个具有双重特性的操作系统，即从组织形式的角度看，它应该是一个硬件系统：有实体及实体之间确定的工作关系；从方法的角度看，它又应该有软件的性质：是一种工作方法系统。构建社区教育网络，便于社区内部信息的沟通、传递和反馈，从而有利于社区教育自身建设及系统的高效运行。

二　社区教育网络的组织形态

与社区的层级体系对应，社区教育也应以社区内各级各类教育、培训实体及其相互间的有机联系与作用为基础呈点线状展开，从而形成社区教育网络。该网络的最大特点应是对所属社区及其层级体系呈开放状态。其一，是对各相邻网络开放并相互作用而构成资讯回路；其二，是对社区及社区公众开放，尽其所能为社区服务。从可操作角度看，一般应以市、区（县）为单位，构建相对独立的社区教育网络。

三　社区教育网络的运行机制

这是指社区教育网络要素间因相互作用而形成的网络内在工作方式，具体可以理解为人与实体的相互关系，即社区教育网络要素中主、客观因素相互联系与作用的动态过程。构建网络是一个重要的课题，促使网络有效和高效运行则应是一个更重要的课题。

（一）社区教育网络的动力机制

任何系统的运行都需要一定的"力"来推动，寻找、认识进而有意识地利用这种推动力来增强系统活力即为系统的动力机制。从现实状况看，我们认为推动社区教育网络运行的动力主要来自三个方面。

1. 满足社区发展的需要

教育网络，一般情况下，是教育事业的一部分，处在教育与社区结合的最前沿，这也决定了社区教育网络具有一定程度的产业性。社区教育网络的基本硬件一般由该社区或教育行政部门投入，但必须逐步形成自身的造血功能。这就要求社区教育网络必须面向社区、面向市场，以社会和社区需求为导向，开设符合需求的培训课程以及进行各种社区教育活动。

2. 满足社区成员对教育的多方面需要

为社区成员提供多方面教育课程和活动，是各级社区教育网络的重要任务。因此，社区教育网络必须提高自身的承载能力，满足社区成员需求，同时在客观上实现自身发展。

3. 合力推进机制

构建社区教育网络是一项社会性事业，涉及的因素复杂，社会部门众多，需要方方面面的理解与支持，需要除了社区内的教育机构外，其他各部门、各企事业组织与广大社区成员的积极参与和支持。也就是说，只有社会多方面的参与和支持，社区教育网络才能有更大的生存和发展空间，保持更大的发展势头和后劲。

（二）社区教育网络的管理机制

构建社区教育网络的目的是更加有效地开展社区教育工作。从这个意义上说，促使社区教育网络有效运行是构建社区教育网络的一个重要方面，也是社区教育网络管理的首要任务。从社区教育管理实际的角度出发，社区教育管理机制应物化为社区教育网络管理程序。

1. 设立网络管理目标体系

设定目标是开展社区教育管理工作的前提，既可以使社区教育管理有明确的方向，也便于对社区教育管理效能做出客观的对照评价。所谓目标体系，一方面是指目标本身应有多方面的内涵，能够反映网络的多种职能；另一方面是指不同层级的网络单位应有不同的工作目标，这是因它们的涵盖范围、工作任务和对象均有所不同。

2. 确定岗位职责

社区教育网络管理工作纷繁复杂，必然要涉及和设立多种工作岗位。确定岗位职责，是提高社区教育管理效率的重要因素；只有岗位职责明确了，处在相关岗位的管理人员才能有效行动，把工作做好。明确岗位职责一般应有两个含义，或者说有两个步骤：一是界定岗位，即根据社区教育网络职能设定管理岗位；二是明确每个管理岗位的职能、责任和管理范围。

3. 制定工作标准

如果说明确岗位职责是对社区教育网络管理的客观因素的要求，那么制定工作标准就是对社区教育网络管理的主观因素即管理者的要求，也就是对管理者在各管理岗位上工作质量的要求。它包括对管理者素质的要求，即管理者应有相应的文化程度、工作能力和管理知识；也包括对管理者的工作要求；还应包括工作程序方面的要求，即管理者应熟悉社区教育网络工作过程，具备一定的不同岗位之间的协调能力。

（三）社区教育网络的监控机制

社区教育网络作为一个职能运行系统，必然要形成和完善内部监控、奖惩机制。所谓监控机制，用网络语言表述就是反馈原则。社区教育网络运行是一个动态过程。一方面，影响社区教育网络运行的因素众多，有些因素并不是完全能够由系统控制；另一方面，基层情况、社会对社区教育网络的需求千变万化。这些都要求社区教育管理者随时观察社区教育网络的工作情况是否与计划相符，不断地调整自身的管理行为。社区教育网络监控的基本要求是准确和迅捷。所谓准确就是要"去伪存真，去粗取精，由此及彼，由表及里"，反映网络运行的实际状况，为上一层系统决策提供真实依据，特别要杜绝浮夸和虚报。所谓迅捷，就是要使反馈快速有力，对客观现实情况迅速做出反应，跟上社会经济生活的脚步。

第三节 教育行政部门与社会中介组织的作用

一 教育行政部门在推进社区教育中的作用

1. 为政府发展社区教育决策充当参谋和智囊

在我国现阶段，社区教育的发展仍需要加强政府行为，由区或市一级的政府来推动和管理。而实施社区教育，也是区或市的教育行政部门自身的重要责任。在开展社区教育过程中，教育行政部门要争取同级和上级政府的领导，提供信息，做好开发领导层的工作，使他们了解和懂得社区教育十分重要。教育行政部门一方面要在本区开展摸底调查工作，寻找社区教育科研实验基地；另一方面要收集国内外社区教育信息资料，以了解社区教育的发展动态；再一方面，可以组织人员去一些社区教育开展得好的先进地区进行考察，并写出考察报告，为决策提供依据。

在社区教育活动中，区教育行政部门需要密切联系各街、镇社区教育委员会，市教育部门需要密切联系各区、县教育行政部门，对开展社区教育活动出谋划策，并对其活动情况及时反馈。区、市教育行政部门和政府督导部门每年应对社区教育进行检查和督导评估，通过评估，进一步提供社区教育的发展现状资料，总结新的做法和经验，为表彰先进、持久深入开展社区教育提供决策依据。

2. 发挥教育行政部门对社区教育工作的指导作用

教育行政部门对社区教育工作的指导，主要是理论和方法上的指导。

（1）加强对社区教育理论的学习

社区教育在国际上已有长足的发展，在国内亦已有自己的理论和实践经验。组织社区教育委员会成员和社区教育工作者学习有关社区教育理论、先进地区的实践经验十分必要。用理论去指导社区教育工作，通过我们自己的实践再探索、再认识、再总结，发展社区教育理论。

（2）方法上具体指导

主要是帮助建立社区教育运行机制。社区教育是一个完全开放的系统，它的每项活动都需要社区内各方认同和参与。然而，社区内每个具体单位或部分，又有其自身的特殊性，在社区教育中有着不同的地位、作用。要把社区教育这项利国利民、造福子孙的事业办成社会民众自身的事业，真正形成"人民教育人民办，办好教育为人民"的局面，就需要在社区教育体系中建立一个较科学的运行机制实现相互沟通。为此教育行政部门在推进社区教育工作中，帮助社区教育委员会进行领导体制、组织网络、规章制度、职责分工以及办事机构的设置，计划的制订与实施、活动阵地的建设和监督检查，考核评价、评比表彰等，就十分重要。教育行政部门还可以结合自身工作的内容，与社区工作配套，联合社区教育专门干部进行。

3. 教育行政部门承担着社区教育力量的培训和输送任务

为了推进社区教育和统筹全区社区教育工作，区教育行政部门可以从中小学中层以上干部或教师中抽调人员作为各街、镇的社区教育专干，街、镇设社区教育办公室。根据各街、镇的实际，开展社区教育活动。对委派的社区教育专干的人员素质要求有三条：（1）具有较高的政策理论水平，了解和懂得社区教育的一般原理，接受街、镇的领导和政府教育督导的考核评价；（2）具备一定的社交能力和协调能力，熟知本社区的教育状况；（3）有综合分析各种教育因素产生、变化的能力和创造性的工作能力。

社区教育将继续深入发展，各级地方政府需要成立相应的社区教育领导、管理和协调机构。教育行政部门在不断发展的社区教育工作中，将起着更加重要的作用。

二 社区教育中介组织的作用

（一）中介组织的内涵

关于中介组织，首先需要搞清楚的是，它指的是在哪两个对象和事务之间的中介。就社区教育而言，主要指的是在政府与民众之间建立某种联系、起着中介作用的组织。从政府的角色来看，在我国，随着向"小政府、大社会"模式的迈进，政府为了管理社会，在政府系统之外，需要建立一种非政府的、具有民间色彩的组织，去代为处理政府与民众的某些事务和关系，承担联系政府与民众的职能。从民众的角色来看，民众为了表达自己的利益，满足自己的需要，有必要建立正式的或非正式的社会组织，去处理与政府和外界的事务和关系。在开展社区教育、社区建设中，在基层政权机构，如区、街道办事处（基层政权组织派出机构），与社区居民之间，建立某种中介组织，是十分必要的。

（二）培育教育中介组织的培育与作用

社区教育中介组织应是非政府的，基于社区成员的需要，一般来说，是自下而上形成的。在西方发达国家，社区教育的推展，主要通过民间的社区教育中介组织，依靠民众的力量，当然，也需要有政府的协同努力。如在"社区教育与社区发展"一章中提到的1956年联合国报告中所指明的："社区发展是指人民共同努力并与政府有关机构协同改善社区的经济、社会和文化情况，同时将社区统合于国家整体生活之内，使其对国家的进步更能有所贡献的历程。"

在我国，自下而上的社区教育中介组织之所以不发达或无力，既有居民不热心参与、凝聚力薄弱的原因，也有政府政策方面的原因。

在我国，培育社区教育中介组织，在起始阶段，需要政府的扶助，需要政府在政策上甚至在经济上的支持。社区教育中介组织的培育过程，是政府扶助下的民间组织独立运行的发展过程，也是民众参与不断增强和民众组织自我成长的过程。

第八章

社区教育主要内容与课程开发管理

第一节 社区教育的主要内容

社区教育的内容与其定义一样，也是众说纷纭，处于一种"液体"状态。从目前国内学者对社区教育内容的划分来看，从不同的角度，学者们对社区教育的内容有着不同的划分。按照社区教育内容的目的，可以划分为教育社会化和社会教育化；按照社区教育内容的主体，可以划分为科学文化、思想道德、法律、环保教育等；按照社区教育的性质，可以划分为非功利性教育和功利性教育。本书主要根据受教育对象的不同，从社区未成年人、社区成人、社区老人和社区妇女等方面阐述社区教育的主要内容。

一 社区未成年人教育的主要内容

（一）学童保育

学童保育不是一项活动，而是包含在某些设施的功能中。日本的儿童馆和活动中心很受孩子和家长的欢迎。小孩子觉得在这里有同伴一起玩，还能学到很多知识；家长也觉得放心，没有后顾之忧。在儿童馆和活动中心，孩子们能够得到指导人员的帮助，有利于他们养成良好的学习态度和生活习惯。

（二）自然的体验

鉴于日本青少年人际关系淡薄、参加社会活动经验不足、缺乏对大自然的体验等情况，日本文部省提倡各地开展"青少年交流事业"活动，实施"青少年自然体验推进事业"。日本的青少年教育设施和公民馆都将

"自然体验"作为一项重要教育活动,力图通过在丰富的自然环境中的集体宿营活动,为青少年提供多种生活体验和活动的机会。

（三）文体活动

充分利用社区的各种资源开展各种各样的文艺体育活动,如歌唱比赛、表演比赛、乐器比赛、舞蹈比赛、演讲比赛、讲故事比赛及各种球类、棋类、牌类的比赛。这些比赛既陶冶了青少年的情操,又锻炼了他们的身体,深受青少年们的欢迎。

（四）生活教育

进行生活教育旨在培养孩子的生活态度、生活习惯和生活能力,使之掌握生活的各种技术。

（五）创造活动

儿童活动中心、"少年之家"等设施大都设有手工艺室,孩子们可以用泥、木材等材料制造陶器、器皿等,充分发挥想象力、创造力。

（六）团队活动

日本有儿童会、少年团等,主要开展有关文化、服务、体育的活动等。近几年文部省特别提倡开展野外活动和国际交流活动。

二 社区成人教育的主要内容

社区成人教育是整个社区教育的中心。各个国家都根据自己的实际情况来确定本国社区成人教育的主要内容。德国根据自己的国情制定了以人文教育为主、以适应经济需求为主,关注农村社区的成人教育。澳大利亚成人教育的主要内容包括成人基础教育（识字、算数等）、普通教育（自我完善、兴趣爱好等）、与职业有关的教育、公众教育（家长课程、土地保护、有关艾滋病的防范等）。

本书主要介绍加拿大社区学院针对成人所开设的社区教育的主要内容。加拿大社区学院开设的成人教育课程可归纳为三类:学徒工课程、学院课程、文化准备和提高课程。具体来说包括以下内容。

（一）学徒工课程

社区学院针对成人开设各种学徒工培训课程。学徒工90%的时间在企业劳动,即在岗学习,10%的时间在学院学习有关的知识或学习在工作岗位上学习不到的技能。一个普通的机器操作工在4年的学徒工培训期内到学院学习3次，每次一般用两个月，分别学习基础课程、中级课程和高级课程。不同工种在培训时间上不尽相同。学徒工学习期满可以获得行业部门发给的技术等级证书，成为技术工人。

（二）学员证书课程

一年制证书课程只有少量专业开设，如"时装销售""航空服务"等第三产业类专业，通常占学院专业的10%左右。

（三）学院两年制文凭课程

两年制课程如为技术类，毕业生要学满4个学期。学生学成后主要从事自然科学和某些技术领域的工作，如安装、操作、养护、质量控制、生产规划等。两年制专业的数量占学院课程的60%—70%。

（四）学院三年制文凭课程

三年制专业通常培养技术员，要求学满6个学期。毕业生可在自然领域或工程技术领域从事下述工作：协助或辅助研究、开发、设计，质量控制工作或参与生产过程。三年制专业一般占学院开设课程的20%—30%，多为技术工程类专业。

（五）文化准备和提高课程

学院为帮助成年学生（年满18周岁高中未毕业学生）上高一级学校或接受进一步的技能培训而开设文化准备课程和提高课程。比如，有一项课程称作"技能开发的基础训练"，学生在选此种课程以前需参加一次测验以体现其文化水平。学生可按自己的实际水平确定进度，在开始下一阶段学习前要达到或符合某种具体的目的或要求。学生学完这种文化准备课程以后就可以进一步学习其他职业技术课程。

（六）合作教育课程

这种课程又称"工学结合课程"，或称"三明治课程"。其特点主要体现在教学方式和教学过程上。合作教育是把学院的学习与有报酬的职业实践结合起来，即学习与工作分段交替进行。合作教育由学院与企业共同组织进行。学生先在学院进行至少两个学期的专业理论学习，然后去校外企业进行第一次有薪的生产工作，通常为4个月（一学期），然后再回到学院学习"专业实践课"一个学期，之后再到企业工作一个学期，如此交替进行。学生在整个学习期间要穿插参加2—3个学期的有薪工作。学院设有专职的合作教育的协调员负责安排学生赴企业劳动。

三　社区老人教育的主要内容

叶忠海教授曾在《女性人才学概论》一书中把社区老人教育的主要目标概括为 8 个字："持续创造，延年益寿。"具体来讲，大致包括以下内容。

(一) 持续创造

在持续创造方面，其教学内容可以有：(1) 帮助老年学员著书立说或写回忆录，总结经验；(2) 帮助退居二线后的老年学员担任好顾问，扶助中青年成长；(3) 帮助老年学员从事学会、协会、研究会等的工作，为决策的科学化和民主化服务；(4) 帮助老年学员参加力所能及的社会活动和工作，让他们发挥余热，为社会多做贡献；(5) 帮助有条件的老年学员从事讲学、翻译、指导研究、人才培养、技术开发和咨询服务等工作。

(二) 延年益寿

在延年益寿方面，其教学内容可以有：(1) 帮助老年学员进行体育健身，如打拳、做健身体操、进行保健按摩等；(2) 激发老年学员的艺术爱好，参加如绘画创作、音乐创作、诗词写作等创作活动以及适当的娱乐活动，以消除孤单与寂寞，陶冶情操，充实和丰富精神生活；(3) 引导老年学员高度注重心理卫生，如注意心理修养，增强心理调节和控制能力，提高心理健康水平；(4) 帮助老年学员科学安排饮食起居，做到起居有常、饮食有节、活动有适、生活有律，保持身体内部各器官之间、人体与外界之间的动态平衡；(5) 帮助老年学员学会卫生保健，如有病应及时诊治、用药要遵照医嘱，要力争使其掌握和使用"四季养生"之道，要注意合理使用营养保健品等。

此外，社区老年人教育的教学内容中还应该有社区发展方面的内容，包括社区建设、社区生态环境、社区文化、社区教育、社区救助和服务、社区政策法规等，以培养社区老年人的社区意识和社区归属感，有利于形成良好的社区发展环境。

四　社区妇女教育的主要内容

一般认为，社区妇女教育始于 1920 年德国的社会教育运动（主要给中途退学的女生施以职业指导和进修教育）。之后，社区妇女教育有了变革，社区开设了专门科目并施教，如家政——照顾科目，以家庭管理及儿童照顾为主，技术——艺术科目，以技术方面为主（养成职业能力）或以艺术方面为主（以养成艺术创造与艺术欣赏能力为主）。学者詹栋梁也曾提出，社区妇女教育可分为普通教育和职业教育两方面，前者是人文陶冶——精神的塑造，后者是职业陶冶——才能的塑造。社区妇女教育的教学内容应从以上两种教育分别加以设计。

我们认为：社区妇女教育的教学内容设计既要考虑妇女的需求，即妇女特别的需要，又要考虑妇女的发展目标，即社会对妇女发展的要求，还应考虑到社区发展取向。因此，应在三者结合点上设计教育内容。具体来讲，社区妇女教育的教学内容大致应由以下四个部分组成：

第一，职业教育内容。主要设置职业道德、职业知识、职业技能等课程，使妇女适应经济体制和产业结构变革的需要。

第二，家庭教育内容。主要开设伦理道德、家庭管理、教养子女、卫生保健、食品营养、烹饪与裁剪、编织与装饰、家用电器维护等课程，使妇女能改善家庭教育，以提高生活质量、建设文明家庭。

第三，人文修养教育内容。主要开设时事分析、社区发展、旅游文化、园林花卉、摄影美术、造型艺术、音乐舞蹈、书法绘画、文学欣赏等方面的课程，以陶冶妇女的心灵、提高其文化艺术素养、完善其人格。

第四，社区发展教育内容。主要开设社区发展和社区妇女的作用、社区建设和家庭文明、社区生态文化和社区生活质量、社区教育和社区成员素质、社区中的妇女形象等课程，使妇女增强社区意识和社区归属感，提高其建设和发展社区的自觉性和责任感。

第二节　社区教育课程模式

模式是可供仿效的标准样式。课程模式是课程设计者依据不同的教育价值准则所设计的课程类型。

一　从课程沿革变化中看主要的课程模式

从课程沿革变化中可以看到课程模式主要有三种，即学科中心课程、经验中心课程和社会中心课程。

（一）学科中心课程及其支持学派

1. 学科中心课程

学科中心课程又叫"分科课程"或"学科课程"，它是以同质的文化遗产和科学知识的分类为基础，依据学习者身心发展规律和教育教学目的所编织起来的课程形态。其基本特点是各门学科（如语文、数学、历史、地理等）分类并列编排，学科体系有较强的逻辑性，便于对特定的对象传授文化遗产和科技成果。这类课程以传授学科知识为本，是一种线性课程，缺少同其他课程的横向联系，带有很大的学科封闭性。

2. 支持学派

支持学科中心课程的主要有三个学派：

（1）永恒主义学派

该学派认为学科课程无论对过去、现在还是未来都应当是"不变的学问"，教育的内容应当"包含有关人类思想的永恒价值的理念和原理"。该学派主张教育要用永恒的科学知识对学习者进行理性训练，因此不必考虑学生的兴趣和要求，也不必考虑课程设置的社会需求根据。

（2）要素主义学派

该学派认为教育要传授具有严谨学术体系的各门学科知识，传授人类文化的宝贵财富。其与永恒主义学派都主张普通课程要以读、写、算为重点科目，强调心智训练，但前者重视吸纳现代科学知识体系，而后者则重视古典学科。要素主义学派在教学方法上，主张用严格的纪律、注意、表扬、服从为手段，使学习者接受知识。

（3）结构主义学派

该学派的代表人物是美国学者布鲁纳。他主张要按学科基本结构设计课程，以实现课程现代化。他认为只有抓住了学科的基本结构，才可能使学生很好地理解本门学科，学生才能举一反三、终身受用。因此，他强调对基本概念的掌握，在学习方法上他提倡应用发现法，进行发现式学习。

学科课程尽管具有系统性、逻辑性、便于组织学习等优点，但由于过于重视教材的逻辑系统性，学习者容易偏重于记忆而忽视理解和轻视社会性发展，因而其往往不能有效培养学生解决社会现实问题的能力。

(二) 经验中心课程及其支持学派

1. 经验中心课程

经验中心课程又称活动课程，这类课程以人的需要、动机、能力、经验作为课程设置依据。其基本特点是：课程的核心注重人的发展，课程内容随着学习需求或活动状况的变化而变化。

2. 支持流派

支持该模式的主要有两个流派：

(1) 活动课程流派

该流派的代表人物是美国民本主义教育家杜威。他指出学科课程没有考虑儿童兴趣和需要，脱离社会实际，主张"教育即生活即生长，是经验的不断改造""学校即社会""教育是一个社会过程"，由此他提出了儿童中心主义的课程体系。该课程体系没有固定教材，以儿童生活为中心编制课程，以改造儿童经验为教学目的，帮助儿童解决其认为当前重要的问题，并增强儿童已有的兴趣和生活经验。其课程设计最大的特点是采用作业的形式组织教材，而不是按知识类型分科。在活动课中，教师的作用大大降低，仅成为学生求知的参谋或顾问。

(2) 人本主义课程流派

其代表人物是美国心理学家罗杰斯。这一流派在抨击学科中心的"非人性化"浪潮中应运而生。其特点是：教育目的指向个人全面发展和自我实现，不仅强调发展智力，而且强调伦理、审美、道德和人格的发展；在教学方法上强调师生间人际关系的和谐，主张把学生的兴趣、经验、情感等摆在重要地位；在教学内容上不排斥学科课程的内容，但主张纳入社会和个人课题；在教材组织结构上强调学科的综合性和课程的整体结构。

经验中心课程的长处在于：尊重人的个性，强调在活动中进行弹性学习，有利于发展学生的学习动机和动手能力。但是，活动课程对于基础教育来说，忽略了人的发展所必需的文化基础和文化科学知识体系，因此从另一角度看，它又限制了学习主体的学力发展。这类课程在倡导尊重人的价值的同时，却助长了反理智主义，这势必会导致学生学业水平下降、纪律松弛、道德训练欠缺。

(三) 社会中心课程及其支持流派

1. 社会中心课程

社会中心课程又称"核心课程"。这是一种围绕社会中重大问题或实际问题，按照社会的发展和学生的需求所设计的课程。它打破传统课程的界限，以社会现实问题作为课程设计的核心。支持该模式的也有两个学派。

2. 支持学派

（1）社会适应学派

该学派认为社会变化是个人的决定因素，"学校是社会的代理机构"，设置课程应为学生了解不断变化的世界，并求得社会生存服务。

（2）社会改造学派

该学派认为把社会问题作为课程设计的核心，其宗旨不是适应社会，而是把学生培养成"社会改造的工具"，通过学习引导他们积极投入社会改革之中。社会改造学派课程没有普遍的目标和内容，要求课程编制者把社会的目的和学生的目的联系起来；要求学生要利用自己的兴趣，找到大家普遍关注的社会问题的解决办法，强调同社区及其各种教育资源的合作，以设置课程计划。

社会中心课程的基本特点在于把整个学习集中于社会人格和社会能力的形成上。但是，由于社会功能和问题界限不易划清，很难设计出能解决社会问题的学习计划，教师如缺乏足够的资料和周密的指导计划，教学不易成功。

二　社区教育课程模式

社区教育课程是一种区域性的、有组织性的教育活动。这种区域性大教育从时间上看，包括了婴幼儿教育、青少年教育、继续教育和终身教育；从空间上看不仅包括学校教育、家庭教育和社会教育，而且将普通教育、成人教育与职业技术教育融为一体。

（一）社区教育课程设置的依据

社区教育课程一方面并不承担基础教育任务，另一方面不属于正规性、制度化的教育。因此，设置、编制和选择社区教育课程应以学习者的学习需求和社区发展需要为主要依据。

1. 社区教育课程设置必须以社会背景分析为前提

无论选择什么样的课程，教育者最终目的是通过教育来提高社区成员的素质并促进社区的发展、社会的进步。当今世界正在经历一场人类社会有史以来最伟大、最深刻、最剧烈的社会变革。科技的发展、信息化时代的到来、学习型社会的兴起、知识在经济与社区发展中的作用日益增强、科技更新周期缩短等都对教育提出了新的要求。建立课程设置标准作为进行课程管理的中心环节必须综合分析多方面社会背景因素。

2. 社区教育课程设置必须以社区条件分析为基础

社区教育是在一定的地域范围内进行的，它具有明显的地域性特征，某课程的设置依赖于社区提供的各种教育资源。因此，设置切实可行的社区教育课程必须以分析社区条件为基础。

（1）社区教育课程设置要体现社区特色。以我国为例，我国幅员辽阔，各个地区的自然环境、社区资源、社会经济、人口结构存在着很大差别，因此社区教育课程规划者要以"立足社区，服务社区"为宗旨，从社区实际出发，因地制宜设置具有地方特色的社区教育课程，切忌采取千篇一律的模式。

（2）社区教育课程设置要充分发挥社区教育资源优势。社区教育资源包括自然环境资源、社区文化教育设施资源（包括学校、图书馆、文化馆、革命遗址、博物馆、体育馆、影剧院等）、社区人力资源（包括教师、社区教育工作者、其他专业技术人员、劳模、离退休干部等）、社区组织资源（包括社区协会、社团组织、研究机构、企事业单位等）。课程规划者要对这些社区教育资源进行综合分析，以充分发挥社区教育的资源优势。

3. 社区教育课程设置必须以社区发展和人的学习需求为立足点

社区教育是为广大社区成员服务的，它是实现终身教育和建立学习型社会的基本途径。社区教育课程作为实现社区教育目标的基本手段，必须立足于人的需求和社区发展来进行设置、选择与管理。

（二）社区教育课程设置的目标

社区教育课程开发的首要问题是目标问题。它是课程开发的核心和标准。社区教育课程目标是一切社区教育课程活动的起点和归宿。课程目标越是能反映人的发展以及社区发展、科技进步的需求,就越能获得社区成员的广泛接受,也就越能对课程活动有指导作用。社区教育课程开发的根本目标是:不断满足社区成员各种教育需求,全面提高社区成员的素质和生活质量,以促进社区建设和发展。

(三) 社区教育课程的内容体系

社区教育课程的内容体系设计要以社区教育目标为依据。这里介绍关于社区教育课程体系的三种观点。

1. 陶行知的"四类书"课程体系

我国民主革命时期教育改革的先驱陶行知先生曾经按照"教学做合一"的课程编制原则,提出要编写"活的书""真的书""动的书"和"用的书"。它包括:(1) 健康生活类,如预防霍乱指导和选择食物指导等10种;(2) 劳动生活类,如种菜指导、养鱼指导等10种;(3) 科学生活类,如调换新鲜空气指导、用显微镜看细菌指导等30种;(4) 艺术生活类,如编剧指导、弹琴指导等10种;(5) 社会生活改造类,如治家指导、人类互助指导等10种。陶行知先生所设计的生活教育课程体系,虽然受时代水平制约,其中有些科目并不适合今天社区教育的要求,但其生活教育课程设计的原则和思想,在今天看来依然具有很大价值。

2. 黄云龙的"四类26门"课程体系

当代社区教育是对社区内所有成员进行的一种补偿教育和继续教育,是为适应社区发展和社区成员终身学习的需求而进行的一种终身教育。对此,黄云龙教授在1996年撰文提出了一套"四类26门"社区教育基本课程体系,[①] 具体如下:

(1) 文化科学知识教育课程。主要包括:①有关文化基础知识的补偿教育课程;②有关现代科学知识的补偿教育课程;③有关文化学历进修的继续教育课程;④有关现代科学知识更新的继续教育课程;⑤有关对科学文化知识的兴趣爱好教育课程。

(2) 职业技术教育培训课程。主要包括:①有关转岗流动人员求职岗位的职业培训课程;②有关新上岗人员职业劳动专门技术的培训课程;③有关在岗人员职业技术的更新课程;④有关从事第二职业人员的新技

[①] 黄云龙:《用生活教育理论构建社区教育的科学基础》,《教育研究》1996年第1期。

术培训课程；⑤有关各类人员新技术进修需要的课程（如驾驶技术、计算机技术等）。

（3）公民素质教育课程。主要包括：①有关爱国主义教育的课程；②有关民主与法制教育的课程；③有关公共道德教育的课程；④有关人口与环境教育的课程；⑤有关交通与安全教育的课程；⑥有关公民人格与心理素质教育的课程；⑦有关岗位职业道德教育的课程；⑧有关文化、娱乐、体育、卫生等生活教育的课程。

（4）家政教育课程。主要包括：①有关独生子女家庭教育课程；②有关优生优育教育课程；③有关家庭伦理教育课程。

（5）其他教育课程。主要包括：①有关家庭营养与健康的课程；②有关家庭婚姻生活教育的课程；③有关家庭卫生与环境美化教育的课程；④有关家庭生活技术（如烹饪、插花、电器维护等）教育的课程；⑤有关家庭休闲生活教育的课程。

3. 杜君英的核心课程和本位课程体系

2005年，杜君英把社区教育课程分成了社区教育核心课程和社区教育本位课程两大体系，①并对其构建缘由进行分析和阐述，这一分类更加准确和科学。

（1）社区教育核心课程

社区教育核心课程指以学习者的需要以及社会生活的问题和领域为核心，谋求社区学习者、社区和课程三者之间的平衡，融合必要的学科知识形成的课程科目。其构建缘由是（以我国为例）：

第一，"大一统"的文化传统。在我国光辉灿烂且悠久的历史中，"大一统"思想是我国古代思想文化的重要组成部分。它是在中华民族几千年以来的生存实践中形成的，是伴随着中华民族及其文明的产生、形成和演变发展而孕育、成熟、完备和升华的。其内涵包括：博大多元，天下一统；普遍和谐，协和万邦；遵从进步，和而不同；宗法崇礼，协调稳定；"敬德""民本"，保民强国；追求统一，反对分裂。② 其基本内

---

① 杜君英：《社区教育课程开发研究》，《华东师范大学学报》2005年第1期。
② 丁德科：《略论中国古代的大一统思想》，《西北大学学报》（哲学社会科学版）2000年第3期。

容包括地理疆域的统一、政治制度的大一统、经济领域的统一、思想文化领域的大统一。① "大一统"思想绵延到现在,反映在社会政治、经济、文化和教育的各个方面,它必然影响并制约社区教育课程内容的选择和确定。

第二,趋同的国民性格。以汉族为主体,包括56个民族的中华民族大家庭,从诞生始,一直生存、发展在黄河、长江流域,经过几千年孔孟主体文化的重铸,人们形成了具有趋同性的人生态度、行为规范和国民精神,进而形成了我们国民的典型人格,决定了不管何时、何地,我们都是中国人而非美国人、日本人或其他任何国家的人。每个国家的国民都有其固有的典型人格,如我国的社会成员在接受什么样的教育,从事什么样的劳动,信奉什么样的宗教,具有什么样的道德基础、思维方式和价值观(包括对伦理、幸福、时间、工作的看法),把什么视为民族精神等方面具有明显的趋同性。凡生长在中国这片土地上的人无疑都会受到这种宏观的、民族的主体文化的影响,无论他是身在国际大都市北京、上海,还是身在中西部偏远、贫困、落后的地区。

(2) 社区本位课程

社区本位课程指的就是基于特定的社区情况及民情,由本社区内的教育专家、学者、教师及相关学习者共同编制、实施和评价的课程。与核心课程相对应,社区本位课程更注重和强调某一特定社区及社区学习者的需求,具有多元性和独特性。其构建根据是:

第一,经济发展的不平衡。经济发展水平一般用人均GDP来衡量。改革开放以来,尽管各地区人均GDP均以较快的速度增长,但它们之间的差距却在持续扩大。1980年东部地区人均GDP分别是中、西部地区的1.53倍和1.8倍,1990年则扩大到1.62倍和1.90倍,分别扩大了5.9%和5.6%。2002年东、中、西部地区经济发展水平的差距进一步扩大,东部地区人均GDP已经相当于中部的2.08倍和西部的2.63倍。与1990年相比,分别扩大了28.4%和38.4%。这说明20世纪90年代以后人均GDP差距扩大的幅度远远超过了80年代。

第二,文化的区域性。文化随着人类的产生而产生,也伴随着人类

---

① 萧平汉:《大一统的文化意蕴》,《衡阳师范学院学报》(社会科学版) 2003年第1期。

的发展而发展。不同地域人群的相互隔离催生了地域文化。文化的内涵相当广泛，其核心是深层的意识形态，即人们的精神和理念。区域文化的差异带来了各地经济社会发展的差异。

经济发展的不平衡和各具特色的区域文化使各个社区的发展目标及教育目标各不相同，这反映在社区教育课程开发的目标、内容、职能、主体、对象、方式方法和层次质量等诸多方面。各国社区教育强调学校（院）为所在的社区服务，学校（院）专业课程设置、教学内容安排都要依据社区发展的需要。这是由社区教育课程开发的"立足社区、社区本位"原则所决定的。基于此，开设富有社区自身特色的社区本位课程成为一种必然要求。

（四）社区教育课程设置的原则

根据以上社区教育课程体系的构想，社区学校具体安排设置课程时要遵循"需要什么学什么、学什么用什么"的原则，切实注意以下几个方面：

第一，在课程安排上，要尽可能丰富多样。随着人们生活水平的提高，人们的休闲方式相应增多，人们接受教育不仅是工作和职业的需求，而且还是为了丰富自身的精神文化生活。因此，社区教育课程既要满足人们知识更新、学历提高或转岗上岗等继续教育的需要，还要满足人们政治、社会、文化生活的需要。

第二，在课程程度安排上，要适应不同层次社区成员的学习需求，使不同程度、不同水平社区成员都能找到适合自己学习的课程。

第三，学习时间要安排得灵活、有弹性，能适应各类人员的学习需要。社区教育对象多是成年人，他们的工作、生活不允许他们像青少年一样用几年的时间集中精力进行系统学习。因此，教学时间安排应以"短、平、快"为主，可以设置脱产全日制课程、不脱产业余课程，也可以设置白天课程、夜间业余课程，还可以设置时间由学习者自主选择的课程等，从而使课程学习时间安排有弹性，适应学习者的学习需要。

第三节 社区教育课程的开发与管理

一 社区教育课程开发的基础理论

社区教育课程内容体系的开发既要以课程论的基本原理作为理论依据，又要以现代社区发展论、社会分层论和成人学习论作为其理论基础。

（一）现代社区发展论

联合国对社区发展的解释是：人民自己与政府机构协同改善社区的经济、社会与文化情况，把这些社区与整个国家的生活合为一体，使它们能对国家的进步有充分贡献。

可以看出，社区发展是与社区内的社区问题（诸如贫困、疾病、失业、经济发展缓慢等）的解决相联系的。我国的社区发展是指居民、政府和有关社会组织整合社区资源、发现和解决社区问题、改善社区环境、提高社区生活质量的过程，是塑造居民社区归属感（社区认同感）和共同体意识、加强社区参与、培育互助与自助精神的过程，是增强社区成员凝聚力、确立新型和谐人际关系的过程。[1] 可以看出，社区发展是一个综合配套的、包含经济与社会发展等各项活动的系统工程。

社区作为特定空间内人群的生活共同体，是连接个体与社会的桥梁与纽带，是社会的微观化和重要组成部分。社区发展作为社会发展的一个重要组成，与社会发展有着内在的统一性与协调性。从人类社会发展的历史进程来看，社区发展无论是对社会经济发展，还是对人本身的发展，都具有重大的意义。正是通过将整个社会的发展牢固建立在一个个社区的发展之上，并不断地保持它们之间的统一性、协调性，整个人类社会才会走上良性持久的发展之路。

尽管我国学界对"社区教育"的概念还没有统一的认定，但综观从不同角度、不同侧面表述的"社区教育"概念，我们可以发现它们至少有一点是共同的，即社区教育的目的在于提高社区的居民素质和生活质量，而这一点恰恰也是社区发展的根本目的。社区教育课程开发的"社区本位性"决定了社区教育课程开发必然要以本社区的问题、本社区的

---

[1] 徐永祥：《社区发展论》，华东理工大学出版社2000年版，第5页。

发展目标为依据。社区教育是社区建设和社区发展的重要抓手，社区教育课程开发是社区教育工作的中心环节和中心问题。

因此，可以认为现代社区论是社区教育课程开发的环境支持和外围依据。

（二）社会分层论

我国经济体制改革在带来利益多元化的同时，也带来了以职业层级为划分标准的社会阶层分化。社会分层是各类人结构性的不平等，体现为人们在社会等级制度中的地位不同而获得不同社会报酬的现象。社会分层带来社会流动，包括从一种社会地位向另一种大致相同地位流动的水平流动、从一种地位向另一种较高或较低地位流动的垂直流动、个人地位变化的同代流动以及上一代与下一代家庭成员之间地位变化的异代流动。在社会流动的四种类型中，最具意义的是由低到高的垂直流动、同代流动和异代流动。如何实现这三类最具意义的社会流动，不仅是社会学家们关注的课题，而且也是值得我们每个人深思的重大问题。

社会分层与教育分层之间具有一定的关系。教育分层被认为是导致社会分层的最关键、最重要的因素。"教育分层"是指不同层次学校教育及学生的构成状态和比例关系，大的教育层次有初等教育层、中等教育层和高等教育层。这其中各层次又包括许多小层次，像初等教育层包括小学教育和初中教育；中等教育层包括普通高中、职业高中及中专、中等技术学校的教育；高等教育层包括专科、本科、硕士、博士等教育。学生在不同教育层次中拥有相应的受教育权利。学生所处的教育层次的不同，导致其将来从事不同的职业、流入不同的社会阶层。大专以上教育程度者主要流入社会上层或中上层；初中、小学等基础教育文化程度者主要流入社会下层或中下层；高中（包括中专、技校、职高）教育程度者主要流入社会中层或中下层。由此可见，教育分流对一个人具有重要意义：若想流入理想的社会阶层，就需接受一定层次或较高层次的教育。通过接受教育，人获得知识，提升人力资本，改变自己的人生命运，这是当前社会环境下取得个人进步、实现由低到高的上升流动的一般方式。

在当前我国经济社会发展水平程度不高、教育资源有限的前提下，如何对那些处境不利、学历不高又希望实现上升流动的人实施"教育关怀",值得任何一个教育者深思。联合国教科文组织在《学会生存》一文中指出:"不管教育有无力量减少它自己领域内个人之间这种不平等现象,但如果要在这方面取得进步,它就必须事先采取一种坚定的社会政策,纠正教育资源和力量上分配不公平的状况。"社区教育作为一项非营利、公益性、利国利民的事业,关注到社会分层中的"底层社会群体",并将其看作社区教育实施"教育关怀"的主体对象人群。[①] 接受社区教育,实现自己的人生价值,提高社会地位,这不仅对受教育者自己,而且对整个社会的进步都将产生积极的意义。

社区教育课程开发要关注社会分层这一现象,要针对不同层次社区居民的不同学习需求设置课程,组织选择不同层次和程度的课程内容。在面向全体的前提下,社区教育课程开发尤其要重点关注"底层社会群体",开发技能生存类课程,帮助他们实现就业、提高生活质量、实现上升流动。"对一个普通人来说,即使在他过着贫困的生活时,他仍然有一种天生的脑力,因而也就有一种学习的能力,各种能力尚处于相对中庸的水平,它们可以被激发和提高到现有水平所望尘莫及的程度。这些想法所包含的朴素真理是,消除人类差距的任何办法和对人类未来的任何保证,都不能在其他地方而只能在我们自身中找到。我们大家所需要的是,学会如何激发我们那处于睡眠状态的潜力,并且在今后有目的地、明智地使用各种潜力。"[②] 从开发社区居民的学习潜力、对在社会分层和教育分层中处于劣势的社区居民进行学习需求调研、开发适合的社区教育课程满足居民上升流动这些角度而言,社区教育课程开发可以说是社区人(尤其是"底层社会群体")取得个人进步、提高社会地位的良好方式。

社会分层论及教育分层论是社区教育课程开发的内在依据。

(三) 现代课程论

泰勒在《课程与教学的基本原理》一书中指出,开发任何课程必须

---

① 韩明华:《现阶段我国社区教育的主体对象及其需求——论社会分层与教育关怀》,巴蜀书社2004年版,第90页。

② 同上书,第91页。

回答四个基本问题：（1）学校应该试图达到什么教育目标；（2）提供什么教育经验最有可能达到这些目标；（3）怎样有效组织这些教育经验；（4）我们如何确定这些目标正在得以实现。这四个问题被后来的课程专家进一步归纳为"确定教育目标""选择教育经验""组织教育经验""评价教育计划"。它们构成了"泰勒原理"的基本内容。开发社区教育课程，我们同样面临这几个问题。

查特斯在《课程编制》中指出：从事课程开发"首先必须制定目标，然后选择课程内容，在选择过程中，必须始终根据目标对课程内容进行评价"。在社区教育课程开发中，中国内地学者厉以贤也曾作过类似表述。确定课程目标是课程开发的灵魂和标准，是一切社区教育课程活动的起点和归宿。所以，进行社区教育课程开发，确定课程目标是首要的工作。根据社区教育提高社区居民素质和生活质量这一要求，社区教育课程开发的目标应致力于解决社区发展及居民生活问题，满足社区及居民的发展需求。

社区教育课程与社区问题紧密相关。社区问题往往是现实而具体的，故社区居民需要的课程不是学科中心课程，而是社会中心和学习者中心课程。以社会和学习者为中心的社区教育课程同时也是实践性较强的课程，其核心是社区及居民的实际而具体的特殊需要。基于此，社区教育课程是实践性课程。施瓦布主张，实践性课程应是教师、学生、教材、环境四要素的统一体。教师和学生是课程的主体和创造者，学生是中心。同时，他还提出了实践性课程开发的主体应由"课程集体"构成。施瓦布理想中的课程开发基地是每一所具体的学校。社区教育课程开发是基于每一个具体的社区的，是针对这一特定社区及居民的特定生活需求而进行的，所以，社区教育课程开发实质上便是"社区本位的课程开发"。

（四）成人学习论

科学设计社区教育课程，需要借助于心理学科的专门知识与方法。社区教育的学习者涵盖各种年龄阶段的社区居民，但主要是成人。研究探讨成人的学习能力、学习动机和学习特点对开发社区教育课程有着极为重要的指导意义。这可以有效地帮助社区教育工作者在课程的设计中，更多地考虑学习者的心理特征，从而使课程成为真正意义上的成人课程。

有关成人学习能力的研究成果,著名的有桑代克的"年龄与学习能力关系的曲线及智力对该曲线的影响图"。该研究指出,人的学习能力处在发展高峰(22—45岁)的20余年内,其学习能力总量约降低15%,平均每年仅降低1%。这证明成人的可教性仍很大。中国内地学者高志敏在综合桑代克以及其他心理学家如韦克斯勒、卡特尔等人研究成果的基础上提出如下结论:(1)成人学习能力的增长不因生理成熟而终止;(2)成人学习能力不随年龄增长而明显下降;(3)学习与训练是保持学习年龄的重要因素。[①] 这些研究成果启示我们:在社区教育课程设计中,设计者应把成人学习者作为一支主要力量,有效地利用他们的思维能力以及发现、理解和解决问题的能力,在社区教育课程的具体实施中,应充分相信他们的学习能力。在评价成人学习成果的过程中,设计者应采用合理的方式,尽量避免采用学校教育课程评价中常采用的考试、测验等考查机械记忆力的方法。

成人的学习动机因人而异。按年龄来说,年轻人的学习动机主要是满足求知欲望,他们的学习通常是为了不断获取知识、更新知识、增进智能、充实自己,为未来步入社会打下基础。中年人的学习动机主要在于获得职业晋升,他们的学习通常是为了获得某种就业资格、职业资格,以此获得晋升加薪机会或提高工作能力和水平、增加竞争力、获得转业转岗能力等。老年人的学习动机在于借助集体学习的环境和机会增进人际交往、排遣居家养老的孤独寂寞。基于此,社区教育课程开发要做到"因人设课",为年轻人开设科学文化知识类课程,为中年人开设职业技能类课程,为老年人提供谈心、交流式的活动课程等。只有参考成人不同的学习动机来开设课程,社区教育才会有生命力,才会受到所有居民的欢迎。

成人中的中青年群体的学习呈现出明显的实用性和功利性特点。他们希望"学以致用""学后即用",美国一项专门调查结果也证实了这一点。此报告指出:成人学习者重视的是所学知识的实用性而不是学术性。他们注重应用而不注重理论,注重技能而不注重知识或信息。[②] 追求实用

---

① 高志敏:《成人教育心理学》,上海科技教育出版社1997年版,第50—51页。
② 同上书,第94页。

也决定了成人学习的另一特点——速成性。中青年不像老年人那样空闲，他们的时间观念强烈，这一点决定了他们的学习动机带有某种速成色彩。知识的快速更新、产业结构升级、职业结构调整、岗位部门频繁变更等也加强了他们的速成学习要求。社区教育课程开发应针对中青年群体，设置实用性强的课程科目，采用多时段、短周期的教学方式，提高其学习效率。

二　社区教育课程开发与管理

社区教育课程开发是社区教育管理工作者、社区教师、社区学习者从社区发展及社区人的教育学习需求出发，以社区发展中的问题为核心，展开的有效适应社区发展及社区人自身需求的社区教育、教学活动。

（一）社区教育课程开发的原则

社区教育课程开发原则是指进行课程开发时根据课程发展规律所必须遵循的基本要求。它大致包含以下两个方面的内容。

1. 立足社区

社区教育课程是在社区范围内展开的。在我国，对城市内部社区的界定主要是从社区建设与社区管理角度进行的。一般认为："居委会和各种'单位'的管辖范围以及街道办事处所辖地域范围均被视为社区界限。"[①] 由于历史、文化、经济诸因素的影响，处于不同区域、城市的社区的发展是不平衡的。不仅每个社区的建设与发展目标有差距，而且每个社区人群的多元化组成也导致居民的教育学习需求的多样化。社区教育课程及开发应当立足社区，以本社区发展中的问题和要求为依据，以服务社区居民、提高社区居民的素养和生活质量为宗旨，确立"社区本位"的社区教育课程开发原则。

"立足社区"的课程开发原则要求课程开发者从需求调研直到课程评价，都要从本社区的现实状况出发，因地制宜、实事求是地开展社区教育课程开发。

2. 以人为本

如果因地制宜、立足社区、以社区为本是社区教育课程开发的出发

[①] 程玉申：《中国城市社区发展研究》，华东师范大学出版社 2002 年版，第 24 页。

点,那么因人而异、贴近居民、以人为本则是社区教育课程开发的落脚点。社区教育是为社区建设和社区发展服务的,其归根结底是为"人"服务的,是为"人"的素质和生活质量的提高服务的。人既是社区教育课程的客体,又是社区教育课程的主体,离开了社区居民的需求实际,社区教育课程就成了无源之水、无本之木,就会失去了生命力。"人"是社区教育课程开发的着眼点和终结点,满足"人"的需求,进行"人"的培养和教育是社区教育课程开发最根本、最核心的原则。

首先,"以人为本"的社区教育课程开发原则,其核心意义在于将人视为主体。社区教育课程开发通过了解社区成员的学习需求、调动社区成员学习的主动性,体现出对人的服务性。其次,践行"以人为本"的社区教育课程开发原则,应该将人作为衡量一切的尺度,而非将人视为被衡量的对象。这是对人的主体性认识的深化,这表现在:社区人有自主选择课程的权利;社区人在课程学习过程中具有主人翁地位,不是被动响应而是主动参与;社区人不仅是课程知识的传授对象,更是课程知识的接受主体;社区人享有课程评价权,课程评价不仅仅由教育者进行,更需要学习者根据自身的感受、体验作出评价。再次,践行"以人为本"的社区教育课程开发原则,必须给"人"及课程开发行为本身赋予一种独立的价值,而不是将课程及开发只是当成实现某种外在于"人"的发展目的的一种手段或工具。社区教育应当将人的终身教育、终身学习和终身发展作为根本目的和核心任务。我们要真正将社区教育看作是为人民服务的实事、好事,让社区教育引导和帮助人实现全面发展、提高整体素质、改善生活质量。最后,"以人为本"的社区教育课程开发原则,要求人作为自我而全面地存在,不是作为自我所扮演的某一个或某几个角色而片面存在。[1] 社区教育应不论年龄性别,不分职业层级,对所有社区人一视同仁。所有社区人都是同等的,都是社区教育服务的对象,社区教育课程开发要摆脱单纯考虑某一部分群体的某一方面需求的狭隘意识,立足社区,面向社区人,贯彻社区教育为社区"一切人"和社区"人的一切"服务的精神,将以人为本拓展到更深层次。

---

[1] 聂琴:《论社区教育的人本价值》,巴蜀书社2004年版,第50页。

（二）社区教育课程开发应处理好的关系

根据以上的原则，在社区教育课程开发中我们应处理好以下四个方面的关系：

第一，课程开发与社区发展相结合。社区课程目标在于促进人的发展。因此，社区课程应反映社区发展的新要求，把社区发展中的新问题、新需求作为课程的"新题目"，进行开发研究。

第二，社区管理组织者与专业工作者、教师与群众相结合。社区教育需要有效的领导与管理。但是，社区课程由于是实践性、专业性很强的课程，内容丰富多彩，单靠外力是不行的，还要依靠专业工作者、教师与群众的积极参与。这样才能使课程有根基，不至于流于空泛、流于形式。而且，开发的课程只有经过教育教学实践的检验，才能进一步发展、完善。

第三，共性课程与自选课程结合。社区的共同发展目标决定了社区课程目标的共同性。但是，每个社区成员因职业、年龄、个人志向、兴趣的不同，对教育的需求也不同。社区课程应考虑社会成员的特殊需要，开发多种多样的课程，并鼓励社区成员选择自己感兴趣的课程。

第四，学校与社区相结合。在社区课程开发中，开发者应重视普通学校的作用。普通学校具有师资、场地、设备设施、图书资料等优势。因此，社区应重视和学校联合开发社区教育课程，如家政课程、青少年校外课程等。

（三）社区教育课程开发的基本模式

"模式"在《辞海》中亦称"范型"，一般指可以作为范本、模本、变本的式样。作为术语时，它在不同学科中有不同的含义。在现代科学研究中，它是理论与实践的中介和结合，是被理论加工后的一种可模仿、推广或借鉴的"标准样式"。模式是理论的具体化，又是经验的抽象概括。一方面，它可以在实践经验基础上经概括、归纳、综合而提出；另一方面，它可以在有关理论指导下，经类比、演绎、分析而提出，进而到实践中应用，具有指导实践的功能。它与"方法"有联系，但并不等同于方法。方法属于操作范畴，而模式除了具有操作性以外还兼具理论性特征。

生活在我国不同区域的学者们提出了不同的社区教育课程开发模

式。我国台湾地区的一些学者提出社区教育课程开发的活动课程模式。① 它包括启发宣传社区教育理念，由上而下执行有关决议精神，组织成人教育、职业训练、青年活动、政治讨论活动，提供社区教育所需设备，发动社区志愿者等内容。我国大陆学者黄健则提出"需求导向型"的社区教育课程开发模式。以此为启示，从我国社区教育实践出发，在社区教育课程观引领下，我们提出了具有较强实践价值的"社区发展需求导向型"社区教育课程开发模式。"社区发展需求导向型"的社区教育课程开发模式，是一个以社区与社区人互动发展中的"问题"为中心，从学习需求调研出发确立课程目标、选择组织课程内容、实施课程和评价课程的循环往复、不断深化的社区教育课程开发模式。不断发现和解决、消除"社区发展中的问题和居民生活中的障碍"是这一模式的出发点和归宿。

1. 学习需求调研

依据社区教育课程开发规律，确立"以需定供"的调研理念，树立以人为本的工作方式，了解社区发展中的现实问题，不以主观设想代替居民所需，不想当然作出判断和取舍，按照社区和社区人发展需求确定课程类型及科目，这样才是真正意义上的社区教育课程开发需求调研。

要做好"以需定供"的需求调研工作，需建设起成熟的课程开发调研队伍。社区居民学习需求调研工作的主要机构和人员应该包括：对社区教育承担指导协调作用的机构（如社区教育指导中心、社区教育委员会、社区学校等）、社区教育课程开发专家、社区学校的专兼职教师和社区学习者。

需求调研过程中，无论采用何种方式调查，都必须坚持"以需定供"的原则，在充分了解、把握社区发展和社区居民生活中的"问题"基础上，拟定以解决"问题"为目标的课程及科目。

2. 课程目标的确立

社区教育课程开发目标的确立，应立足于社区发展和社区居民生活中的问题。课程目标越是能够贴近社区居民的实际，就越是能够赢得居

---

① 李建兴：《社区教育与课程设计》，《成人教育》1990年第1期。

民的欢迎，社区教育课程也就越能得到顺利实施。

社区教育课程开发的目标并不单由社区教师和管理者决定，还要考虑社区学习者的现实需要。在整个课程开发过程中，管理者、教师、社区学习者要一起制定课程学习目标。只有让社区民众参与课程规划设计，课程才能有效反映社区民众的需求。

3. 课程内容的选择与组织

在对居民学习需求的信息进行选择、确定、取舍的基础上，课程编制者结合不同的课程目标做出决策，将恰当合理的学习需求转化为社区教育课程。

早在民主革命时期，我国教育改革的先驱陶行知先生曾经按照"教学做合一"的课程编制原则，提出要编写"活的书""真的书""动的书"和"用的书"。在我们今天的社区教育课程中，如上海浦东新区的道德法律类、文化礼仪类、职业技能类、生活常识类、卫生保健类和其他类课程以及南京鼓楼区的早期教育、青少年教育、妇女教育、家庭教育、现代市民素质教育、在职人员继续教育、下岗就业培训教育、残障人员培训教育、流动人口教育、老年教育、新经济组织从业人员教育以及军地两用人才培训教育等课程（按社区成员年龄和职业分类来组织课程内容），我们依然可以发现陶行知先生"生活教育"理念的影子。可以说，陶先生的课程设计的思想和理念仍然可以作为我们今天社区教育课程开发中选择与组织课程内容的理论依据。

4. 课程实施

社区学习者享有充分的课程目标制定权和课程内容选择权。社区教育课程的具体实施过程应贯彻"以社区学习者为中心"的指导思想。社区学员大多是成人，成人有自我负责的能力，故社区教育的教师应充分利用社区成人学习者的责任意识、自主能力，将社区学习者看作价值的创造者、思考者与问题解决者。在这一过程中，应注意：

（1）组织形式多元化

课程组织形式应针对社区学习者的需求来确立。目前，参与社区教育课程学习的人数最多的是老年人。他们的主要动机是兴趣。因此，针对这个群体可以确立社区教育兴趣课程，如唱歌、跳舞、插花、剪纸、书法、绘画等，满足他们休闲娱乐的需要。社区教育的非功利性、学习环境的不确定性、学习资源的实务性、学习内容的非专门性和非系统性、学习过程的参与性和自愿性、学习结果的非预期性、学习组织的松散性等特点决定了活动课程应是社区教育课程经常采用的形式之一。[①] 例如，教育社区居民重视环保问题，可采用观看录像的活动课程形式；要提高社区学习者的普通话水平，可采用办演讲会的形式；进行文化教育和保健养生教育可采用知识竞赛的活动课程形式。

隐形课程（有时也被称作无形课程或隐蔽课程）被许多学者称为"现代课程论的重大主题之一"，它是相对于有形或正式课程而言的一种课程形式。它主要是指学习者在接受有形或正式的认知、态度和技能教育之外，从无形或非正式的教育环境，包括规章制度、校风、教风、学风等人文氛围方面，获得的潜移默化的熏陶和感染，从而形成一定的价值规范，提升人格品位。社区的环境卫生、绿化美化、人文气息、居民的亲和力等非实体形式的精神文化，无形且长久地对社区居民的道德文化教育起着作用。每个社区都有其独特的隐形课程资源。如何挖掘每个社区的隐形课程资源，提升隐形教育环境的质量和水平，发挥隐形课程资源的作用，是一个值得深思的重大课题。

社区教育的理念不应包含精英主义、文凭主义，大多数人接受社区教育的目的是获得精神上的满足和整体素质的提升。社区成人学习者有着丰富而个性化的生活经验，因此，社区教育课程应是采用综合的而非分科的。我们要以多学科知识和活动为依托组织社区教育综合课程，结合社区学习者的学习基础、生活经历，培养他们的综合素质，提高他们解决实际问题的能力。

（2）学习时间灵活化

社区成员因年龄、职业、层次不同，对学习时间有着不同的要求。老年人是典型的"有闲"群体，他们对课程学习时间的要求不像其他人群那样严格，他们可以整天进行学习。一般劳动者因为工作繁忙、生活压力大，不可能像老年人那样用整天的时间来学习，他们希望学习过程"短而快"。总之，学习时间要适应各类人群的需要灵活设置，可以设置脱产全日制课程、不脱产业余课程等。我们可以安排白天课程、夜间业

---

① 秦洁：《论我国城镇学习化小区的建构》，《河南大学学报》2001年第1期。

余课程，可以设置平时课程、周末课程。

（3）学习过程松散化

社区居民个体之间的差异决定了社区居民课程学习过程的多样性。而且，在居民的学习过程中，他们存在着随意性强、松散性大等问题，组织难度较大。短时性的课程学习质量容易得到保证，而持久性的课程学习质量则难以得到保证。因此，松散性的课程学习同样需要严格有效的学习管理制度进行保证，依靠学习者的自我管理，努力保证课程学习过程的顺利进行。当然，要做到这一点，其前提依然是：课程是从学习者本身的学习需求出发而确定的，课程内容是学习者所需且符合实际的，课程展开方式要符合学习者的兴趣和特点。

5. 课程评价

课程评价是研究课程价值的过程，是由判断课程在改进学生学习方面的价值的活动构成的。它在课程中的作用包括：诊断课程、修正课程、比较各种课程的相对价值、预测教育的需求、确定课程目标达到的程度等。[①] 社区教育课程评价的目的在于获取社区教育课程实施后的反馈信息以改善课程的效能。具体而言，一是使学习者较好地了解自己的学习情况，帮助他们取得更佳的学习效果；二是使社区教育的理论和实践工作者更好地改善、调整社区教育课程，提高课程的档次和质量，获得居民对课程更高的满意度。

社区教育课程评价的内容依其目的分为对学生学习、教师教学以及课程实施效果的综合评价。学生通过对学习情况的评价，可以了解自身的学习状况，进一步提高学习效果，此类评价可以由教师来做，也可以由学生自评。教师通过对教学的评价，深刻了解社区居民的学习需求和学习特点，可以较快改善教学效果，此类评价可由社区教育专家以及学员来进行。在这两类评价的基础上，教师再对整个课程开发情况进行综合性评价，了解社区居民对课程的满意度，了解课程实施的效果。

具体的评价步骤包括：

（1）每次授课（无论是知识课，还是技能课）都应有专人负责记录。

---

① 施良方：《课程理论——课程的基础、原理与问题》，教育科学出版社1996年版，第149页。

记录的内容包括：学习者的出勤率、与授课教师的配合度、对课程内容的反应状况等，再将这些记录作为最后评价的参考依据。

（2）每次课程活动结束以后，倾听教师本人对自己授课情况的总结，让他谈谈课程有哪些优、缺点或成功、失败之处；倾听学员对课程的意见，便于以后改进。

（3）对于个人或团体，给予适当的奖励或建立记录卡，作为考评的依据。这里的个人或团体指的是学员和教师双方。在对以往课程的学习和传授进行记录的基础上，给予学员和教师相应的刺激，并将这些奖励作为促进教师和学习者积极参与、投入社区教育课程开发的助动力。

第九章

社区教育发展的主要模式与管理

第一节 社区教育发展模式概述

一 社区教育发展模式概念

"模式"一词本身较为抽象,但在各种场合出现频率很高。一般认为,模式是再现现实的一种理论性、简约化的形式,它是某种事物的标准形式或使人可以模仿的标准方式。我们研究和建立社区教育发展模式的目的就是要在深刻理解或科学解释社区教育的基础上,把社区教育发展的过程或情景进行归纳、总结,掌握其规律,使其成为简单明了的表示方法,供人们学习和借鉴。

有的学者认为:"社区教育模式指意在巩固城市基层政权建设,提高居民素质,加强社区整合力、向心力、自治力的社区内各级各类教育资源的统合、运作机制和工作方略。"[1] 有的学者认为:"社区教育模式是反映社区教育体制、机制、结构功能、层次及活动方式等方面的标准样本。"[2] 还有的学者认为,要理解某种社区教育模式,主要应研究三方面的内容:第一,社区教育模式的形成过程,它是如何根据社区的特点、需要和目标利用和整合社区资源形成相对固定的教育模式的;第二,社区教育模式的主要特点,指社区教育体系的结构、教育内容和专业设置特点、运行机制等方面有着怎样的特点;第三,社区教育模式的适用条件,这就是模式所依赖的内外部条件是什么。(如果从更广的意义上讲,

---

[1] 苏民:《面向21世纪社区教育模式探索》,《北京成人教育》2001年第7期。
[2] 朱关龙:《社区教育发展模式探析》,《教育发展研究》2004年第4期。

这部分内容应该属于第二部分，因为一个模式的适用条件是其特点赖以形成的基础，也是其特点的一部分）

我们在比较、分析、总结、借鉴国内外相关研究成果的基础上，重点阐述社区教育发展模式中的组织架构、影响因素、主要特点、运行机制等要素。

二　社区教育发展模式特征

研究显示，一种教育模式必须具备以下特征：符合国家的教育指导思想、法规和方针政策并受其制约；有完整的理论体系做支柱；有稳定的功能、结构、运行机制和操作方法；被公众认可，可效仿。社区教育模式同其他教育模式一样，具有上述特征。此外，它还具有以下属性。

（一）地域性

社区教育有着十分明显的地域性，各个社区的发展目标具有多样化的特点，社区教育的发展环境具有多元化的特点。这些必然使社区教育出现多种多样、特色鲜明的模式。

（二）整体性

社区教育发展模式的各个要素组成一个整体，任何一个要素都会影响整个社区教育的发展。社区教育发展的各个子要素必须全面、和谐地发展，才能形成社区教育发展的完整模式。

（三）动态性

社区发展跟随着时代的发展，具有动态性特征。因此，在开展社区教育过程中，模式本身也是开放、发展和进化的。社区教育处于不断反馈调整、不断变换完善之中。

（四）多重性

社区教育由于是面向社区内每一个人的社会活动，所以其发展的模式不可能具有单一的价值取向。社会和人的复杂性，决定了社区教育发展模式也相应地呈现多重性，而且其模式大多是非标准型的。

三　社区教育模式发展所遵循的原则

（一）开放原则

社区教育是利用社区内的一切积极因素对社区内的全体成员进行教

育影响的一项活动。首先，坚持开放原则必须做到对社区教育对象的开放，社区教育的对象应当是社区的全体成员。其次，必须做到教育内容的开放，社区教育的内容应该是以公众的需求为导向的。再次，必须做到办学主体的开放，要改变传统的依靠政府办学的单一模式，发展官民结合、民办公助和民办为主的办学模式。

（二）整体原则

社区教育并不是孤立的，社区教育的发展需要坚持整体原则，而坚持整体原则首先必须做到立足社区、服务社区。我们要将社区教育纳入社区发展整体规划，使社区教育的目标、重心与社区建设整体目标一致，充分利用社区具备的人力、物力、财力及整体优势，对社区教育进行逐步完善和合理布局。社区教育的各种设施、场所的建设要与社区整体基础设施的建设相一致。社区教育要做到依托社区整体，构建自己的发展特色。要坚持整体原则，还必须做到整合社区内部各要素，使社区教育整体有序地发展。这就要求必须打破教育管理体制中各部门的条块界限，综合考虑各级各类教育的发展规模、发展速度，合理调整内部结构，合理配置教育资源，提高劳动的有效性和投入的有效性，实现社区及更大区域范围内各级各类教育的沟通，实现社区的整体协调发展。

（三）发展原则

社区教育的目标是促进社区成员的全面发展，使社区成员达到个人智力、体质、人格、情感和社会性等方面的和谐发展，使社区成员学会认知、学会做事、学会共处，最终实现提高劳动者素质、促进人的全面发展的目的。这就要求社区教育的发展必须以提高人的素质为目的，以社区发展所需要的教育内容为中介，实现社区居民对社区生态环境、物质生产与社会文化的改造。社区教育必须以它自觉的、有计划的，甚至是超前的服务，不仅为现在的社区培养人，还为未来的社区培养人，从而真正实现对社区发展的智力和精神支持。

四 社区教育模式影响因素分析

影响社区教育模式形成和发展的因素很多。从宏观的层面来看，整个国家的发达程度决定了其社区教育的形成和发展模式。胡森等在其主编的《国际教育百科全书》（第 2 卷）中，对这一问题有所论述，指出：

亚洲、非洲等一些发展中国家与欧洲、北美等发达国家相比，其社区教育模式的形成过程和方式是完全不同的。概括地说，在发展中国家，社区教育的规划过程基本上是"自上而下"的，政府向社区提出各项计划和目标，使社区成员认识到他们的共同利益所在，制订教育计划以完成目标。但是，在较为发达的国家和地区，这一过程是"自下而上"的，政府确定可利用的公共设施，确定所有需要接受教育的对象，找出民众对教育的需要，再制订各种计划以满足这些需要，协调社区内的不同机构和学校，在本地、州、联邦几级筹措经费。

姑且不论这种观点是否准确地概括了发展中国家和发达国家的情况，应该看到的是：有许多国家宏观层面的因素，如国家经济发展水平、政治体制、法律等，影响甚至决定了社区教育模式的形成和发展。但是，这些因素并不是本书所要研究的内容，我们更多考虑的还是在我国现有的社会发展水平之下区域或局部因素对社区教育模式的影响。

我们从对社区教育实践的考察和研究中发现，这些影响因素主要可以分为以下几个方面。

（一）宏观管理环境

就我国目前的情况来说，社区的操作性定义主要还是以行政区划为基础。社区的发展包括社区教育活动，其运作也主要是在行政部门的领导、统筹之下展开的。因此，社区教育模式所处的宏观管理环境成为决定它的首要因素。

宏观管理环境主要涉及两个方面内容：

第一，法律环境。无论是社区还是社区教育，其发展都要依据一定的法律。就我国目前的情况来看，宪法及有关行业法律是社区教育在发展中必须遵守的。法律虽然在一定程度上对社区教育的发展起到了约束作用，但应该看到，完善的法律环境也是社区教育发展所需要的。在我国社区教育发展较快的北京、上海等地，关于社区教育立法的呼声十分强烈。我们认为，对这种呼声，政府应予以认真的考虑和研究。

第二，政策环境。鉴于我国目前社区的操作性定义是以行政区划为基础的，社区政策环境对社区教育模式的形成和发展影响十分巨大。

我们认为，在政策环境的各种要素之中，政策的宽松程度可能是影响社区教育模式形成和发展的最主要方面。比如，在有些地区，政府对社区采用较为宽松的政策，社区教育更多以自发形式出现，发展也比较缓慢，但社区成员参与度较好、认同感强。在另一些地区，社区的发展基本在政府的规划下进行，即"政府搭台、民政牵头、社会唱戏"，这对社区教育的发展有一定好处，但如果政策不合理也会使社区教育的发展受到阻碍。

另外，一些具体政策的出台，如地区性的行业持证上岗制度、参与社区教育的奖励条例和监督规章等，也会直接或间接地影响当地的社区教育发展。

除去以上的两个方面，政府的管理手段和方法、管理机构的设置、管理的决策咨询方式等，在地区间的差别也比较大。而且，在具体的措施和方法上，它们的地方特色体现得更为明显，无法用统一的标准来衡量。

（二）自然环境

地区的自然环境特点是地区最不容易改变的特征。从某种意义上讲，它决定了地区经济、文化等方面的根本特点。所以，与宏观管理环境不同，地区的自然环境往往共性较少、个性突出且在很大程度上决定了社区教育的原则、目标、规模、内容和形式。但是，这是单向、被动的决定关系。也就是说，虽然自然环境能够在比较大的程度上影响甚至决定社区教育的发展，但后者也必须主动谋求对所在社区自然环境的适应。只有这样，社区教育才能体现出其社区性，它也才有存在的理由和依据。

影响社区教育的自然环境主要包括两方面的因素：

第一，地理位置。社区所处的位置往往在客观上决定了社区教育的规模和内容。它在社区教育的教学内容、学校规模、教育技术手段的选择，社区教育在社区发展中的角色等方面起着决定作用。当然，地理位置对社区教育模式的影响是通过许多其他因素实现的，如交通、通信、经济发达程度、产业结构、文化传统、教育水平等。此外，区域的气候条件（尤其对于农业开发、生态产业来说更为重要）也是一个重要的影响因素。

第二，自然资源。自然资源的状况也是社区教育发展过程中应侧重考虑的因素之一。这是因为自然资源可以在某种程度上决定当地产业结构的特点。例如，北京市的房山区在石材等建筑材料方面拥有比较大的区域优势，相应地需要大量从事矿产品开发的人才，而部委属院校或北京市属院校的毕业生大多不会选择在此就业，其所需人才的一部分就可以由社区教育机构来提供。

（三）经济环境

我们在北京市的城区、城乡接合部、近郊、远郊等地区做过调查。这些地区在经济发展水平、产业结构等方面有着明显的不同，这些不同点一般都比较充分地反映在其社区教育模式当中。可见，在制定社区教育发展规划时，必须考虑经济环境中的重要影响因素。

我们认为，一个社区的经济环境包括多方面的内容，从社区教育发展的角度来考虑，主要有以下几方面：

第一，经济发展水平。它主要指经济发展的规模与机制、产业规模、固定资产数量与质量、总产值（GDP 及人均 GDP 等）、利润总额、销售收入与市场情况、税收、财政等。经济发展水平对社区教育模式的影响主要有两个方面：首先，它会影响到社区教育的规模，这是因为社区教育也和所有其他形式的教育一样，其运行和发展都需要经费的支持。（在我国，社区教育的经费来源主要是社区所在地方政府、街道等）社区的经济发展水平直接影响到地方政府和街道对社区教育的投入。其次，经济发展水平可能影响到社区教育的办学形式。尽管社区的经济发展水平会影响到社区教育的规模，但我们认为，经济发展水平较低的地区也可以较好地发展社区教育。我国的一些社区教育实践证明，经济发展水平不同的地区可以通过不同的形式发展社区教育。比如，经济发展水平比较高的地区，可以通过现代化的信息手段发展社区教育，南京的白下区就是这方面的代表。它的社区综合资讯管理系统基本实现了社区的信息网络化和管理智能化。在经济水平相对较低的地区，利用现有教育资源进行短期培训是一般性社区教育的主要形式。所以，经济水平虽然可以在一定程度上影响社区教育的发展，但如果办学形式选择得当，经济水平低的地区一样可以在最大限度上把社区教育搞好。

第二，产业结构。它主要包括两方面内容：一方面指社区内三大产业的比例结构关系，包括不同产业之间的总产值比例、从业人员比例等；另一方面指某一产业的领域结构，如第一产业中有粮食种植、养殖、蔬菜种植等，第二产业中有化工、建筑、机械、电子等。产业结构对社区教育的影响更多体现在社区学院这一层次上。我们认为，我国社区学院在刚刚起步阶段，要想办出特色并坚持自己的特色，必须认真考虑社区所在地的产业结构状况，才能真正从社区的需要出发办学。

第三，消费水平与结构。这主要指家庭收入与支出结构、消费结构、个人（自己及子女）教育费用状况、文化消费结构等。我们知道，社区教育生存和发展的基础是社区需要，尤其是社区的教育需要。社区的教育需要与社区成员的消费水平和结构是紧密相连的。在教育消费比较旺盛的社区，社区教育发展会比较快，而在教育消费相对较低的社区，其社区教育的发展也会受到一定的影响。当然，在一定消费水平之下，社区公民的消费结构存在一定变化的余地。如果能够引导社区公民在文化消费和教育消费中更多地投入财力，这无疑会对社区教育的发展起到推动作用。

（四）教育资源与环境

从我国的实际情况来说，社区教育的发展大多依托现有正规教育和社会教育资源。对我国这样一个发展中国家来说，"另起炉灶"办社区教育既不现实也不必要。这就需要我们对本社区内的教育资源和环境有比较清晰的了解和认识。

第一，教育管理环境。这是社区教育在发展中必须直接面对的，主要包括区域内教育行政机构的设置、教育管理权限的划分、各级各类教育的归属情况等。这些因素构成了一个整体的教育管理环境，并对社区教育管理制度和运行机制产生直接影响。比如，建立在利用现有教育资源基础上的社区教育模式，必然会面临各级各类教育资源整合和协调的问题。我国由于长期以来形成的这种相对固定的教育类型划分，各级、各类教育之间存在着隔阂。但是，不同社区中这种隔阂的程度是不一样的，这取决于其教育管理环境。我们发现，目前许多社区都看到了整合各级各类教育资源的必要性，成人教育、职业教育、社会教育资源浪费严重的现象使得统筹教育资源的任务日益明确。在那些教育管理环境相对比较宽松的社区，教育资源的整合就相对容易。再比如，社区教育管理机构的设置方式也受到社区教育管理环境的影响。有的社区教育还在社区所在地方政府的管理之下，有的则由村民委员会、街道办事处、居民委员会等进行管理，有的则尝试建立社区教育协调委员会等社区共同参与的民间组织进行管理。

第二，教育的物质资源状况。这可以从学校教育和社会教育两个方面来分析。从学校教育方面来说，物资资源状况包括：学校规模（如教室、实验室、试验基地、体育场、图书馆等的数量）及图书、计算机、相关实验设备等情况。从社会教育方面来说，物质资源包括：各种由政府、集体投资建设的教育基地（如博物馆、展览馆、文化馆、村民馆、文化站、体育场馆、影院、戏院、公园等）及由社会投资建立的社会培训机构等。这些资源在不同社区的情况是不一样的：城区中可利用的资源比较多，除了学校及其硬件设施，还有城市中的各种文化设施；在农村，社区教育更多利用文化站、技术推广站等，有时也要利用村民委员会等。可利用教育资源的不同也影响了社区教育的发展。

第三，师资队伍状况。这主要指承担社区教育任务的专职与兼职教师数量、层次、专业与结构、继续教育与培训、引进师资的状况等。就我国目前的情况来说，社区教育的师资有专职的也有兼职的。专职教师一般是社区教育机构所依托的学校的教师，而兼职教师则来自更多渠道，有社区内的自愿工作者，也有社区教育机构聘请的在正规学校任教的教师，还有各科研机构的专家。从我们对北京市社区教育兼职教师的调查来看，郊区、农村等地的社区教育更多聘请农业专家和大专院校的教师，而在城区中担任社区教育教师的则更多是社区志愿者，正规院校的教师在社区教育机构中兼职的并不普遍。

除了以上三个比较重要的方面，教育经费的投入、远程教育与教育技术的运用等也是比较重要的影响因素。但是，这些因素更多地受到社区内经济和科技水平的影响，所以，这里不做详细论述。

（五）人力资源状况

社区内的人力资源状况是社区教育开展的基础和前提。因此，社区的人力资源状况和特点，在一定程度上决定了社区教育模式的形成和发展。不同社区因为人力资源结构、层次、规模等方面的不同，社区教育的针对性也必然不同。一般来说，社区内人力资源状况主要包括以下几方面的内容。

第一，社区人口在数量上的特点，包括人口总量、出生率、动态变化指标、流动性人口的数量等。这些因素通过社区教育的生源状况影响到其规模、办学形式等方面。比如，一个以老龄人口为主的社区，其社区教育内容必然以休闲、娱乐等老年教育为主；而一个以流动人口为主的社区，其社区教育内容就可能是扫盲、职业教育等。

第二，社区人口的教育状况，包括社区人口的文化程度、各级学校的升学率、学历层次状况、非学历教育的程度、社区人口的基本素质及其特点等，应该说，这些因素决定了社区教育的内容特点。这是因为社区教育必须从社区人口的教育状况出发，有针对性地设计课程难度、教育内容的侧重点等。

第三，社区人口的就业状况，包括就业人数、失业与待岗状况、教育分流状况、职业培训需求等。这一因素决定了社区职业教育的特点。在我国，社区内的成员在职业状况上有比较多的相似之处，所以，社区内成员在职业培训需求方面比较一致。尤其在现阶段，我们又面临产业结构调整的现状，所以转岗等职业培训的要求也日益迫切。这就需要社区教育能够有针对性地设置职业培训计划和内容，为社区人员的就业和社区的稳定做出贡献。

此外，社区人口的健康与卫生状况等也是影响社区教育模式的因素之一。

（六）文化环境

除了上述政治、经济、教育等直接影响因素外，社区的文化环境对社区教育的发展也起着不可忽视的作用。虽然这些作用常常是通过间接的、潜移默化的方式实现，但其影响却是十分巨大的。社区的文化环境的内涵相当广泛，与社区教育的发展有关的主要有社区文化传统、生活习俗、人文景观、社区人员的归属感、社区民族构成、社区间关系等。这些因素使得社区教育呈现社区特色，并与社区中政治、经济、教育等因素相结合，影响甚至决定着社区教育的形成和发展。

以上我们从六个不同方面分析了影响社区教育模式形成和发展的因素。但是，这六个方面的因素不是相互独立的，它们之间相互联系，共同构成了社区教育的整体环境。可以说，这个社区整体环境是各个因素之间共同作用的结果。从这个角度讲，各种因素之间并不存在着明显的界限。比如，我们很难分清宏观管理环境和教育管理环境；职业教育的需求既是社区经济特点决定的，也必须受到社区人力资源特点、教育特点等多方面的影响。所以，从这种意义上说，这些因素实际上构成了一个网络，它们纵横交错的关系最终决定了社区教育模式的形成和发展。

第二节 国外及我国港台地区社区教育发展的主要模式

英国教育学家萨德勒曾说过：如果我们力求理解外国教育制度的真正作用，我们就会发现自己更能研究本国教育的精神和传统，更能理解未写成文字的教育思想，更快抓住本国教育中逐步扩大影响或逐步缩小影响的迹象，更易发现威胁到本国教育的危险和有害变化的微渐作用……本节主要通过比较美国、北欧国家、日本以及我国港台地区的各种社区教育发展模式，提出对我国大陆社区教育模式的发展建议。

一 国外社区教育发展主要模式及启示

（一）以社区学院为主的美国社区教育发展模式

美国的社区教育具有漫长的历史且具备相当高的水平。1862年7月美国政府颁布的《莫雷尔法案》使得美国的社区学院逐步壮大。至今，美国社区学院已有1442所，占美国高等学校的39.7%。美国社区学院是社区文化教育的中心，是改进社区各项工作的得力助手。学院的教学、服务及其他各项工作都明确以社区为对象，其专业、课程设置都以为社区的近期和长远需要服务为中心。对于民众来说，接受社区学院的教学、服务已成为他们生活中不可或缺的重要组成部分。以社区学院为主的美国社区教育发展模式主要有以下特点。

1. 地方政府管理社区学院

美国的教育管理体制实行分权制。联邦政府没有对社区学院进行统一领导和管理的权力，社区学院主要由各州及地方政府负责领导。各州及地方政府教育部门对社区学院的管理主要体现在经费预算的批准、教育聘任条款法规的制定、社区学院的审批等方面。社区学院的经费主要来源于州和地方政府的拨款。

2. 社会力量参与社区学院

在美国，社会力量参与社区学院的活动主要体现在它们参与社区学院的管理和选举活动方面，如社区学院的领导主要由董事会推荐，而董事会委员则由当地公民从各界人士中推选。社会各界对社区学院普遍予以关心和支持，它们创建各种社区教育基金，由企业提供相关的教学设施，社会各界为社区学院提供便利，这些便利甚至包括商店为学员提供打折服务等。

3. 社区学院以社区教育为宗旨

社区学院面向社区全体成员实行"无试招生"；教育内容丰富，教学形式多样，满足社区不同群体的需求；培养方向、专业设置多样化，从培养方向看，有转学教育、职业教育、普通教育、社区服务等，从专业和课程设置看，设有航天技术、计算机、石油化工、自动化、农业、渔业、经济、管理、艺术、护理、服装设计与裁剪、理发、美容、摄影、手工、家政等。

(二) 北欧民众教育——社区成人教育的"斯堪的纳维亚模式"

北欧地区又称斯堪的纳维亚地区，包括冰岛、丹麦、挪威、瑞典和芬兰五国，该地区经济高度发达。北欧民众教育是指在北欧地区广泛开展的各种群众性的成人教育活动。北欧民众教育模式由于与当地社区紧密联系、强调面向社区内的所有成人，又被称为面向社区成人教育的"斯堪的纳维亚模式"。虽然北欧地区各国民众教育的内容发展存在差异，但也具有以下共性。

1. 政府通过立法给予民众教育支持

北欧国家目前形成的民众教育组织机构是在长期的历史发展中不断壮大起来的。政府具有不干预民众教育组织活动的传统，只是在经费投入上，通过政府部门对民众教育财政义务的有关法律的制定对民众教育起支持作用。此外，北欧各国还普遍重视民众教育立法，采取法律措施来确保民众教育的形成和实施。

2. 社会力量参与民众教育和民众运动

北欧地区的民众教育、民众运动和劳工运动紧密联系在一起，政治派别和民众运动组织积极参与民众教育。20世纪初，北欧民众教育取得了比较稳固的地位，并建立了以教学为目的的独立民众教育组织。

3. 民众教育对象众多、空间覆盖面较广并与社区结合

在北欧地区，每年平均有20%—25%的成年人参与民众教育活动。从地域上看，民众教育活动覆盖了整个北欧地区。无论是偏僻的小山村，

还是学校、工厂,无论是公共会堂,还是私人住宅,都建立了各种形式的民众教育机构。民众教育还向社区广泛地渗透,教育者为社区成人举办各种讲座,发放相关的宣传册等。瑞典还采用流动民众图书馆的形式将图书用汽车运送到偏僻的乡村,为那里的村民学习提供方便。

4. 民众教育注重培养人文精神和促进人的发展

北欧现代民众教育仍继承了以人文教育为导向、以互助合作为特色的传统。它注重人文精神,强调"先唤醒后启蒙,先生活后知识",推行人文教育、知识教育和职业教育相结合。民众教育重视人的发展,强调发展人的独立生活的能力和善于合作的能力,发展人的创造力,增强人的自信心和在工作、生活中积极发挥作用的能力。

(三) 日本的社会教育发展模式

20世纪20年代,社会教育在日本被正式确定为制度上的公用语。《枚方宣言》中指出:"社会教育属于每个市民。"宣言提出了六项基本方针:(1) 社会教育的主人翁是市民;(2) 社会教育是国民的权利;(3) 社会教育的本质是学习宪法;(4) 社会教育将转化成为居民自治的力量;(5) 社会教育对民众运动具有教育性功能;(6) 社会教育培育、捍卫民主主义思想。[①] 日本的社会教育发展呈现以下特点。

1. 政府通过立法来推动社会教育的发展

1949年制定的《社会教育法》、1950年制定的《图书馆法》、1951年制定的《博物馆法》相继颁布,其中《社会教育法》更是几经修改。1990年《终身学习振兴整备法》的颁布标志着日本社会教育的法制化基本成形。法律的颁布给社会教育的开展提供了相应的保障。

2. 社会教育的主要实现形式是公民馆

在日本,公民馆是实现社会教育的主要形式。1946年后开始成立的公民馆经过半个多世纪发展,已经在全国普及。日本全国3300多个自治体约有92%设置了公民馆。公民馆是典型的日本式社会教育设施,其具有"地方多元主义"的性质。它作为社区教育、学习、文化活动的据点,在各方面发挥了巨大作用。《社会教育法》规定,公民馆"为市、町、村及其他一定区域内的居民提供与生活密切相关的教育、学术及文化事业

---

① [日] 小林文人等著:《当代社区教育新视野》,上海教育出版社2003年版,第135页。

机构，是开办各种讲座、研讨会、讲习会、实习会，配备图书和资料，提供体育、娱乐活动，并提供各类团体联络调整、居民集会及其他公共利用设施"。

3. 注重学校和社区的结合

第二次世界大战后，日本学校与社区关系更加密切，表现在学校编制与社区生活课题有关的教育课程、开展社区学校的建设运动等方面。随着"终身学习"理念的引入，日本的大学也开始对社区开放。政府倡导大学在终身学习中应该发挥更大的作用，建议国立大学开设夜间课程，招收旁听生，接受成人学生，扩大公开讲座的范围，以及设立终身学习中心。

（四）国外社区教育发展模式给我们的启示

从美国的社区学院发展模式、北欧民众教育发展模式以及日本的社会教育发展模式中我们可以得到以下几点启示。

1. 政府强有力的支持是社区教育发展的根本保障

政府的重视对于树立现代社区教育思想的地位、促进民众思想观念的转变有着极为重要的作用。政府的投入与支持是一种实质的推动。从以上各国社区教育发展的成功实践来看，其成功关键在于政府对社区教育的支持和推动，这种支持和推动主要表现为政府既不直接干预社区教育的组织活动，又在经费上对社区教育给予坚定的支持，同时还加大对社区教育的立法力度。我国在发展社区教育时，政府也应保证对社区教育的支持和推动，加强对社区教育发展政策的制定，切实规划社区教育的发展。

2. 有效整合教育资源，推动高校与社区的结合，完善社区教育设施

社区教育属公益性、福利型事业，它无疑要占用教育资源。美国社区教育的发展经验启示我们，社区教育无须过多的投入，通过社区内的学校可以对现有教育资源进行重组、改造与再分配，以实现社区教育的低成本扩张与发展。因此，建立和完善社区教育基地，注重学校特别是高校的资源对社区开放，实现资源共享，将是我国在发展社区教育过程中，实现高校对社区教育的拉动作用的重要手段。

3. 社会力量是社区教育发展的重要驱动力

社区教育的性质、任务和特性，决定了社区教育必须吸引社会力量

广泛地参与。社会力量在社区教育发展中扮演着重要的角色，起着驱动的作用。通过对社区教育的投资、参与社区教育的管理、创建社区教育发展基金，社会力量积极投身社区教育活动，这是社区教育成熟、兴旺的标志，是通过教育社会化、社会教育化而建立学习型社会的重要条件。政府对此应当给予足够的重视，并全力加以倡导。

4. 社区教育以社区为本，注重社区居民的全面发展

美国的社区学院无论是在教育目标，还是在教育对象、内容上都体现了社区特色。因此，在社区教育目标上，我们应秉承"以社区为本"的理念，促进社区自身建设和社区全体成员的全面发展。社区教育应该为广大社区民众服务，社区教育的内容应该反映社区民众的需求。社区教育只有以社区为本，才能激发社区居民参与的欲望，进而实现社区教育成本的最小化。只有居民的社区意识、公众意识被激活了，不同文化背景的居民才能在社区交往的舞台上融为一体，从而形成社区向心力，产生社区归属感和社区团结互助精神，形成健康向上、文明活泼的社区生活方式，实现社区教育和社区发展的良性互动，为社区的可持续发展提供强大的动力，最终建成和谐社区。

二 我国港台地区社区教育发展主要模式及启示

（一）香港特别行政区社区教育——公民教育和"社会照顾"

在我国香港特区，公民教育旨在鼓励各界人士推广公民意识和公民责任感，为不同年龄的市民举办各项公民教育活动。

"社区照顾"又称为"社区关怀"，是由香港社会工作人员协会主持、在社区范围内开展的一项社会福利服务活动。"社区照顾"又是将社区工作观念和广义的社区教育观念融于香港实际生活和香港具体环境之中的一种独特的做法。为落实公民教育和"社会照顾"活动，创建学习型城市，香港社区教育发展主要有以下特点。

1. 将学习型城市建设理念落实为公共政策

为应对全球范围内知识经济和学习型社会建设的浪潮，香港特区政府于2000年9月推出了教育制度改革的措施，提出建立以全面发展和终身学习为中心的教育体系的目标，启动学习型城市建设。为增加香港市民学习机会，香港特区政府推出了三项举措：一是为所有有志向及有能

力的初中结业生提供高中阶段的正规或职业教育的机会;二是使中学毕业生修读高等教育的比例在10年内达60%,建立多途径、多元化、多入口、多出口、素质保证与学历互通的高等教育体系;三是设立全面的学历认可框架,建立终身学习阶梯,促进终身学习。

2. 多元化的学习型城市建设投入机制

为建设学习型城市,特区政府加大了投入的力度。在教育改革启动阶段,特区政府拨款港币50亿元设立持续进修基金,提升享受高等教育人群在全社会的比例。特区市民中学毕业未接受高等教育者两年内可向基金会申请港币10000元(相当总学费的80%)在相关教育机构进修副学士(相当大专)课程。为推进素质教育的发展,特区政府拨款港币50亿元,为各学校增添电脑、钢琴及有关教学用具。为推进下岗失业人员再就业培训,特区政府一年拨款50亿港元给相关教育机构,对培训机构设定必须有70%学员就业的办学条件。在特区政府积极投入的同时,一些工商企业近年为提升企业形象和拓展市场,也纷纷以回馈社会为口号,采取较以前更积极的态度参与当地社区教育,成为香港学习型城区建设经费的重要来源。此外,来自国际机构的捐款也是香港特区实施社区教育、推进学习型城市建设的重要经费来源。

3. 社区组织和各类学校成为社区教育的具体实施者

特区的社区教育主要由两个部分组成:学校本位的社区教育和社区组织本位的社区教育。前者是按学校的条件及需要,发展与社区的教育合作,培养学生的社区归属感、责任感,同时也让社区人士有享用学校设施和参加学校教育活动的机会。近年来,不少中小学都比以往更积极地与社区团体合作,提供切合时机的教育活动,如对新移民学童的支援学习计划、创廉教育、提高社区环保意识等。后者主要围绕社区市民事务发展,以建立与市民互助的关系为基础,鼓励市民参与社区公共事务,提高市民的社区意识,改善市民生活质量,从而建设一个互相尊重的、团结的社区。其他"半教育性"组织,如图书馆、老人护理中心等,也经常为社区成员提供学习机会。

4. 社区学院系统成为特区学习型城市建设的鲜明特色

特区政府管理教育的部门(教育统筹局)、高等教育院校及民办学校、各类志愿团体等社区学院系统致力于为香港市民提供多种学习的选择机会。其课程主要是适应香港社会对工商类人才和服务行业人才的大量需要而设置。其中，志愿团体组建的社区教育学院系统在香港市民终身学习的进程中发挥着日益重要的作用。

（二）台湾地区社区教育——学习型社区模式

我国台湾地区社区教育发展模式主要是学习型社区建设模式，它具有以下特点：

1. 具有完善的社区教育领导管理体制

台湾地区社区教育的组织管理机构比较健全。有负责研究制定终身及成人教育政策法规，推动建立终身及成人教育体系，对各类业余、短期教育进行教育行政管理，开展远距离教育的部门；有负责制订家庭教育法规和计划，进行家庭教育督导，指导开展民族、妇女和老龄教育的部门；有负责制订社会教育活动计划并进行督导和考核，负责社会教育机构的设立、变更审核和社会教育经费的分配、社区大学管理的部门；有负责教育财团法人的设立、变更及撤销的部门；有负责社会文化艺术教育的部门。

2. 注重学校与社区的结合

台湾地区地方当局认为，加强学校与社区的结合，是台湾地区教育事业最重要的任务，也是社区教育面临的一项"刻不容缓"的课题。它强调学校教育要顺应世界教育的潮流，加强学校与社区的交流与互助。中学遍布于台湾地区各社区，它们与社区有着非常密切的关系。从社区方面看，社区发展的目标有赖于学校教育来实现，而学校教育又须依靠社区的支持与合作，两者之间是相互依存的关系。从学校方面而言，学校是实施社区教育的主体，一方面学校在师资、设备、场地及图书等方面为社区提供教学资源支持；另一方面，学校师生积极参与社区活动，协助社区发展。

3. 学习型社区的目标：造景、造产、造人

台湾地区学习型社区的建设目标可以简要概括为三个方面：造景、造产、造人。所谓"造景"，就是营造和构建一个适合于终身学习的环境，主要包括为社区成员提供普遍学习的机会、学习咨询的普及、学习资源的整合等。造产指为社区居民提供更多的就业机会和产业经营的空间，主要包括提升社区民众的就业能力、就业准备度，提升本地区产业

的竞争力。造人目标即培养社区成员成为一个终身学习的个人。

（三）港台地区社区教育发展模式的启示

从香港、台湾地区社区教育发展模式中可以看出，它们在发展中各有优缺点，概括起来我们可以得到以下启示。

1. 行政对社区教育发展的引导作用

台湾地区的社区教育发展具有完善的体制且分工明确；香港特区政府非常注重制定发展社区教育的公共政策，并且为社区教育提供经费来源。这非常值得大陆地区发展社区教育时借鉴。

2. 学校与社区的互动

台湾地区注重学校与社区结合；香港地区建立社区学院系统，为社区居民提供学习场所。大陆地区也应该注重社区学院、中小学与社区的互动，为社区教育的发展提供教育场所和设施。

3. 社会各界积极参与

台湾地区和香港地区非常注重社会力量的参与，鼓励社会力量为当地社区教育发展提供教育场所或经费，以弥补社区教育资源的不足；我国自治型社区教育模式也应该注重社区内的企业和单位参与社区教育的发展和管理。

4. 社区主体发展

任何一种社区教育模式最终目的都是实现社区居民素质的提高和社区自身的发展。因此，社区教育内容必须符合和满足社区成员的需要，并为社区建设服务。同时，根据国内众多社区教育发展的实践，社区教育的发展需要全体社区民众的积极参与，没有他们的参与，社区教育也就无从开展。

第三节 中国大陆社区教育发展的主要模式

一 中国大陆现阶段社区教育发展模式

我国大陆社区教育发展较慢，但在20世纪80年代我国大陆的社区教育率先在上海、北京、广州、南京等地开展，如今已有33个国家社区教育实验区。近年来一些省市相继建立省级、市级社区教育基地，向建立学习型社会、构建终身教育体系迈出了重要的一步。同时，它们也形成了各具特色的社区教育发展模式。根据大陆从事社区教育研究学者的归纳，主要有以下几种模式。[①]

（一）连动型社区教育模式

该类模式是以街道办事处为中心进行的，目前是我国社区教育的主要形式。其内涵为：街道办事处作为所辖行政区域的社区教育组织者、实施者、监督者、协调者，以社区服务及社区文化为着眼点进行的各种休闲、文化、活动性的社区教育。

1. 运作方式

（1）街道办事处相关职能科室按行政方式布置、检查社区教育工作。

（2）成立社区教育委员会，委员会由当地党政领导挂帅，有关职能机构及驻区单位参加社区教育工作，即采用"街道牵头、社会参与、双向服务"模式。该模式带有较强的行政管理色彩。

2. 主要特点

（1）政府主导。街道办事处作为地方政府的派出机构，在社区教育中占据主导地位。社区教育（更确切的称谓应为："寓教育于其中的社区文化"）作为街道办事处一项重要工作，纳入政府工作目标体系并借助行政手段推进。

（2）社会参与。动员驻区各界参与社区教育，发挥社会各界（尤其是学校、青少年宫、图书馆、读书会、市民学校等）的资源优势，力求形成"共建、共管、共享"格局。

该模式易于街道办事处发挥主导作用，并可在一定限度内调动社区内各种资源，但也易于产生流于形式的弊端。

（二）活动型社区教育模式

该模式以中小学校为主体进行，其内涵为：中小学作为区域性社区教育的组织者、协调者，利用自身办学资源优势开展校外教育活动。

1. 运作方式

（1）以学校为主体组织本校或社区内中小学生参加各种形式的课外教育活动。

（2）由学校牵头组建社区教育协调委员会（"三结合"教育委员会），

[①] 苏民：《面向21世纪社区教育模式探索》，《北京成人教育》2001年第7期。

定期研究学校课外教育工作，对学校课外活动进行协调与管理，学校向社区居民开放校内文体活动设施，即"协调课外活动，开放文体设施"模式。该模式带有浓厚的学校校外补偿教育性质。

2. 主要特点

（1）学校主导。中小学作为区域性社区教育的组织者或牵头单位，实施以在校中小学生为对象的社区教育。

（2）资源共享。将社区居民请进学校，共享学校文体设施资源。

（3）社会参与。邀请社会各界参与校内外教育活动。

该模式能够较充分地利用中小学校办学资源，教育行为较为规范。但是，学校在调动社区资源方面存在组织层面的先天不足，"社区资源整合"作用微乎其微。社区居民将以学校名义开展的社区教育活动往往定位在"德育"或课外活动层面上，难以真正起到社区教育的作用。

该模式近年出现一种新的变化趋势，即成人教育。地区所属成人高等学校参与到区域性社区教育中来，社区学院的组建成为这一新趋势的佐证。

（三）综合型社区教育模式

该模式以社区学院为载体进行，是近年来在北京、上海等地出现并日益引起关注同时又引起较大争议的新型社区教育形式。其内涵为：社区学院作为区域性社区教育的龙头，通过理事会和文明市民学校以及学历教育、非学历教育手段进行文化性、职业性、专业性社区教育。

1. 运作方式

接受街道办事处、民政局或者区域内单位委托，通过专业开发、课程开发、项目开发等多种手段组织教育教学活动。

2. 主要特点

该模式实为教育系统内部成人高等教育体制改革的产物，是一种区域性、多层次、开放式、综合性、大众化的集区域高教、成教、职教为一体的新的大教育模式。它融学历教育与非学历教育、职业资格证书教育与休闲文化教育、各界委托项目教育与居民自治教育于一体，成为一种新型的前途光明而又与我国现行高等教育体制不同的社区教育办学实体。它既是对模式（二）的提升和拓展，又与模式（二）有着本质不同。它以社区成人阶段居民（在职或转岗从业人员）为主要教育对象，为其提供专科、本科层次学历教育和多层次、多类型、多样化的非学历教育。

该模式易于同所在区域内政府职能部门和驻区单位进行业务沟通，易于实现系统内资源重组，能够发挥模式（一）和模式（二）所没有的办学优势。但是，模式（二）的不足在此模式也同样存在。

（四）自治型社区教育模式

该模式以地域为单位进行，近期亦有较大发展。其内涵为：由社会各界共同组成的社区教育协调委员会对本社区的社区教育进行总体协调和具体策划。

1. 运作方式

由驻区各行各业较有影响并且热心社区教育的单位或某一功能齐全单位牵头组成的专门机构，利用各单位在各自行业的影响和资源开展"社区是我家，建设靠大家"式的社区教育活动。

2. 主要特点

在该模式中，驻区各界参与社区建设、社区教育的意识较强，居民自治意识初见端倪。然而，其由于组织松散，难以形成持久而有效的核心。该模式较适用于行业主体单一的"单质社区"。

二　我国不同经济发展区域社区教育模式的选择

随着世界经济的发展、科技的进步，现代经济活动出现了许多基于地域观念的特点。因此，现代经济学逐渐形成了众多有关经济空间活动以及区域经济的经济学理论，它们成为当今经济学中异常活跃的分支。在20世纪初，最著名的相关理论有杜能的农业区位论和韦伯的工业区位论。我国经济区域划分有不同的标准，本书按照9个一级经济指标和21个分指标（见表9-1），将我国大陆31个省、市自治区进行了经济区划分（见表9-2）。[①]

[①] 朱金玲、何军辉：《我国经济发展的区域划分》，《统计与决策》2001年第7期。

表 9-1　　　　　　　　　我国经济区域划分指标

一级指标	二级指标
区域发展水平指标	人均国内生产总值、人均财政收入
经济效益指标	劳动生产率、独立核算工业企业资金利税率
人民生活水平的指标	城镇居民人均可支配收入、农村居民家庭人均收入
区域教育、科学技术状况	劳动力素质指数、各地科技活动中的科学家人数
区域的交通、信息通信情况	线路密度、电话普及率、万人互联网用户
区域的环境治理能力	成灾面积占受灾面积比例、环境污染与破坏次数
区域的资金要素	人均自己存量、人均固定资产投资、人均财政支出
区域的自然资源禀赋状况	人均水资源、矿产资源指数
区域的经济开放程度	出口商品总值占 GDP 比重

表 9-2　　　　　　　　　中国经济地区划分类别

类别	省、市、自治区	经济发展程度
第一类	北京、上海	经济发达地区
第二类	天津、广东、江苏、浙江、福建、山东	经济较发达地区
第三类	安徽、河南、湖南、广西、河北、湖北、海南、黑龙江、辽宁、云南、吉林、新疆、陕西、重庆、四川	经济欠发达地区
第四类	贵州、甘肃、江西、内蒙古、宁夏、山西、青海、西藏	经济落后地区

本书将针对上述不同的经济地区，分别分析讨论经济发达地区、较发达地区、欠发达地区和落后地区的社区教育模式及其实现的条件。

（一）发达地区社区教育模式选择及其实现条件

1. 社区教育模式选择

（1）全程教育型模式

全程教育也可称为"全面教育"。其模式是：教育渗透到社会的各个领域，延伸到人的生命的各个阶段，发展为多种形式、多种层次的社会教育。教育的功能发展为的是全面提高人的各种素质，推动经济和社会的不断发展。

我国发达地区已出现全面教育雏形，如上海市浦东新区的社区从理论和实践上正在探索一种对社区成员进行终身教育和全民教育的大教育方案。从发达地区的社区教育发展中，我们可总结出"全程教育"具有下列三个特征。

第一，党政领导切实落实教育的战略地位，发动社会广泛参与教育事业，建立符合教育社会化要求的管理体制和运行机制，建立由社区教育委员会领导、协调与监督的管理体制。

第二，全面重视从幼儿到老年的终身教育，形成幼、小、中、职、成、高及老年的，纵向衔接的全程教育系统。

第三，适应现代经济与科技发展的需要，在对全体公民进行最基本的科学文化教育的基础上，对各行业人员进行培训。

（2）多元社区学院模式

美国的纽约、芝加哥之类的大城市都设有若干所社区学院，这些社区学院联合组成一所城市大学。城市大学总部设于其中一所社区学院内，承担着为社区学院培养行政领导人和教师的任务，同时它通过相对集中的社区教育资源为社区教育项目的组织、实施创造有利条件。我国发达地区完全可以借鉴美国社区学院的做法和经验，建立社区教育学院，从而带动周边地区。目前，我国一些发达地区如北京、上海就采用了这样一种社区教育模式并取得了一定的成绩，如上海浦东新区的社区学院、上海市浦东新区的浦兴社区中心、北京市朝阳区的社区学院等。该模式具有政府统筹、社会参与、资源共享、功能多样的特点。这种模式把学历教育与非学历教育、职业教育资格证书教育、休闲文化教育、各界委托项目教育与居民自治教育融为一体，经街道办事处、民政局或者区域内单位委托，通过专业开发、课程开发、项目开发等多种手段组织教育教学活动。但是，该模式先期的投入资金比较大。

2. 选择此模式的实现条件

（1）经济发展水平高，产业状况良好，产业结构合理，居民的收入比较高，消费结构偏向于教育投入，教育投资占家庭消费的大部分，政府全力投资支持社区教育发展。

（2）社会发展水平高，知识更新速度比较快；为了更好地适应新形势，社区内居民有再学习的要求；流动人口很容易被同化，加入到社区教育大军中。

（3）文化发展水平高。发达地区由于社区建设比较早，社区教育的基础就比较好，能更好地借鉴发达国家的社区教育模式，居民把社区学习当成了一种休闲方式。

（二）较发达地区社区教育模式选择及其实现条件

1. 社区教育模式选择

（1）街道中心模式

较发达地区的社区建设往往也是比较成熟的，街道社区委员会往往能在社区中发挥积极的作用。街道中心模式是指在社区教育实施过程中，政府的派出机构——街道办事处在社区教育中的主导地位。在这种模式下建立的以街道为中心的社区教育管理委员会，可以行使部分政府职能。街道中心模式能保证党对社区教育的领导，有利于把握社区教育的方向，应是我国较发达地区推行社区教育的主要方式。街道办事处作为政府派出机构，以自己的力量参与办学；街道辖区内的社会力量在街道办事处的组织和协调下，主要以捐资和赞助等形式参与办学。行政力量的介入应是有限的，随着社区教育的逐步成熟，政府介入方式应更多的是强化政策法规制度和宏观控制且政府应不断弱化行为层次的直接操作。

（2）学校—社区互动型模式

学校—社区互动模式是指：社区支持和参与学校教育，把学校教育纳入社区发展的大系统中，为学校教育的发展创造有利条件；同时，学校教育也要适应社区发展的需要，为社区文化、经济建设服务。家长学校是该社区教育模式的主要办学形式。学校—社区互动的过程就是社区内各种其他机构和教育机构联系在一起，发挥整体作用的过程。我国基础教育正面临着由应试教育向素质教育的转轨。学校推动素质教育离不开社区和家庭，社会环境条件直接影响学校的素质教育的质量。所以，只有通过社区内的学校与社区双向互动互促，才能形成学校、家庭、社会的教育合力。从这个意义上讲，学校—社区教育互动具有强烈的现实性。在具体实施双向参与模式的过程中，学校可以向社区居民开放学校的设施、场地；学校可以成为社区的文化中心，举办各类文化活动，提高社区的文化水准；学校可以传播知识和科学技术，提高社区居民的素质。另外，社区参与学校教育，可以参与育人，优化教育环境，通过开放社区的各种公共文化设施为学生提供丰富的校外活动场所；社区还可以参与办学，推动教育社会化，直接参与学校的管理、评价工作，开办各类成人教育学校。湖北省武汉市蔡甸区所推行的社区教育基本上属于这种类型，全区几乎所有的中小学都办起了家长学校，一年级新生家长与新生同时入学，新生入小学，家长入家长学校，家长主要接受家庭教育方面的知识。这样就优化了学生的家庭学习环境，提高了学生的校外学习、生活质量。此成功经验受到了教育部关工委和联合国教科文组织中国全国委员会的高度评价。

2. 选择此模式实现条件

（1）经济发展水平较高；在政府财力、人力投入有限的情况下，社区教育可以尽可能地争取社会力量的支持。

（2）较发达地区学校数量比较多，教育硬件设施比较好，教育资源比较丰富。

（3）人口总量较大且人口分布集中的是中心城区。

（三）欠发达及落后地区社区教育模式选择及其实现条件

1. 社区教育模式选择

（1）企业厂区型模式

企业厂区型模式是在一定的大型企业内或以厂区为中心的社区内，由企业组织协调厂区内其他社会实体，参与社区教育活动，以振兴社区经济和教育，提高全员素质，实现教育社会一体化的一种组织结构及活动方式。该模式适用于我国欠发达地区，如吉林省长春市的一汽集团厂区。该社区人口高度密集，职工居住集中、活动集中、子女就学集中和学校毕业生就业流向集中。采用该模式组建的社区教育委员会，由企业党、政主要领导亲自抓。这些企业家深知劳动者素质的提高是企业发展的希望，会想尽办法在抓生产的同时抓教育。企业可以引进大量的科技信息和技术骨干，为社区教育提供难得的智力资源。另外，企业设备齐全、场地充裕，可为社区教育的开展提供实践条件。可见，建立企业厂区型社区教育模式，更能为企业培养高素质的人才，使企业青年工人素质得到大幅度提高。这种社区教育模式的作用是显著的，前途也是光明的，是我国经济欠发达地区应大力推广的一种社区教育模式。

(2) 村落型社区学习模式

该模式主要是以村落级的成人学校、文化站、村委会、农业技术推广站等形式为依托，培训的内容主要是当地农民所需的各类农业技术，在选择培训内容时往往依据本地区的特点，考虑农民的接受程度以及推广的便捷程度，重点围绕适用型新技术进行培训。这种社区教育模式的宗旨就是紧密结合当地的经济发展，传授给农民所需的知识。在经济发展相对落后的地区，往往传统的正规学校教育容易忽视这方面内容，这也是目前教育资源配置方面存在的一个突出问题。因此，这种社区教育模式就显示出自身的价值，其灵活的机制和贴近农民的形式，可以为所在区域的经济发展和文化建设做出重大的贡献。

2. 选择此模式的实现条件

（1）选择此种社区教育模式，自然资源的状况是侧重考虑的因素之一。这些地区往往是一些从事第一产业（尤其以粮食作物种植为主）的地区。这些地区所需的人才就可以由社区教育来提供。

（2）这些区域的平均的生产技术水平往往属于初、中级，学校往往是地区的文化中心。

（3）渐进的发展态势。"三农"问题仍是当前我国着力解决的问题，这使落后地区呈现渐进的发展态势，有利于社区教育的渐进式开展。

总之，社区教育发展的基础和前提之一是地方经济的建设活动，社区教育模式的产生离不开社区发展的不同需求，而发展是有阶段性的且各种模式都有其特殊的需求与条件相关，我们不能超越这些条件。当然，从发展的角度看，发达地区的今天就是欠发达、不发达地区的明天，其社区教育模式的选择肯定会呈现出递进式的态势，欠发达地区采用的模式必然要向发达地区采用的模式过渡。一个地区选择的社区教育模式也不是一成不变的，社区根据发展的新形势可以重新做出选择，相互交叉采用多种社区教育模式。然而，在结合社区条件把社区教育办出特色的基础上，社区必须注意社区教育本身的系统性，并为这种隶属于大教育的教育形式的系统的形成而努力。只有这样，重新选择后的社区教育模式才能发挥出最大优势，得到预想的效果。

三 我国社区教育发展模式的运行机制

社区教育发展模式的运行机制是指社区教育在有规律的运动过程中，影响社区教育发展的各组因素的结构、功能及相互联系。我国社区教育发展模式的运行机制主要包括四个部分，即动力机制、激励机制、控制机制和保障机制。

（一）动力机制

现代的社区教育系统是一个处于外在诸多因素中的开放系统，是整个教育大系统中的一个子系统。社区教育的深入发展是一项系统的、复杂的社会工程。从发展动力学的角度来看，社区教育能否得到更好的发展主要取决于它是否具有完备的动力机制。

1. 社区的需要是社区教育运行的动力源

社区的需要之所以成为社区教育运行的动力源，是其自身的内在属性使然。第一，社区需要与社区满足之间具有不可分割性。任何需要，不管其程度强弱，也不管其满足的可能性有多大，它都有一个要求满足的态势或趋势。"需要—满足"的这种不可分割的特性决定社区需要本身必然要推动社区居民参加社区教育活动，成为社区个体、群体、组织乃至整个社区教育发展的内在动力。第二，社区需要之所以成为社区教育运行发展的动力，是因为社区教育的教育内涵有一种永不满足的特性。社区教育内涵具有的"无限性"和"广泛性"，这不仅是社区教育发展、运行的原因和根据，而且也是社区教育不可抗拒的向前发展的动力源。

2. 社会变迁是社区教育发展的环境动力

社会变迁泛指一切社会现象的变化，又特指社会结构的重大变化，既指社会变化的过程，又指社会变化的结果。[①] 社会变迁主要体现在政治、经济、文化、价值观等因素方面，其中最重要的是政治、经济环境的变化。

（1）我国社区教育发展的政治环境

我国社区教育发展的政治环境主要体现在国内政治环境和国外政治环境两个方面。国外政治环境主要包括：各国政府制定相关的保护和促

---

① 郑杭生：《社会学概论新修》，中国人民大学出版社2001年版，第391页。

进社区教育发展的政策和法律、各国社区教育发展的研究成果和发展趋势。

国内政治环境主要包括：

第一，构建社会主义和谐社会理念的提出。社会主义和谐社会的战略目标的核心内容是要"以人为本"和"教育优先"，同时它也要求强化教育的引导功能，为构建社会主义和谐社会提供良好的社会教育氛围和强有力的道德、文化支撑。社区教育作为社会主义教育领域的重要组成部分，作为构建终身教育体系、形成学习型社会的重要力量，必须符合构建社会主义和谐社会的时代趋势。因此，建设社会主义和谐社会，必须大力发展社区教育。

第二，我国政府对发展社区教育的政策支持。1999年1月13日国务院批转的教育部《面向21世纪教育振兴行动计划》指出："开展社区教育的实验工作，逐步建立和完善终身教育体系，努力提高全民素质。" 2004年12月1日教育部颁布了《关于推进社区教育工作的若干意见》《关于推荐全国社区教育示范区的通知》，在全国建立了28个社区教育实验基地，并通过主要新闻媒体加大对社区教育的宣传。

（2）我国社区教育发展的经济环境

"经济是社会存在的基础，也是教育赖以生存和发展的基础。经济的增长可以为教育提供更好的物质条件，经济结构制约着教育的结构，经济体制改革可以带动教育体制的相应变革，而教育也是经济发展的基础，它为经济发展培养各种各样的人才。"[①] 经济环境的变化对社区教育的发展也有着相当程度的影响。按照马斯洛的需要层次理论，人们只有在基本上满足了生存的需要后，才会出现发展的需要。随着我国经济健康、快速的发展，人们已经不再满足于以前的教育形式。这一变化给社区教育带来了更为广阔的发展空间。同时，经济环境的变化也要求社区教育作出相应的调整。例如，近年来，我国经济结构的调整带来了产业结构、职业结构、就业结构的重大变化，这要求社区教育内容进行相应的调整、更新。

文化背景、意识形态以及各种思想、观念、心理、舆论等都会影响

---

① 刘佛年：《中国教育的未来》，安徽教育出版社1995年版，第47页。

社区教育对象的思想和行为模式，进而影响到社区教育的发展。

3. 社区、高校、社会力量是社区教育发展的主体动力

社区教育的发展离不开社区的主体参与，离不开高校的积极协助，也离不开社会力量的积极参与。社区、高校、社会力量既是社区教育发展的载体，又为社区教育的发展提供持续的动力。

以社区发展为本是现代社区教育本质属性之一，以社区人力开发为本是现代教育本质属性之二。[①] 社区教育主要是面向社区进行的教育活动和过程，社区是社区教育的服务对象，又是社区教育的主体参与者。

高校是社区教育的积极推动者，是社会文化活动的中心，是一个地区文明进步的摇篮。同时，高校对社会的繁荣负有不可推卸的责任。高校为社区教育的发展提供教学场所、教学设备、教育师资等相关资源，可以弥补目前社区教育的经费不足的缺陷。

社会力量是社区教育发展中不可忽视的一股力量。企业积极创建学习型组织，投资办社区教育，捐资、集资创建社区教育基金。社会力量的参与丰富了社区教育的办学主体，使社区教育经费来源多元化。社会力量是社区教育的重要参与者。

4. 先进的科学理念是社区教育发展的思想动力

伟大的实践需要伟大的理论作指导，社区教育的实践也不例外。终身教育理念、科学发展观的提出为社区教育的发展提供了思想动力。

1970 年，保罗·郎格朗在其发表的《终身教育的战略》报告中提出了"终身教育"理念——人从出生到死亡的一生的教育，是个人及社会整个教育的统一整合。随着终身教育理念的提出，终身教育的思想在我国日益受到重视。1993 年，中共中央、国务院颁发的《中国教育改革与发展纲要》在我国首次正式提出"终身教育"的概念。1995 年，全国人大通过的《教育法》第十一条规定："国家适应社会主义市场经济发展和社会进步的需要，推进教育改革，促进各级各类教育协调发展，建立和完善终身教育体系。"社区教育是终身教育的重要组成部分，如果没有社区教育这一领域，终身教育体系就缺了一个"角"。

科学教育发展观是科学发展观在教育上的体现，它主要包括三个基

[①] 叶忠海：《社区教育学基础》，上海大学出版社 2000 年版，第 25 页。

本内涵：一是以人为本；二是全面、协调、可持续发展；三是全面推进教育创新。它是关于教育发展的本质、目的、内涵与要求的总体看法和根本观点。它不仅包括要发展教育的问题，而且包括为什么发展和怎样发展教育的问题。科学发展观还告诉我们，要以人为本，使经济社会发展走向更加理性、更加合理的轨道。科学教育发展观给我国社区教育的发展以强大的思想推动力。

5. 科学技术的发展是社区教育发展的工具动力

科学技术的迅猛发展对社区教育的发展起着不可替代的推动作用，是促进社区教育发展的强有力的动因，它推动着社区教育向更广的领域和更高的层次发展。科学技术的发展推动社区教育的发展主要体现在：

(1) 科技的迅速发展带来的新成果在生产领域的直接、间接应用，催生了新兴产业代替传统产业、新的技术代替旧的技术的局面。这种新局面就必然要求劳动者通过接受再教育来更新技术、更新知识，以增强岗位、职业适应能力。因此，社区教育的内容就应随着科学技术的发展而有所更新。

(2) 伴随着科学技术的进步，出现了计算机多媒体、人工智能技术、数字音像技术、互联网通信技术等，这些现代化的技术为我国社区教育在教学手段上的创新提供了必要的条件。

(二) 社区教育发展模式的整合机制

社区教育发展模式的整合机制是指影响社区教育整合诸因素的功能和相互联系以及社区教育整体整合的作用的机制。社区教育发展模式的整合机制由三个部分组成：整合对象、整合中心、整合过程。

1. 社区教育发展模式的整合对象

社区教育发展模式的整合对象主要由四个部分组成：政府、高校、社会力量、社区。社区教育发展模式的整合主要有两种方法：认同性社区教育发展整合和互补性社区教育发展整合。认同性社区教育发展整合主要是以共同利益——社区居民素质的提高、和谐社区的构建为基础的，当政府、高校、社会力量、社区对该利益产生一致时，它们就会努力去维护这种利益：政府正确引导，高校积极参与，社会力量参与，社区主体发展。互补性社区教育发展整合主要是指建立在特殊利益实现——政府履行服务职能、高校履行服务社会的职能、社会力量创造利润或提高声誉、社区自身得到提高的基础上的一种整合趋势，这些特殊利益驱动四个要素的整合。

2. 社区教育发展模式整合中心

整合中心是指对社区教育发展产生吸附力量，并使之凝聚为社区教育发展整合的事物。我国社区教育发展模式的整合中心是建立终身学习型和谐社会。

3. 社区教育发展模式的整合过程

此过程可以分为两类：一种是自下而上的整合；另一种是自上而下的整合。自下而上的整合过程是一种微观的社区教育发展的整合过程，其特征是：社区居民自身和社区本身发展需要导致了整个社区对社区教育的强烈需求，并影响到社会各界。自上而下的整合过程是一种宏观的整合过程，其特征是认同性、互补性、强制性三种整合方式交织于一起。这一过程主要有三个环节：确立中心——确立社区教育发展的目标、方法、对策；认同沟通——在确立社区教育发展目标的基础上，促使各级政府、学校、社会力量、社区对中心的认同，在认同的过程中各个要素之间还要沟通信息，以便对整合中心取得共识；调整反馈——中心确立以后，各个要素不一定会认同确立的中心，可能会产生社会的力量分化，因此需要调整原认同中心或者是依靠政府强制措施来实现原认同中心。

我国社区教育发展模式整合的主要任务是整合政府、学校、社区的各种资源，推动社区教育发展。

(三) 社区教育发展模式的激励机制

社区教育发展模式的激励机制是指：为引导社会成员发展社区教育，按照设定的标准和程序将社会资源分配给发展模式中的各个要素，转变其行为方式和价值观念，以实现社会成员认同社区教育发展目标的作用机制。激励机制主要由三个要素组成：激励标准、激励手段、激励过程。

1. 激励标准

激励标准是对发展模式中各个要素进行激励的方向和强度所做的规定。激励方向是对激励质的规定，它规定了对社区教育发展的强度进行方式和价值观念的激励。

2. 激励手段

激励手段是激励机制的重要组成要素。激励手段一般可以分为两种类型：一类是功利型，另一类是符号型。功利型是指以实物形式作为激励手段，如对社区教育发展好的社区给予物质的奖励；符号型是指以授予某种具有象征意义的符号的方式给予奖励，或者对发展社区教育的各个要素的行为方式和活动给予认可。

3. 激励过程

激励过程是指激励机制发挥功能的动态运作过程。它由四个环节组成：导向环节、检测环节、分配环节和反馈环节。

导向环节是指根据社区教育发展的设立标准制定一系列社区教育发展的政策、准则、规章、制度、条例等，并利用可能的工具采用一切可能的方式向地方政府、学校、社会力量、社区进行宣传的环节。

检测环节是指社区教育主管部门根据相应的工作标准对地方政府、学校、社会力量、社区所进行的社区教育活动进行评判与鉴定的环节。检测主要包括制度检测和舆论检测。制度检测是指根据政府制定的一系列标准对社区教育发展状况所进行的检测；舆论检测主要是指根据社会舆论反映出的社会相关各个要素参与、发展社区教育的情况所进行的评判。

分配环节是指根据各个相关要素参与社区教育的状况，对社区教育发展作出贡献的学校、社会力量、社区进行资源分配的环节。分配过程中要注重奖励结果与检测结果的一致性。

反馈环节是指社区教育激励机制的输出结果对社区教育的发展产生影响的环节。

社区教育发展模式的激励机制对社区教育发展模式各个要素有着重大的推动作用；构建有特色的社区教育发展模式，必须建立起良好的激励机制。

（四）社区教育发展模式的控制机制

社区教育发展模式的控制机制是指政府、各社会组织运用社会规范以及与之相应的手段和方式，对各级政府、高校、社会力量、社区的社区教育发展价值观进行指导和约束，对社区教育发展的各个要素进行调节和制约的机制。社区教育发展模式的控制机制包括三个部分：控制手段、控制对象和控制过程。

1. 控制手段

控制手段主要包括制定社区教育的发展政策、社区教育的法规、社区教育的评估和督导机制。政府通过制定相关的社区教育发展政策，明确社区教育的发展方向，确定社区教育发展的对策和社区教育的发展重点；社区教育的立法为社区教育的发展提供法律保障，使社区教育的发展上升成为法律的要求；同时，政府建立起社区教育的督导、评估机制，充分发挥督导和评估的导向功能、分等鉴定功能、督促激励功能、问题诊断和目标调节功能，以保证社区教育的办学方向，保证教育培训质量。正确评估社区教育的发展水平，就必须要做到全员、全程、全面、多样化的程度。

2. 控制对象

控制对象主要包括地方政府、社区行政机关、社会力量、高校。促使地方政府重视社区教育的发展，并把社区教育的发展作为考核领导政绩的一个重要标准，发挥社区行政机关的主体发展的作用，通过出台一系列的政策引导社会力量参与到社区教育的发展中去，加强高校与社区的互动，发挥高校的资源优势。

3. 控制过程

控制过程是指控制机制发挥功能的动态运作过程，主要包括决策环节、监控环节、反馈环节。决策环节指政府制定具体规定的过程；监控环节指对社区教育发展模式的各个要素进行监控的过程；反馈环节指收集各个要素的监控结果对社区教育产生的影响的环节。

社区教育发展模式的监控机制主要体现在：制定社区教育的发展政策；制定社区教育的规章制度，对社区教育发展状况进行督导，引导社区教育发展模式各个要素的发展方向；对社区教育发展模式中各个要素违背监控机制的行为作出相应的惩罚。

(五) 社区教育发展模式的保障机制

社区教育发展模式的保障机制包括社区教育发展模式保障机制的结构、功能及其作用原理与作用过程。

社区教育发展模式保障机制的对象主要是社区教育，其目的是促使社区教育发展模式的各个要素为社区教育发展提供相关资源。社区教育发展模式的保障机制主要有两种：一是社区教育的立法机制；二是社区教育的经费投入机制。社区教育的经费投入机制是建设社区教育的重要保障，社区教育经费的来源主要依靠政府的财政拨款、社会力量的捐助等。

　　社区教育发展模式的动力机制主要为社区教育发展提供适度的动力。整合机制的主要功能是协调政府、高校、其他社会力量、社区的利益，以建成多位一体的发展模式。激励机制主要促使政府、高校、其他社会力量、社区的价值观念和行为方式与发展社区教育的目的相一致，激发它们的活力。控制机制主要维系社区教育发展良好秩序，控制社区教育发展的方向和速度。保障机制主要是为社区教育的发展提供经费和法律保障，以维护其健康运行。

　　这些机制在结构上是协调的，在功能上是耦合的、互相补充的，其协调中心就是社区教育的发展目的。

第十章

社区教育工作者队伍建设和管理

社区教育工作者是社区教育的主力军，是办好社区教育的关键力量。研究社区教育，离不开对社区教育工作者的研究。本章就社区教育工作者应具备的主要素质类型、专业化程度进行论述，就其发展现状作出评析，并在此基础上，对社区教育工作者素质和专业化程度提出相应的对策与措施。

第一节 社区教育工作者素质的现状及主要素质类型

进入21世纪，新形势对中国社区教育工作者的总体素质提出了新的要求，即构成素质诸要素应整体、和谐发展。具体而言，即构成素质的"德——品德、识——见识、才——能力、学——知识、体——体质"五大要素应和谐发展。其中，应把"德"的要素放在第一位。每一位社区教育工作者都应有强烈的爱国主义精神、中华民族的自尊心和自豪感、建设文明社区的历史使命感和高度责任感。同时，每一位社区教育工作者应把"创新能力"的发展作为重点，力求使自己具备社区工作的创造才能。但是，从目前的调查情况来看，社区教育工作的素质状况还不尽如人意。

一 当前社区教育工作者的素质现状

当前专门针对社区教育工作者素质现状的调查研究还较为少见，但社区工作者的素质问题已经引起了社会较为广泛的重视。一些城市组织了较大规模的调研活动，其研究成果在一定程度上反映了当前社区工作者的整体素质状况，其中有代表性的研究如《构建 21 世纪社区工作者素质教育工程——对"无锡市社区工作者素质"的调研报告》、《上海市基层城市社区工作者素质和培训研究总报告》等。社区教育工作者由于在社区建设中主要负责社区教育工作，是社区工作者的一个重要组成部分，因此社区教育工作者同时也具有社区工作者的一些基本特点。从这个意义上讲，社区工作者的素质现状在一定程度上可以反映出社区教育工作者的整体素质水平。

1997 年 3—7 月，上海市社区教育研究中心协同无锡市政府研究室对无锡市三城区（北塘区、崇安区、南长区）和校区的街道、居委会干部的素质以问卷形式进行了抽样调查。研究人员共发放问卷 2000 份，抽样率 59%，回收 1960 份，有效率为 97.6%。在问卷调查的基础上，他们召开了三次街道、居委会干部座谈会和一次居民代表座谈会。从这次调研结果来看，无锡市街道、居委会干部的整体素质还是令人满意的，他们在政治思想素质、职业态度、实践工作能力、个性心理品质及学习进取等方面素质过硬，但在知识结构、工作研究能力等方面尚有不足。结合无锡市对社区工作者素质的调查，汇总分析其他地区社区工作者的素质情况，我们可以对他们作如下基本描述：具有良好的政治素质、端正的职业态度、较强的社区工作能力、卓越的个性心理素质和强烈的学习需求。①

2000 年 7—12 月，上海市民政局研究室委托华东师范大学中国城市社区建设研究中心开展"上海市城市社区工作者素质和培训研究"。此次研究共收回了 14 个区（县）的街道（镇）民政科及其所属事业专职人员的基本情况表，受调查人数为 1347 人，收回了 14 个区（县）的街道（镇）居委会专职干部基本情况统计表，受调查人数为 4923 人。两者共计 6297 人。他们还选取了上海市 8 个有代表性的街道社区，共发放调查问卷 1234 份，回收 1175 份，回收率为 95%。此外，他们还在 7 个街道召开了 20 次座谈会。调查结果显示：社区工作者的政治思想素质较高，绝大多数人的职业态度积极乐观；具有很强的吃苦奉献精神；智力素质方面，他们对业务知识把握比较好，但仍待提高；计算机和外语能力明

---

① 桑宁霞主编：《社区教育概论》，中国社会科学出版社 2002 年版，第 248 页。

显薄弱，亟待加强；其他相关文化知识的掌握一般，尤其是对本社区具体的历史、地理、文化知识需要进一步补充；社区管理的实务能力、群众工作能力和心理调节能力明显较强，而创新能力相对不足。[①] 社区教育工作者的素质现状同社区工作者的整体素质水平相类似。有的学者曾以社区教育工作者为研究对象，对上海市某街道30名居委会文教干部的基本素质状况展开了调查，调查主要显示出以下一些问题。[②]

1. 年龄结构老化

受访对象的平均年龄为49.8岁，社区教育工作者队伍中没有30岁以下的人员，处于30—40岁的仅有两人。从队伍的成分来看，退休人员有16名，占总数的一半以上；5名为下岗失业人员。背景为专职社工的只有6名，占总人数的20%，而高达70%的工作者为退休、失业人员。从调查结果来看，社区教育工作在一定意义上成为退休人员"发挥余热"、失业人员实现"再就业"的途径。这正是当前社区教育工作者专业化程度不高的重要表现。由于缺乏对社区教育工作的正确认识，当前在社区教育实践中存在仍按居委会模式来推进社区教育工作的情况，社区教育工作者被等同于"居委会大妈"，这也是造成社区教育队伍年龄老化、结构不合理的重要原因之一。

2. 学历层次偏低

30名居委会文教干部中具有大学学历的有两名、大专学历的5名、高中学历的有9名、中专学历的有8名、初中学历的有6名。由此可见，社区教育工作者的学历水平较之居委会有了一定的提高，一些高学历的人员逐渐加入到社区教育的队伍中来。调查对象中具有大学及大专学历的占23%；具有高中和中专学历的占据大多数，约为57%；仍有20%初中水平的社区教育工作者。但是，在调查中也发现一个可喜的现象：受访者中有相当部分的工作者具有了终身学习的意识，并在工作实践中重新走入学校、走进课堂。他们通过全脱、委培、进修等多种形式进行学习深造，积极提升个人的学历水平。

[①] 叶忠海：《创建学习型城市的理论和实践》，三联书店2005年版，第292—293页。
[②] 刘雪莲：《关于社区教育工作者专业化问题的研究》，《华东师范大学学报》2007年第1期。

3. 专业知识不足

首先，从学科背景来看，被访者的所学专业鲜有与社区工作相关的，只有一名工作者是"工民建"专业的，属于社会工作的学科范畴，另有两名为行政管理专业的，与社区工作尚具有一定的相关度。但是，大多数工作者的专业背景为有机合成、经贸、财会、纺织等，与社区教育专业没有直接关联。

其次，调查结果表明当前社区教育工作者的来源极其复杂，几乎涵盖了各行各业的工作人员。对他们从事社区教育工作之前工作经历的调查显示：被访者的人生经历和工作经历都较为丰富，其中8名有参军或插队的经历，8名工作者先前从事宣传组织工作或在单位担任团支书。这些工作经验有助于他们形成良好的人际沟通能力，对社区教育活动的开展具有一定的积极意义。调查对象中还不乏一些事业较为成功的人士，他们中有的曾经是工程师、总经理，有的担任过班主任、校长等职务。他们在从事社区教育活动时表现为具有一定的管理经验，工作能力较强。被访者中只有4人曾参与过与教育相关的职业，如教师、讲师、校长和幼儿园园长。总之，从学科背景和工作经历来看，社区教育从业人员大多不具备从事社区教育工作的专业知识和技能，需要进行系统性学习、培训。

此外，调查还反映出了其他一些问题，例如，社区教育工作者男、女比例失调，30名工作者只有4名为男性；工作者平均工作年限为5年半，不同从业时间的工作者对社区教育的认识有所不同；社区教育工作者创新意识和创新能力薄弱；社区教育工作者劳动负荷过重，身体素质欠佳；工作者现代信息技术素质有待提高等。

在新的时代背景下，社区教育工作者被赋予新的历史使命。他们既要具有社区工作者的基本素质，又要具备教育者的专业素养，这样才能够承担起社区教育的职责。社会发展呼唤具有复合型知识机构、创新型职业品质、开放型工作能力和坚强型心理素质的专业化的社区教育工作者。

二 社区教育工作者主要素质类型

本书认为：反映时代特色、中国特色、社区工作特点的社区教育工作者的主要素质类型是开拓创新素质类型、复合型素质类型、外向型素质类型等。

（一）开拓创新型素质类型

社区教育工作者具备开拓创新型素质，是建设国家创新体系、提高全民族创新素质所需要的，也是 21 世纪中国社区教育工作创新所必需的。该素质的内涵及具体表现为：(1) 社区教育工作的创新意识，包括社区教育工作的创新意向、兴趣和积极性，正确的创新动机等；(2) 社区教育工作的创新才能，包括社区教育工作的创造性思维能力和创造性实践能力；(3) 社区教育工作的创造个性，指在社区教育工作中成功的、积极的心理品格，它主要包括事业心、进取心、自信心、勇敢心理、坚韧心理、独立自主心理等。

（二）复合型素质类型

社区教育工作者具备复合型素质，是社会主义市场经济本质属性——竞争性和效益性所规定的，也是社区教育综合性特点所要求的。这里所说的综合性特点，一是指社区教育工作涉及社区生活的方方面面，二是指居民反映出并需要解决的问题是多种多样的，三是指社区发展中的矛盾也是多方面的。在市场经济大背景下，社区教育工作种种综合性特点必然要求社区教育工作者必须具备复合型素质。

社区教育工作者的复合型素质，是指能掌握两种及两种以上社区教育工作的知识和技能；能在社区教育领域内多方位工作，并担任多种角色，或者能从事与社区工作专业相关的邻近专业和边缘专业工作。可见，复合型社区教育工作者应具有基础较厚、功底较扎实、综合能力较强、适应性较强、一专多能等特点。

（三）外向型素质类型

社区教育工作者具备的外向型素质是我国社区教育全方位、多层次、宽领域积极推进所需要的，也是社区教育工作特点——群众性、社会性——所规定的。这里说的群众性、社会性，一是指社区教育工作面向全体社区居民，其实质是群众工作，包括宣传发动群众、组织群众、协调群众关系、服务群众等；二是指社区教育工作涉及社区建设以及社区居民生活的方方面面。在我国积极推进改革开放的时代大背景下，社区教育工作的群众性、社会性的特点必然要求社区教育工作者具备外向型素质。

外向型素质具有丰富的内涵。本书认为：它至少应包含开放素质和群众工作素质。前者指开放的观念、开放的知识和能力、开放的心理品格等，后者指强烈的群众观念、出色的群众工作才能、突出的群众工作的心理品格。北京、上海、广州、珠海、深圳、厦门、杭州、青岛、大连等要建设"国际性城市"的城市社区教育工作者，其外向型素质还应有更深一步的内容，即应具备国际化素质，其具体体现为：（1）具有"三个面向"的意识和国际化视野；（2）熟悉和掌握国际交往的礼仪知识；（3）了解和懂得社区教育工作的国际化知识；（4）具备初步的以外国语为基础的跨文化沟通能力；（5）具备上网操作技能；（6）具有较好文化素养，特别要熟悉"乡土文化"，对与本社区合作交流有关的国家地区的政治、历史、文化知识要有较多的了解。

第二节 社区教育工作者的专业化

一 "专业""专业标准"及"专业化"

（一）专业

"专业"是专业化理论的核心概念。从辞源意义上来看，"专业"最早是从拉丁语"profession"衍化而来的，原始的意思是公开表达自己的观点和信仰，与之相对应的是"行业"（trade），这个词包含着中世纪手工行会所保留的一些神秘色彩。

1933年，社会学卡尔·桑德斯和威尔逊在他们的经典研究《专业》一书中首次为"专业"下定义。他们认为："所谓专业，是指一群人在从事一种需要专门技术的职业，是一种需要特殊智力来培养和完成的职业，其目的在于提供专门性的服务。"之后，许多社会学家都尝试着为专业下定义。然而，正如社会学者莫里斯·科根所说的："有多少个研究专业这个课题的学者，便有多少个专业的定义。"[①]

我国《现代汉语词典》中关于"专业"的解释是："①高等学校的

[①] 转引自连莲《关于中西方教师专业化理论与实践的初步研究》，《福建师范大学学报》2002年第1期。

一个系或中等专业学校里,根据科学分工或生产部门的分工把学业分成的门类。②产业部门中根据产品生产的不同过程而分成的各业务部分。③专门从事某种工作或者职业的。"①

石村善助则认为:所谓"专业",是指通过特殊的教育或训练掌握特殊已经被证实的认识,从而按照来自非特定的大多数公民自发表达出来的每个委托者的具体要求,从事具体的服务工作,用以全社会利益效力的职业。

凯尔·桑德斯认为:专业是指一群人在从事一种需要专门技术的职业,注重职业需要特殊的智力来培养和完成,其目的在于提供专门性的社会服务。②

我们可以根据在不同科学领域的应用,将关于"专业"的种种定义概括为学科性的专业和职业意义上的专业两种。

学科性专业是指在高等教育领域根据社会分工和学科分类进行高深知识教学的基本单位,与学科有密切关系。在我国,学科性专业的内容更为丰富,它一般对应高校中的基本教育单元或者教育基本组织形式。

社会学中的"专业"概念与职业有密切关系,可以称为"职业性专业",是指由高深智能专长人群所从事的,依托独立行业组织和伦理规范、执业行为受国家特定法律保护的专门性职业。③

本书中的"专业"是个社会意义上的概念,主要是指一群人经过专门教育或训练,具有较高深和独特的专门知识与技术,按照一定专业标准进行专门化的活动,能解决相关问题,促进社会进步并获得相应报酬待遇和社会地位的专门职业。

(二) 专业标准

在传统的专业化理论中,判断某一职业是否专业的主要依据就是看它是否符合一定的专业标准。关于专业标准,国内外学者作出了不同的解读和探讨。其中较有代表性的是柯林伍德在1962年提出的专业的五项

---

① 《现代汉语词典》(2002年增补本),商务印书馆2003年版,第1650页。
② 时伟、吴立保、殷世东:《高校与社区关系论》,安徽师范大学出版社2005年版,第206页。
③ 周倩:《高等教育学与社会学视角下专业与专业化探析》,《江苏高教》2006年第3期。

标准：系统理论、专业权威、社会认可、伦理守则和专业文化。

综合学术界关于专业化的标准的不同表述，专业化最重要的标准可以归纳为三条：一是专业理论，因为它是某个学术领域能否独立形成一门科学的基本条件，也是该领域实务活动的科学基础；二是专业教育，即专业人才培养，它为该专业提供人才支撑；三是专业权威，即专业的学术代表（个体和群体）。衡量某一专业（职业）是否专业化及其程度如何，应首先要以这三项标准为依据。

（三）专业化

1. 专业化的含义

专业化指的是一个职业争取成为专业而持续不断努力的过程。根据霍伊尔的观点，专业化包括两个方面的过程，即作为改善地位的专业化与作为发展、扩大专业实践中专业知识和改善其专业技巧的专业化。专业化一方面关注从业人员职业行为和服务质量的改进；另一方面关注整个职业社会地位的提升。

根据专业化程度的不同，可以将某一职业定义为"半专业化""准专业化"或"形成中的专业"。有的学者甚至对此提出了更为详细的划分方式，包括次级专长职业、准职业、形成中的职业、出现的专业、成熟的专业等。[①]

社会学家认为：专业是社会分工的产物，而且随着社会的发展，越来越多的职业将面临专业化的问题。由于受社会转型的深刻影响，社区教育被赋予了全新的意义，担负起提升居民素质、营造和谐氛围的重任，因此社区教育工作者专业化的问题也被提上日程。我们可以认为：社区教育工作者的专业化应被视为经社区教育工作者共同努力、使社区教育发展出与其他工作领域不同的特征的一种过程。

2. 专业化与职业化的关系

职业化就是某一职业从其他社会领域中分离出来，独立成为一门有别于其他劳动，具有自身特色的职业的过程。专业化指的是一个职业争取成为专业而持续不断努力的过程。专业化与职业化的问题常常被放在

[①] 赵康：《专业化运动理论——人类社会中专业性职业发展历程的理论假设》，《社会学研究》2001年第5期。

一起进行讨论，因为追求专业化与职业化的过程往往是辩证统一的。但是，专业与职业又是完全不同的两个概念，两者之间是既相互关联又有所差别的关系。

现代社会由于社会分工的细化，产生了越来越多的职业；形成统一的职业规范、有固定的从业人员、拥有一定的社会地位是构成职业的基本条件。随着社会转型的加速，各种职业的结构与性质都在不断地发生变化，许多职业进入了一个"专业"的形态。但是，并不是所有的职业都会成为专业，或者说不是所有的职业都要以专业化作为追求的目标。只有那些具有不可替代性、形成了专业属性的职业才有可能成为专业。

职业化是专业化的前提条件。衡量一个专业的最低标准就是一门专业首先应该已经成为一种职业，而且这种职业需要相应的训练、技能和被社会认可。当然，也很少有一个职业在完全具备所有条件后被认可为专业的。所以，静态地讨论一个职业群体是不是一个专业是不科学的，应从专业变迁与发展的角度来研究一个专业的成长历程。而"某一职业能够成为专业的关键在于，是不是个人或群体在具体的工作过程中通过情景感悟、问题磨砺与经验积累而逐渐生成的。不同职业由于其工作对象与场景的差异，会产生工作上的独特性，其职业的专业走向也会表现出内在的独特性"。[①]

当前关于社区教育工作者的专业化与职业化问题也受到一些专家学者的重视。职业化的社区教育工作者与专业化的社区教育工作者并不相同。职业的社区教育工作者可以包括专业社区教育工作者，但不是所有的社区教育工作者都是专业的社区教育工作者。社区教育工作首先应当被视为一种职业，继而它才有可能朝着专业化的方向发展。尽管当前关于社区教育工作者在政策文本上的界定还包括专职社区教育工作者、兼职社区教育工作者和志愿者队伍，且兼职工作者与志愿者队伍在社区教育中发挥着重要作用，但由于专职社区教育工作者在社区教育中起到主导作用，其素质水平、专业化程度直接影响到社区教育的发展水平，所以本书主要论述的是专职社区教育工作者。我们应当在职业化的条件下考察社区教育工作者的专业化发展。对于广大的兼职社区教育者和志愿

---

① 时伟等：《高校与社区关系论》，安徽师范大学出版社2005年版，第206页。

者队伍，我们需要对他们进行一定的专业指导和组织培训，但目前并不需要以"专业化"来要求他们。

二 社区教育工作者的专业化的必要性

社会转型要求社区承担起由政府、单位、家庭剥离出来的诸多社会功能，因此社区工作者的专业化势在必行。同时，社会转型也带来了教育的转型，传统的学校教育受到挑战，社区教育被提上日程。社区教育工作者作为社区教育的主力军，其专业素质直接关系到社区教育的发展水平。因此，如何提高社区教育工作者素质、促进其专业化发展成为一个重要课题。

（一）社会发展对社区教育工作者的素质提出了要求

在社区教育实践领域，社区教育工作者的重要性得到了普遍的认可，社区教育者的专业化以及社区教育工作者队伍建设问题受到高度的重视。全国各地在社区建设过程中都对社区教育工作者的专业化建设进行了尝试与探索。与此同时，政府出台的一系列关于社区教育的政策性文件中也将社区教育工作者的专业化问题提到一个相当高的位置。可以说，在实践层面上，社区教育工作者的专业化已经具备一定的实践基础与政策支持。

社会转型与教育转型对社区教育工作者提出了更高的要求，社区教育工作者需要承担起社区工作者与教育者的双重身份，要具有一定的专业知识、专业技能和专业价值观。但是，目前社区教育工作者的素质却不尽如人意，他们成为制约社区教育发展的瓶颈。由于社区发展需要与社区教育工作者的素质现状之间有较大的差距，提高社区教育工作者的素质，促进其队伍向专业化发展已经成为社区教育发展的必然要求。

（二）社区教育工作者具有自我专业发展的要求

目前，我们了解到大多数社区教育工作者已经形成了对社区教育的专业认同，并在实践中逐渐形成了自我反思的意识和能力。同时，针对工作中出现的种种困难和问题，广大社区教育工作者表现出强烈的参加学习培训的需求和意愿。

1. 自我反思意识

反思意识与反思能力的培养是形成一个专业的重要条件之一。当前的社区教育工作者在实践摸索中逐渐形成了一定的反思意识与反思能力，这包括对自我角色定位、自我专业发展、自我价值实现、社区教育的宗旨、社区教育工作的方式方法等问题的反思和探索。

许多社区教育教育工作者在进入社区教育领域工作时都存在着一个"角色转型"期。当前由于缺少必要的职前培训，从各行各业进入社区教育领域的工作者主要依靠自己在实践中慢慢摸索、实验来度过这个"艰难时刻"。现行的政策鼓励中小学教师进入社区从事社区教育工作，但从学校教育领域走出来的教师，在直接进入社区教育领域时又存在着诸多不适应。在调查中我们了解到，刚参加社区教育的中小学教师会对社区教育的方式、内涵、价值等存在着一定的怀疑，会强调社区教育工作进展的艰难，却很少有人从自身角度来思索问题产生的原因，例如，自己需要系统的学习和培训，需要掌握社区教育的理论，提高实际工作能力以适应社区教育的要求。尽管学校教育和社区教育都属于"教育"领域，但两者存在着本质上的不同，中小学教师没有经过系统的学习、培训，很难马上适应社区教育的特点，在实际工作中会遇到种种困难。学校教育具有一定的"保守性""制度性"，而这与社区教育开放、灵活的办学方式是恰恰相反的。学校领域中的教育对象是单一的且学校有着完善的规章制度、管理方式，但社区教育的对象是极为复杂的，教育内容、课程设置等都需要积极适应居民的实际需求。学校教育与社区教育的不同是被访者普遍强调的内容，这也是他们进行自我反思、实现角色转换的重要表现。

一些社区教育工作者还在工作实践中对当前社区教育发展遇到的阻碍因素进行反思。例如，当前社区教育工作者的责权不明，社区教育"专干"成为"杂干"，"上头千根线，下面一根针"成为广大社区教育工作者普遍反映的问题；社区教育工作存在"三超"，即工作范围过大、工作时间过长、工作内容超额，有的社区教育工作者甚至发出"8小时以外，我可以说不吗"的疑惑；社区教育工作者待遇偏低，缺少保障机制，社会认同度低。这些问题都严重影响了社区教育工作者队伍的稳定性，阻碍了社区教育工作者的专业化发展。

被访者对于如何开展好社区教育工作也展开了思考和探索。他们普遍强调沟通能力的重要性。有些被访者指出：社区教育工作事务繁杂，需要面对形形色色的居民,满足居民的各种需求,因而,工作者的沟通能力尤为重要。社区教育工作中最重要的就是如何与人打交道、如何在工作中与居民沟通感情,因此,有些性格内向的工作者通过社区教育工作,性格发生了转变。通过访谈,我们还发现,大多数社区教育工作者都具有了"以人为本,为民服务"的意识。有工作者强调:"人是社区教育工作的灵魂,工作要细致、细心,贯彻以人为本的精神。""自我实现"是一些较为成熟的社区教育工作者的追求目标,他们认为:"社区工作每年活动都要有创新,这样也是对自己能力的一个很大的挑战,促使自己不断思索,实现并提升自我价值,极大地锻炼了自己的能力。同时,我在做一件很开心的事情,主要是把科学、积极的生活理念传播给群众。看到做出的成效会觉得一切努力都是值得的。"关于应变能力的论述也出现在一些社区教育工作者的经验总结中:"在社区工作的开展过程中,应变能力是非常重要的,要善于处理突发事件。做事情时需要周密思考,要努力把好事办好。"在社区教育实践过程中,一些社区教育工作者逐步形成了一套方式方法,思维方式也发生了一定的转变,看问题更远了,看的面也更宽泛了。被访者还普遍表示希望在工作中不断完善自己,并希望得到系统的学习和培训机会。

2. 教育培训需求

目前,许多一线社区教育工作者已经在工作实践中深感提高自身的专业素养、进行专业培训的必要性和紧迫性。

有的学者曾于 2006 年对包括社区教育专职干部、社区学校校长及老师、居委会文教干部等在内社区教育工作者进行了六次访谈,并参与了两次社区教育工作者的座谈会。[①] 通过调查他了解到,目前针对社区工作者的培训还是相当缺乏的,基本上是以用一周左右时间组织参观、考察和召开座谈会的形式进行职前培训,缺乏之后系统性的培训与学习。然而,众多的社区工作者在实践工作中遇到了种种问题和困难,他们有着强烈的培训需求和学习的意愿,希望上级能够组织系统性的、有针对性的培训。

[①] 刘雪莲:《关于社区教育工作者专业化问题的研究》,《华东师范大学学报》2007 年第 1 期。

另外，社区教育工作者的培训需求主要集中在如何提高他们实际工作效率、解决他们实际工作中的困难方面。所以，他们希望进行计算机知识、宣传橱窗设计等方面的培训。但是，他们还未能意识到缺乏系统的、扎实的社区教育理论知识的培训也是影响他们工作开展的重要因素。他们不仅不能认识到社区教育理论知识的重要性，而且还对理论培训方面存在畏惧心理，认为这些理论对自己的实际工作不会起到太大的指导作用。

针对当前系统的教育培训开展较少的局面，部分社区教育工作者自己花钱、挤时间去学习社区教育工作所必需的一些技能和知识。社区教育工作者实现专业发展主要还是依靠"边做边学"的形式，在实践工作中探索、摸索，总结出一些经验和心得。

大多数工作者希望的培训形式是授课讲座结合参观考察，他们希望聘请一些专家学者介绍国外社区工作的开展情况，吸收国外先进的理念和经验，再结合一些实地参观考察。被访者们普遍反映，他们平时工作强度很大，工作之余自己进行充电的时间不多，希望能够有学习和培训机会。

我们通过追踪调查了解到：广大社区教育工作者的学习培训需求已经引起街道领导的高度重视。有的街道对社区教育工作者进行每月一次的培训，培训形式主要包括：集中学习、专题辅导报告、小组讨论、大会交流和考察总结等。此外，街道还根据社区教育工作者的实际需要开展具体的培训学习活动，如黑板报培训活动。此活动的主讲者就是一名社区教育工作者，由于在黑板报设计方面有着出色的表现，他被大家推选出来进行讲授。诸如此类的培训活动取得了良好的成效。

总之，社区教育工作者专业化不仅是必要的，而且是可行的。在当前社区教育的实践领域，关于社区教育工作者专业化的探索成果层出不穷，这让我们看到了实现社区教育工作者专业化的希望。

三 社区教育工作者的专业化的具体体现

（一）树立社区教育工作者特有的价值观和理想

这种价值观是指社区教育工作者在建设发展社区和提高市民素质和生活质量中贡献力量，在做出贡献中实现自身的社会价值。社区教育工作者近期目标是建设"清洁、安全、方便、舒适"的文明社区，长远目标是建设学习型社区。

（二）形成社区教育工作者的职业品质和个性心理品格

这种职业品质主要体现为：（1）具有很强的社区意识和社区归属感；（2）热爱社区工作，具有"俯首甘为孺子牛"的奉献精神；（3）具有不畏艰难的吃苦精神；（4）具有热心、耐心、细心、严谨的工作作风。其个性心理品格主要是指面对工作的繁杂和困难、待遇微薄、群众又往往不解的情况，要有较强的心理承受能力和自我心理调节能力。正如有的社区教育工作者所说："我们要有装卸工的体力、大学生的文化、宰相的度量。"

（三）构筑社区教育工作专业的知识和能力体系

就其知识结构而言，应构筑蛛网式三层次知识结构。该结构的内核层由社区教育工作专业知识、社区教育工作政策法规知识等组成，中间层由社区教育工作的相关知识——社区理论、应用社会学、社会心理学、公共关系知识等组成，外围层除达到高中文化程度的基本要求外，还应有本社区历史、地理、文化等本土知识，以及简单的外语日常生活会话知识、国际交往的礼仪知识等。究其基本工作能力而言，主要有：（1）较强的群众工作能力，包括宣传发动群众能力、组织群众能力、协调群众能力等；（2）较强的民事纠纷调节能力；（3）较强的公关能力；（4）较强的社会调查能力；（5）基本的语言文字表达能力，包括书面和口头表达能力等。

（四）组建社区教育工作者专门的职业团体及其网络

这种职业团体可以是多样的，如社区教育工作者协会、社区教育工作研究会、社区教育工作者联谊会等；还可以在此基础上，组建组织网络和信息网络，在当今世界全球信息网络的大背景下尤应如此。

（五）持证上岗

社区教育工作者应持有上岗的"资格证书"或具有代表接受过系统训练的"专业文凭""学业证书"，应逐步达到如医师、律师、建筑师一样，必须取得执照方能上岗执业的水平。

第三节　提高社区教育工作者素质和专业化程度策略

一　影响社区教育工作者专业化的因素分析

提高社区教育工作者的素质水平、促进社区教育工作者的专业发展俨然已经成为当前国际社区教育发展的主要趋势之一。大量社区教育的成功经验表明，加强社区教育工作者的教育培训是提高其素质水平、促进其专业化发展的第一要务。与此同时，社区教育工作者的专业发展还需要配套的制度保障和政策支持。岗位证书制度、合理的薪酬制度、科学的管理制度的确立，社区教育法律法规的建立，社会舆论的宣传支持等都会对社区教育工作者专业发展产生深远的影响。

那么，当前影响社区教育工作者专业化的主要因素又有哪些呢？事实上，能够对社区教育工作者专业化产生影响的因素有很多，我们可以将之概括为内在因素和外在因素。其中，外在因素包括相关的制度保障、政策支持、法律法规，其中又具体包括资格认证制度、聘用制度、薪酬制度、评价机制、监督机制等；内在因素则包括社区教育工作者的学历水平和知识结构、学习意识和专业化追求、对社区工作的认同度等，这其中又以社区教育工作者的专业发展自主意识和专业发展自主能力为主。

（一）外在因素分析

1. 不利因素

当前社区教育工作者的专业化存在着一些不利的外在因素，主要表现为社区教育工作者缺少相应法律法规的保障，尚未形成资格认证制度、聘用制度、薪酬制度、评价监督制度且舆论宣传不够、社会认同度低。对于广大群众而言，"社区教育工作者"还是个比较陌生的概念。人们普遍缺少对社区教育工作者的工作性质、角色定位的认识，社区教育工作者尚未被视为一种"职业"，甚至连一些社区教育工作者在填写职业信息时都会感到为难。

2. 有利因素

对社区教育工作者专业化发展有利的外在因素主要体现在领导高度重视、相关政策文本的颁布和实践领域的一系列积极探索和实验方面。

当前关于社区教育队伍建设和社区教育工作者的教育培训问题已经

引起各级领导的高度重视，一系列政策文件的颁发充分体现出我国政府各级领导对这一问题的关注。其中，国家层面的政策有《教育部关于推进社区教育工作的若干意见》《关于在部分地区开展社区教育实验工作的通知》《全国社区建设实验区实施方案》《民政部关于在全国推进城市社区建设的意见》，等等。各省（市）也制定了相关的政策，如《北京市社区专职工作者管理意见》《福建省关于组织社区工作者参加岗位培训及开放教育大专学历教育的通知》《南京市人民政府办公厅关于加强城市社区建设工作的意见》《上海市徐汇区人民政府关于印发徐汇区深入推进社区教育发展实施意见的通知》，等等。这些政策文件中针对社区教育工作者的队伍建设、教育培训等方面提出了一些指导意见。在社区教育发展的初期，这种自上而下的政策指导，有利于提高各地对社区教育工作的重视程度，也有利于社区教育工作者社会地位的提高。

（二）内在因素分析

社区教育工作者是社区教育工作者专业化问题的主体。在社区教育工作者的专业化历程中，社区教育工作者的个人素养及其专业化追求发挥了极为重要的作用。影响社区教育工作者专业发展的内在因素也包括有利因素和不利因素两个方面。

1. 不利因素

这里的不利因素主要是指当前社区教育工作者的整体素质水平不能满足社会发展的需要，进而成为制约社区教育发展的瓶颈。例如，社区教育工作者的队伍结构不合理、年龄老化、专业素质不高、学历水平较低、工作能力较差等问题，已经严重影响到我国社区教育工作开展的质量和水平。对于社区教育工作者而言，这些问题在当前都是客观存在的，并且无法在短时间内得到显著的改善和提高。社区教育工作者的素质水平不高正是当前社区教育工作得不到社会普遍认可的重要原因。

2. 有利因素

尽管种种调查显示，当前我国社区教育工作者的素质现状不容乐观，距离专业发展的要求还存在相当大的差距，但我们通过实地调查，发现大多数社区教育工作者都具有实现自身专业发展的优势和潜质。他们有着强烈的学习培训需求，具有了自我专业发展的意识，还在实践工作中逐渐形成了反思能力。虽然当前的社区教育工作者整体素质水平不高，但由于具备了一定的专业自主发展的意识，许多社区教育工作者在工作实践中通过自学或参加各种的培训，努力提高自身素质，逐渐满足了实践工作提出的要求。通过调查我们了解到，一般工作年限超过三年的社区教育工作者都认为自己的思维方式发生了转变。事实上，他们正是在实践中逐渐摸索出"反思"的思维方式，也逐渐具备了反思的能力。同时，大多数社区教育工作者都强调：社区教育工作的重点就是"人"。这说明他们在实践中形成并贯彻了"以人为本"的专业精神。一些社区教育工作者还善于在实践工作中总结出一些经验教训，以便对今后的工作开展提供借鉴指导。

通过以上对影响社区教育工作者专业化的内、外因素的分析，我们可以看到，当前我国社区教育仍然处于起步阶段，但关于社区教育的实践探索却焕发出勃勃生机。社区教育工作者的专业化是时代发展的必然要求，也符合世界社区教育发展的主流趋势。总之，我国社区教育工作者的专业化不仅是必需的，而且是可行的。

二 提高社区教育工作者素质和专业化程度策略

结合以上对社区教育工作者专业化的影响因素的分析，我们从以下三个方面提出提高社区教育工作者素质和专业化程度策略。

（一）加强社区教育工作者的教育培训工作

综观当今国际社会，加强对社区教育工作者的教育培训工作已经成为各国促进社区教育工作者专业化与社区教育发展的重要途径。教育培训一方面可以为社会源源不断地培养出掌握社区教育专业知识、专业能力和专业价值观的社区教育专门人才；另一方面，社区教育工作者在实践工作中表现出来的不足，可以通过教育培训的形式有效地进行弥补。因此，社区教育工作者的教育培训问题已经引起了各国的普遍重视。我们建议从设置社区教育专业和加强社区教育工作者职前、职后培训这两个方面来落实社区教育工作者的教育培训问题，从而切实有效地提高其基本素质和专业素养。

1. 设置学科，培养社区教育专业人才

学科意义上"专业"的确立，将有效地带动职业意义上"专业"的发展。专业学科的设立对于专业人才的教育培养起到极为重要的作用，各个发达国家基本上都通过大学开设专业课程来培养社区教育工作者。当前我国的社区专业教育还十分薄弱，我们建议通过以下几个方面让社区教育确立在学校专业中的地位：

第一，培养师资力量，保证教育品质。社区专业教育的顺利开展离不开优秀的师资力量，社区教育专业教师的质量直接影响着社区教育专业教育的水平，这已经成为社区教育专业的"源头"问题。当前可以采用外派学习的形式强化对专业教师的培养，将立志于发展中国的社区专业教育，具有相关的学科背景并有一定发展潜质的人员选派到社区教育发达的国家或地区进行学习交流。

第二，建立实习基地，提高实务能力。社区教育是一个实务性很强的工作，社区专业教育首先要解决好学科与实务、理论与实践的关系。专业的社区教育工作者不仅要有扎实的理论功底，还必须具备卓越的实践操作能力。因此，在社区教育专业人员的培养方面，一定要注意其实践能力、实务能力的锻炼和提高。鉴于当前的形势，我们建议通过建立实习基地的方式，为社区教育专业的学生提供更多的实习实践机会。社区教育专业的学生可以通过实习基地的实践活动，有效地拓展其实务能力。

第三，引进先进理念，探索本土发展。当前我们需要借鉴其他国家社区专业教育的成功经验，通过引进先进的理念和模式来探索中国社区教育的发展之路。在对专业学生的培养过程中，尤其要强化价值观教育，注重反思力的培养。当前我国社区教育工作者强调"奉献""牺牲"的价值导向，这与社区教育工作以"人本"和"服务"为核心价值相去甚远。专业价值观的培养有利于促进专业人才的形成，但价值观教育必须做到与本国的社会传统、伦理观念紧密结合。反思能力的培养也是值得我们借鉴学习的。在课程设置时应将价值观教育、反思力培养写入教育目标，并在教学实践中加以贯彻、落实，将社区专业教育的先进经验与我国的具体国情相结合。

第四，联系用人单位，解决就业难题。当前社区教育存在着一个矛盾：一方面社区教育领域迫切需要大量的专业人才；另一方面学校培养出来的社区教育专业人才却没有进入社区教育领域的机会。专业人才如何进入社区教育领域不仅需要得到相应的政策支持，还需要依靠学校、社区和社区教育专业人才多方面的共同努力。学校应当同社区教育相关单位保持密切联系，为社区教育专业的学生同社区教育单位建立起联系：将学生推荐给单位，把单位介绍给学生。让学校在社区教育单位与社区教育专业人才之间发挥桥梁和纽带的作用。

2. 开展培训，提高在职人员专业素养

依托高校设置专业来培养社区教育专业人才，为社区教育发展提供人力资源上的保障，这将有力地促进社区教育的专业发展。然而，学校培养出社区教育人才需要一个相对较长的时间，还需具备专业设置的条件和保障。因此，加强对社区教育工作者的职前、职后培训就显得尤为重要。

当前我国社区教育的发展需要大量的专业人才，然而由于缺乏相应的教育培训机制，我国具有一定专业基础的社区教育工作者十分匮乏。众多社区教育工作者从各行各业进入社区教育领域，由于缺乏与社区教育相关的专业背景，他们一般都要经历一个漫长而痛苦的角色转换过程。当前我们亟须建立起针对社区教育工作者的职前培训机制，对即将参加社区教育工作的人员进行社区教育理论、社区教育方法、社区教育价值观等方面的教育培训，以帮助他们较快地适应社区教育工作的性质，顺利地实现角色转化。当然，加强对在职社区教育工作者的培训也同样重要。

针对当前社区教育工作者的培训活动存在的种种问题，我们认为未来关于社区教育工作者的教育培训应更具有针对性、系统性、常规性和实效性。唯有如此，才能避免教育培训工作染上浓厚的行政色彩或成为一个"形象工程"。

（1）针对性

社区教育工作者的教育培训首先要体现出针对性，即要针对社区教育实际工作出现的问题以及社区教育工作者的培训需求开展培训活动。培训工作的针对性还体现在培训的内容和形式都是根据实际工作需要来制定的，有着明确的目标指向。强调教育培训的针对性将催生出符合社区教育工作者特色、适应社区教育工作者需求的培训项目。

(2) 系统性

系统性的教育培训也是当前广大社区教育工作者普遍需求的。系统性要求培训拥有整体规划，在了解社区教育工作者培训需求的前提下，对培训内容、形式及课程安排等制订详细的计划。对社区教育工作者开展系统的、完整的教育培训，是满足社区教育工作者培训需求，增强培训效果的有效途径。

(3) 常规性

社区教育工作者的教育培训应该作为一项常规工作来开展。常规性的培训需要有专门的机构承担培训任务。此机构针对特定的社区教育工作者群体，在固定的时间内展开有计划的培训工作。当前可以由社区学院、社区教育培训组织、社区工作者培训学校等机构来承担常规性的培训工作。

(4) 实效性

社区教育工作者的培训效果是评价培训活动的关键因素。重视培训的实效性就是要将培训工作落到实处，反对盲目跟风之举。这就需要我们建立起对教育培训工作的评价制度和完善监督机制，加强对培训效果进行考核。总之，培训工作需要依靠"针对性、系统性、常规性和实效性"来检验其成果。

(二) 提供社区教育工作者素质和专业化的政策支持

1. 完善法律法规

加强立法是各国社区教育发展成功经验，而我国社区教育以及社区教育工作者的发展由于缺乏法律法规上的规定和保障，在实际推行过程中就遭遇了很大的阻力。当前，我们应当积极制定《社区教育法》《社区教育工作者管理条例》等相关法律法规。立法工作将有力地带动社区教育工作的发展，并在法律上明确社区教育工作者的角色定位、职责权益等。

2. 建立制度保障

(1) 资格认证制度

制定资格认证制度是一个职业向专业化迈进的重要标志之一。当前社区教育工作者角色身份不明、社会认同度低，资格认证制度的确立将有效提升社区教育工作者地位，促进其专业化发展。

（2）聘用制度

如何"引入"社区教育工作者、如何在社区教育领域中"留人"都是当前我们需要重视的问题。依照科学合理的聘用程序聘用优秀的社区教育工作者，并对其薪酬、福利、保障等方面予以明确的规定，这是维护社区教育队伍稳定性的有力保障。

（3）管理制度

当前关于社区教育工作者管理还存在着较为浓厚的行政管理色彩。要促进社区教育工作者的专业化，建立科学的管理制度是十分必要的。社区教育工作者的聘用关系的确立、解除、奖惩、监督等管理制度的完善。

（4）激励制度

设立社区教育工作者先进个人的奖励基金，对于在社区教育工作中做出突出贡献的个人给予表彰和奖励，以激发广大社区教育工作者的工作热情，并对其所作出的成绩和贡献给予及时认可。

3. 加强理论研究

针对当前社区教育理论研究落后于实践发展、理论与实践相脱离的现状，我们建议应加强对理论研究的力度。一方面，理论研究者应当深入社区教育实践，以避免理论研究与社会实践相脱节；另一方面，应加强对社区教育实践工作者的理论修养的培训，鼓励实践工作者进行科学研究。

（1）倡导理论研究者深入实践

主张社区教育的专家学者走出"书斋"，走入生动的社区教育实践领域。建立社区与高校的联动机制，加强理论研究者与社区实践工作者的联系。理论研究者通过深入实践，将发现更多可供研究的现象和问题，并可以及时对社区教育实践给予一定的指导，有利于促进社区教育工作者的专业化发展。

（2）鼓励实践工作者进行现代专业理论研究，倡导实践者成为研究者。社区教育工作者在实践工作中通过不断地反思，提升自己的理论素养，实现专业化发展。实践工作者进行科研活动具有一定的优势，扎根于实践有助于他们发现问题，并能在实践中检验自己的研究成果。

(三) 探索中国特色的社区教育工作者专业化之路

1. "重情轻理"的工作特点

我国当前的社区教育工作者具有浓厚的中国特色，他们大多数拥有满腔的热情，热爱社区教育工作，强调奉献精神和牺牲精神。在实践工作中，他们十分注重同社区居民的感情沟通，对繁重的工作任劳任怨，普遍具有较高的精神境界。然而，目前的社区教育工作者还存在较为严重的专业精神和专业素养缺失的问题。在工作中他们倾注了很多的"情"，却由于专业化程度不高而导致"理"的薄弱。"重情轻理"是我国当代社区教育工作者的一个显著特色，这是我们在探索中国特色的社区教育工作者专业发展时不可忽视的问题。

2. "边做边学"的专业发展

由于缺少社区教育专业的学科设置，社区教育的发展缺少了后备力量。同时，社区教育工作者的职前、职后的培训还较少且缺乏系统性、针对性，不能满足广大社区教育工作者的教育培训需求。加之又缺少必要的政策保障和理论支持，社区教育工作者的专业化之路无疑将是艰难而漫长的。当前我国社区教育工作者在走一条"妥协"的专业化发展之路。

广大的社区教育工作者在工作实践中，克服种种困难，逐渐摸索出一条"边做边学，实践中成长"的专业发展之路。社区教育工作者通过自学弥补了专业知识的不足，通过反思形成了专业价值观念，通过实践总结了一套专业技能。一些社区教育工作者正是这样来实现自己的专业化追求。尽管社区教育工作者实现专业化的道路是漫长而艰辛的，但同时我们也看到了很多的希望！

第十一章

社区教育评价与管理

第一节 教育评价概述

一 什么是教育评价

（一）教育评价的定义

教育评价又称"教育评估"。应该说，"教育评价"这一表述更具有国际适用性，它是现代教育研究的三大领域之一。

在教育评价的发展过程中主要有以下几种主张：

泰勒在他著名的"八年研究"报告（《史密斯—泰勒报告》）中首次提出"教育评价"的概念。他认为："教育评价过程本质上是确定课程和教学大纲在实现教育目标上的程度的过程。"

1963年，克龙巴赫在他的题为《通过评价改进课程》的论文中对教育评价内涵的阐述是："一个搜集和报告对课程研制有指导意义的信息过程。"

1966年，斯塔弗尔比姆在对泰勒评价理论提出异议的前提下，主张："教育评价不应局限于评判决策者所确定的教育目标所达到预期效果的程度，而应该是收集有关教育方案实施全过程及其成果的资料，为决策提供信息的过程"。

1975年，比贝把评价定义为："系统地收集信息和证据的过程，在此基础上做出价值判断，目的在于行动"。

1979年出版的辰见敏夫编的《教育评价小辞典》中对教育评价的解释是："依据教育目标和一定的价值观，判断学生的学习成果、课程及教育活动状况的合目的性即实现目的的程度的过程。"

1981年，美国教育评价标准联合委员会对教育评价进行了综合性的界定，认为："教育评价是对教育目标和它的优缺点与价值判断的系统调查，为教育决策提供依据的过程。"

以上这些对教育评价内涵的界定是教育评价专家在教育评价实践和理论发展过程中提出来的见解，虽有不同之处，但也不乏相同之处。不同之处反映出他们从教育评价的对象、目的、功用、手段等不同角度去揭示教育评价的基本特征的努力，各种认识都在一定意义上揭示了教育评价的含义，为我们理解教育评价提供了依据和启示。相同之处就是他们都认为教育评价是一种判断（包括描述），是判断确定的教育目标在实际上实现程度的一个过程，或者说是对教育活动的目的性的判断过程，对教育活动效果的价值判断过程。在以上几种观点中，我们对1981年美国教育评价标准联合会给教育评价下的定义应该给予重视，因为它是综合了各家之长的一种较为全面的界定，也是结合了教育评价的形成和发展、反映教育评价的实质和功能的界定，它侧重于评价的信息作用，同时兼顾了教育目标与价值判断。

在我国，教育评价的实践和理论研究始自20世纪80年代，起步晚，但发展迅速。从我国的教育实际出发，我们概括了国内各种表述，对教育评价的含义作出了自己的阐释，我们把教育评价定义为："是根据一定的目的和标准，采用科学的态度和方法，对教育工作中的活动、人员、管理和条件的状态与绩效，进行质和量的价值判断。"[1]

（二）如何理解教育评价的定义

1. 对内容的理解

第一，这里的"一定目的"一般是指教育总目标、各级各类学校的目标、各种教育活动及各科教学的目标、教育管理和学校管理的目标、教育改革的目标等。定义中的"一定的标准"一般是指某一次评价所依据的评价指标体系。它是从质和量两个方面规定的评价内容和标准。

第二，定义中的"采取科学的态度和方法"是指实施教育评价要采取实事求是的态度，选用规范的观察、访问、问卷、测量统计、评比评定等评价工具和手段。

---

[1] 王汉澜：《教育评价学》，河南大学出版社1998年版，第15页。

第三，定义中的"教育工作中的活动、人员、管理和条件的状态与绩效"主要是指评价对象的范围，包括了教育的全部领域或者说与教育活动相关的各个领域。

2. 对揭示的特点的理解

第一，教育评价是一个组织化了的过程。就是说，它是一个有目的、有计划的自觉活动，是有规范性程序或者说步骤的活动，它是由确定目标、搜集资料、分析整理资料、形成判断、指导行动等环节所构成的连续活动。

第二，教育评价的根本是在于用价值观念对教学、管理活动中的人和事的状态进行描述进而作出判断评定。

第三，教育评价为科学的评估标准、客观而可信度高的相关资料以及科学的测量评估工具与技术所支持。

二 教育评价的目的

进行评价活动，首先要确定评价目的。

这样做的目的是对所进行的活动未来状况及结果进行预期。活动的功能（或称职能）及手段与活动的目的有着密切关系，在一定意义上，确定目的就是选择功能。

教育评价活动目的的确定，通常也是从评价功能的选择入手的。

（一）从评价功能的内容上对评价目的选择：是检查、鉴定、评比，还是改进、形成、发展

教育评价的功能是多方面的，如检查鉴定功能、反馈指导功能、激励功能、预防功能、补救功能、成果推广功能等。这反映了教育评价活动的发展及教育评价内容的扩大、作用的变化。就教育评价功能的历史变化发展而言，其走势由早期的重视鉴定、评比、选择的功能向注重改进、形成、发展的功能转变。但是，重视发挥教育评估的改进、发展等功能，并不是否定教育评估的检查、鉴定等功能，而是提醒人们要看到这两类功能的区别与联系，特别是改进、发展等功能的实现是需要以检查、鉴定为前提，为条件的。

（二）从评价功能作用的领域选择上确定其目的

就教育整体而言，教育评价是为了端正教育思想，提高教育质量。

但是，对教育不同领域活动的评价（或者说教育评价的对象领域不同）要求不同，具体的目的也不同。

三　教育评价的功能

（一）教育评价功能的定义

教育评价的功能是指教育评价活动本身所具有能引起评价对象变化的功能和能力，通过教育评价的活动与结果作用于评价对象而体现出来，其功能的内容取决于评价活动的结构及运行机制。

一般说，在有目的、有意识、有计划的活动过程中，需要四种类型的评价。

第一，活动开始之前，对活动计划的可行性论证，评估活动计划是否切实可行。

第二，在活动开展进程中，对活动是否有效推进的评价，也是为调整活动自身运行服务的评价活动。

第三，在活动进行到一个段落时，为了解、把握其活动成效而开展的评价。

第四，站在活动以外的立场，为活动的改善提供意见的评价。

（二）教育评价功能分类

教育评价的功能可概括地分为：

1. 导向功能

教育评价的导向功能是指教育评价本身所具有的引导评价对象朝向预定目标前进的功用和能力。它内含于教育评价的评价目标、评价的指标这些构成因素中，通过教育评价的结果、信息的反馈、利用，指导评价对象行为的运行机制实现。

2. 鉴定功能

鉴定是指对人和事的优缺点、优劣程度的鉴别和评价。教育评价的鉴定功能就是指教育评价固有的对教育评价对象的合目标性、合格与否、优劣程度、水平高低的判断确定的功用和能力。它主要通过教育评价的评价对象相关资料的收集、整理分析、判断运作的机制等得以实现，通过检查、比较、判断等评价工具的利用获得，通过终结性评价发挥作用。

3. 激励功能

激励是一种引起需要、激发动机、指导行为以有效实现目标的心理过程。教育评价的激励功能是指教育评价活动所具有的使评价对象产生或形成逼近及实现预期目标的不断进取的内在动力的功用和能力。它通过向评价对象反馈评价的信息这一评价的运行机制得以实现。

4. 改进功能

改进有改变旧有状态，使其有所前进的意思。教育评价的改进功能就是指教育评价活动内含的使评估对象反省自身状态、克服不足、促进发展、实现目标的功用和能力。它主要是通过教育评价的信息的反馈、评价的结果在评价的对象行为指导等运行机制中得以显现。

第二节 社区教育评价

社区教育评价就是对以往或现在的社区教育活动进行价值判断。我国社区教育评价的开展是随着20世纪80年代中期社区教育的再度兴起开始的，至今已开展了社区教育的综合评价、社区教育实验工作的评价、社区学校的评价、学习化家庭的评价、学习化社区的评价等多种社区教育评价活动。可以说，伴随社区教育的发展，社区教育的评价体系已初步形成并在完善之中。当前社区教育评价体系的完善，需要关注与强调以下问题。

一 社区教育评价作为促进社区教育发展的工具

社区教育评价是社区教育管理过程中的一个环节，是实现社区教育发展目标的工具，而不是目的本身。作为促进发展的工具，其具体作用应体现在引导社区教育的发展方向及重点的选择上，应体现在帮助发现社区教育活动中各种问题并分析产生的原因、寻找解决问题的方法等方面。

（一）当前社区教育评价实施的重点朝向

目前社区教育的活力，不仅在发达城市而且在欠发达地区也显现出来。就整体社区教育活动的发展而言，它已经从主要开展青少年德育教育社会化为内容、以群众性自发为特征的初期阶段，进入了以政府介入并初步建立社区教育体系为特征的自觉发展阶段。目前它正迈向以构建终身教育、终身学习的内容体系与科学规划、有效实施、反馈评价的有机统一管理体系为标志的成熟发展阶段。各地社区教育的发展是极不平衡的。实践中，如何推进不同发展水平地区的共同发展、如何选择发展的重点，是确保社区教育整体健康发展至关重要的问题。可以通过评价指标的设计引导社区教育实践工作重视什么、忽视什么。

现阶段，社区教育评价的实施要引导社区教育活动的重点朝向是：

1. 以对下岗人员再就业、弱势群体的教育和在职人员的继续教育为主

现代社区教育的总体目标是以社区全体成员为服务对象，满足社区全体成员的终身发展的各方面学习的需要。在社区教育发展的不同阶段、不同地区，其服务的对象是有重点选择或者说有重点转移的。这是因为：

第一，社区教育总体目标的实现是一个较长的过程。

第二，社区教育资源的有限性——也就是相对于社区教育的需求而言，可用的资源不足——是社区教育发展中经常性的问题。要有效利用有限资源，我们必须根据社区发展的总体目标及阶段性目标，根据社区教育发展的实际，选择发展的重点。

第三，社区教育的发展，从一开始就有一个显著的特征，即与当地经济发展密切联系与结合，社区经济与社会发展的现状与变化，都会要求和影响社区教育服务的重心的变化和选择。

20世纪90年代中期以前，我国社区教育的服务对象的重点是青少年和老年人，内容集中在青少年的德育和老年人的闲暇教育方面。20世纪90年代中期之后，我国开始把服务对象及教育内容扩展到下岗人员、在职人员还有弱势人群继续教育方面。这些方面的教育正是目前与今后社区教育发展的重点。

2. 推动学校与社区的关系由单向转为双向沟通与互动

学校与社区是有着紧密关系的。任何学校都存在于一定的社区之中，不能游离于社区的影响，学校与社区的联系是不可分割的，其影响也是相互的。目前学校中的诸多问题都是与社会问题、社区内的社会问题紧密相关的，或者说学校内的问题往往存在着社会根源。解决这些问题，要求学校与社区必须联合行动。基于此种理念，社区教育一开始就强调

学校与社区的沟通与互动,今后这一沟通与互动不仅会进一步加强,而且学校与社区的关系将会由单向转为双向,实现完整意义上的双向沟通、互动。从发展的实践看,20世纪80年代中期到20世纪90年代初期,我国学校与社区的联系与互动是以学校为主体进行的,沟通的目的在于社会支教,即社会关心并参与学校教育,构建以学校教育为主导、家庭教育为基础、社区教育为依托的大德育体系。沟通与互动的内容是青少年的德育。到了20世纪90年代的中期,学校与社区沟通与互动的主体开始从学校向社区及其成员转移。其目的是:构建社区教育的体系,满足社区全体成员包括社区内学校的青少年学生的终身发展的各种需求。具体在学校与社区的双向沟通与互动上,需要进一步引导加强的是:

(1) 社区方面

社区为学校教育提供价值基础,协助学校端正教育观念,有效实施教育方针。

社区参与学校,支持学校,评价学校。社区应该参与学校培养和教育学生的工作,参与学校的发展规划,把学校发展和社区发展结合起来,参与协助学校解决各种问题,如支持学校财政,参与对学校工作与成果的监督与评价。这种评价是对行政监督评价的有益补充,是对群众监督评价的强化。

社区提供教育教学资源,为学校提供良好的育人环境,使学生在与社会的接触中接受教育。

(2) 学校方面

学校向社区开放学校的设施、场地为社区居民共享。学校成为社区文化中心、传播科学技术的中心、社区的生活中心。

学校要成为培育青少年社区乡土观念的场所,讲授有关社区发展的知识、能力和情感。学校的课程标准中反映社区的要求,使学生对社区生活具有科学的认识和乡土情感。

学校协助社区满足居民需要,改善社区环境,改善社区生活,共同建设和发展社区。

(二) 社区教育评价进而要服务于社区教育的改进与发展

现在评价理论认为:评价不仅是为了检查、评判和鉴定,更重要的是通过对现状的判断发现问题并弄清其产生的原因,寻找今后发展的方向和增值的途径。

在社区教育发展进程中，理论研究者与实际工作者不断地发现与提出社区教育实践中的问题，已开展的各种社区教育评价也揭示了社区教育发展中的一些问题与产生的原因，为社区教育的改进与发展提供了思路。

目前，我国社区教育取得了喜人的发展，但也存在着许多问题。最突出的诸如：

对社区教育活动效果与质量的关注不足。表现为：热衷于社区教育活动轰轰烈烈的开展，在一定程度上以为活动的开展就是目的。考察社区教育发展水平的根本标志是：社区教育活动在多大程度上满足了社区成员的教育需求，教育活动为社区成员提供的教育是否是高质量的，社区教育活动是否有效地促进了社区成员的素质提高，教育活动是否促进了社区物质、精神两个文明的建设。社区教育活动的效果与质量是实现社区教育总体目标的保障，是社区教育管理追求的最终目标。积极、科学的社区教育评价是控制其效果与质量的有效手段之一。

社区教育活动的开展与社区教育的发展缺乏科学的计划指导，有一定的盲目性，表现在：对社区成员的教育需求很少进行详细调查和预测；开展什么内容的社区教育、以什么形式进行社区教育，在这些问题上不少地区往往是学习、模仿，甚至照搬其他地方社区教育的经验与做法。

社区教育内容与组织的选择还没有完全摆脱传统正规学校教育的影响，表现在：教育培训的内容与组织方式落后，内容上偏重知识及其传授。我们需要增加更多的针对各种社区成员特殊需要的、形式灵活多样的教育活动。

社区教育在管理体制方面还存在着不同程度的教育行政部门、社区参与部门之间的协调不良的问题，我们应积极建立政府统筹、教育部门主管、各方参与、分级管理的社区教育管理体制。

因此，我们需要通过社区教育评价过程中的信息收集、整理与分析的环节，把问题界定清楚，准确查明问题真相、程度，弄清楚问题的范围与界限，并分析问题产生的原因，进而提出改进的策略。

二 评价突出针对性、有效性与评价标准、方法的多元化

（一）社区教育评价的针对性与评价的标准的多样性

评价指按照一定的原则、标准对评价对象已完成的行为作出肯定与否定的判断，使被评价对象从中受到启发和教育。因此，评价活动是否科学有效，首先取决于评价标准的针对性。

有人把我国社区教育活动，依据运作主体的不同，分为以下四种：

1. 以街道办事处为中心进行连动型社区教育。其突出特点是政府主导，街道办事处作为地方政府的派出机构，在社区教育中占据主导地位。

2. 以中小学校为主体进行的活动型社区教育。这种形式的社区教育的显著特点是以学校为主导，中小学校是区域性社区教育的组织者或牵头单位。

3. 以社区学院为载体进行的综合型社区教育。社区学院是一种新成长起来的社区教育办学实体，它是融学历教育与非学历教育、职业证书教育与休闲文化教育、各界委托项目教育与居民自治教育于一体的教育。

4. 以地域边界进行的自治型社区教育。这一形式的社区教育最大的特点是其运作的主体是由驻区各行各业较有影响并热心社区教育的单位或某一功能齐全的单位牵头组成专门机构，利用各成员单位的影响及资源，开展社区教育活动。

根据教育评价的一般规律，应构建不同的评价标准对以上四种社区教育进行评价，而在目前已初步建立的社区教育评价指针体系中，服务于第一种类型的社区教育评价活动的评价指针的内容主要为：（1）领导重视、组织落实、制度健全；（2）学习宣传、落实教育法律法规；（3）各项社区教育活动的开展，如学校与社区的双向服务、教育基地的建设、家庭及特殊教育、成人及高龄者教育、校外青少年教育等；（4）有关社区教育活动的特色及其科学研究工作的情况。

这类评价标准之所以受到重视并取得了相当的进展，一方面是因为这一社区教育模式是目前我国广泛采用的社区教育的基本模式；另一方面是因为这一社区教育模式的主要特点是以政府行为为强力主导，教育内容涵盖了社区教育的各种形式及各个层面。可以说，其评价内容已在一定程度上涉及其他三种模式的内容。根据教育评价类型的划分，它属

于以评价内容作为分类标准的综合型评价。因此，在一定情况下，它可以代替其他三类社区教育的评价。

社区教育评价建设的一个任务是开发社区教育的种类评价指针（标准），如以中小学为主体的活动型社区教育、以社区学院为载体进行的综合型社区教育、以地域为边界进行的自治型社区教育，又如依据社区教育发展而活跃起来的学习型家庭、学习型企业、学习型机关、学习型社区等形式的社区教育。

（二）社区教育评价方法的多样选择与结合

要想提高社区教育评价的质量或有效性，必须注重评价方法的选择和运用。在评价及教育评价的发展历程中，我们实践了多种方法，主要有：绝对评价法、相对评价法与个体内差评价法，定量评价法与定性评价法，诊断性评价法、形成性评价法与终结性评价法，自我评价法与他人评价法，等等。这些评价方法各有利弊，因此现代教育评价强调把不同评价方法结合运用。

我国目前社区教育评价方法的选择与运用，是以政府部门的评价（也叫外部评价、他人评价）、终结性评价（以评优、奖励为目的评价）为主。这种情况是由社区教育发展实际进展所决定的，特别是与政府参与主导型社区教育运作有直接关系。这与社区教育的发展，社区教育管理体制、管理职能的变化，管理的民主化、效率化的发展要求有一定的距离。要改善评价方法的运用，必须注意：

1. 在使用终结性评价时，注重开展形成性评价

今天，质量与效率已成为我们生活、生产和社会活动所孜孜以求的目标。20世纪70年代以来，各国的教育活动也将发展目标从规模的扩大转移到质量的提高上来。随着社会生产、生活所依赖的物质资源日益匮乏，反映资源投入与产出关系的效率问题也越来越受到重视。质量与效率至关重要，那么，它是怎么形成的呢？我们常说，只有工作质量高，才能保证产品质量好。社区教育与学校教育一样，是以促进人的发展为目的的社会实践活动，它的质量是在教育过程中形成的，是通过受教育者的身心发展表现出来的。因此，考察、评价社区教育质量，必须注重社区教育工作过程的控制，以预防为主，把问题消灭在过程中，这就是形成性评价。形成性评价是在活动过程中进行的评价，实质上，它是对

评价对象的发展状态和趋势的评价，其功能是改善正在进行中的活动。它与终结性评价不同，终结性评价是在活动结束之后进行的对其经过的评价，实质是衡量、评价对象是否达到预定标准。传统评价重视这种终结性评价，现代教育评价越来越重视形成性评价。社区教育在越来越重视质量与效率之际，也应该加强评价过程中的形成性评价，并把形成性评价与终结性评价有机地结合起来。

2. 积极运用好个体内差异评价法

这是由各地社区教育发展不平衡的状况所决定的，也是承认各地社区教育发展的差异性的需要。个体差异评价法，是把评价集合中的各个因素的过去和现在相比较，或者把一个元素的若干侧面相互比较。个体内差异评价法在具体运用时有两种情况：一种是把被评价对象的过去与现在进行比较；另一种情况是把被评价的几个侧面进行比较，考察其所长或所短。这种方法充分照顾到了个别差异，在评价中不会给被评价者造成压力。但是，这种方法也有明显的不足，那就是评价既不与客观标准比，也不与其他被评价者比，容易产生坐井观天、自我满足的情绪。所以应该把这种评价方法与相对评价法结合运用。

3. 进一步加强与改善自我评价

传统的评价通常都是以领导特别是上级领导为评价者，对被评价者实施自上而下的评价。这种评价对被评价者来说是来自外部的行政性评价，即评价者与被评价者之间持有一种领导与被领导、支配与被支配的权力隶属关系。这样的评价，被评价者完全处于被动、等待评价的位置上，往往积极性不高。现代教育评价的民主化进程，动摇了传统的领导者的评价主体的地位，要求重视和发挥被评价对象的主体作用，强调以自我评价为主。这是从尊重、信任被评价者的民主要求出发，达到调动被评价者自觉性、积极性，使他们从被动接受评价转变为主动合作参与评价的目的。当然，这也与现代评价活动的目的、功能的选择有关。我国社区教育的评价实施，虽然是以政府的有关部门、教育行政部门、教育督导部门为主体进行的外部评价为主要形式或方法，但这类评价从一开始，就把被评价对象的自我评价，作为整个评价过程中的一个环节，纳入评价活动。一般的操作是在进行外部评价之前，先进行自我评价。这一做法反映了在我国社区教育评价实施中，重视被评价者在评价活动中的角色、职责，积极促进被评价对象从各自立场出发，对社区教育工作的诸方面作出评价的活动，表现出把他人评价同自我评价结合运用的取向。这不仅有助于改变传统评价方法单一模式，而且有利于提高评价的效果。但是，对自我评价方法的运用仅停留在此是非常不够的。实践告诉我们：自我评价方法较之他人评价方法，具有灵活、便捷、省时、省力的长处，因此应该进一步加强对自我评价的运用。

主要参考文献

1. 叶忠海：《社区教育学基础》，上海大学出版社 2000 年版。
2. 厉以贤：《学习社会的理念与建设》，四川教育出版社 2004 年版。
3. 高志敏等：《终身教育、终身学习与学习化社会》，华东师范大学出版社 2005 年版。
4. 王燕文等：《学习型组织建设与评估》，社会科学文献出版社 2004 年版。
5. 吴遵民：《社区教育的国际比较》，上海人民出版社 2003 年版。
6. 高志敏等：《国外及中国台湾省高中后教育比较研究》，中国劳动社会保障出版社 1992 年版。
7. 上海市杨浦区延吉新村街道办事处：《社区教育大纲》，上海文化出版社 2005 年版。
8. 石瑒等：《社区教育与学习型社区》，中国社会出版社 2005 年版。
9. 谢维和等：《教育政策分析 2001》，教育科学出版社 2003 年版。
10. 吴明烈：《终生学习的国际发展脉络与趋势》，巴蜀书社 2005 年版。
11. 联合国教科文组织：《教育——财富蕴藏其中》，教育科学出版社 1996 年版。
12. [日] 小林文人等：《当代社区教育新视野》，上海教育出版社 2003 年版。
13. 联合国教科文组织：《学会生存——教育世界的今天和明天》，教育科学出版社 1996 年版。
14. 叶忠海：《创建学习型城市的理论和实践》，上海三联书店 2005 年版。
15. 黄健：《造就组织学习力》，上海三联书店 2003 年版。

16. 陈笃彬：《泉州民办教育研究所》，厦门大学出版社 2005 年版。
17. 许正中等：《学习型社会》，中国环境科学出版社 2003 年版。
18. 连玉明等：《学习型社区》，中国时代经济出版社 2003 年版。
19. 杨小微：《教育研究的原理与方法》，华东师范大学出版社 2002 年版。
20. 童潇主编：《走向学习型社会：社会发展的第四级台阶》，上海三联书店 2004 年版。
21. 周谦主编：《学习心理学》，教育科学出版社 1992 年版。
22. 赵世诚等：《教育测量与评价》，教育科学出版社 1992 年版。
23. 杨应崧：《各国社区教育概论》，上海大学出版社 2000 年版。
24. 胡晓松等：《当代社区教育的比较研究》，中央民族大学出版社 2001 年版。
25. 厉以贤：《社区教育原理》，四川教育出版社 2003 年版。
26. 上海市社科联、上海市民政局等：《上海社区发展报告》，上海大学出版社 2000 年版。
27. 刘淑兰：《学校与社区的互动》，四川教育出版社 2003 年版。
28. 孙培青：《中国教育史》，华东师范大学出版社 2001 年版。
29. 《梁漱溟教育论文集》，江苏教育出版社 1988 年版。

后 记

人的发展问题是人类社会的永恒课题。作为一名从教近30多年的教育学老师，我也一直在不断探索、思考着这一问题。教育的本质是培养人的社会活动，培养什么样的人、怎样培养人是每一位教育工作者必须做出的回答。如果我们的教育目的（目标）出现偏差，在实际的教育实践中付出再多、再辛苦也是徒劳无益的。尤其是进入21世纪，人的发展和社会环境自然出现了新的变化，更需要我们深入地思考这一问题。从"教育万能论"到"教育功能有限论"就是这一问题不断思考和研究的一大进步。本书的写作宗旨就是试图把人的发展问题放在社会大发展的前提和背景之下，使广大教育工作者进一步领会"教育功能有限论"带给我们的启示，在实际工作中能够做到"有所为、有所不为"，不辱使命，能够为学生一生的成长做好最基础的工作。

本书从筹划、写作、修改到定稿成书，得到了各级领导、有关专家、学者、同事与朋友的热情支持和帮助。本书作为山东省软科学研究计划项目"城市社区教育体系构建与管理研究"（批准号：2016RKB01175）的结题成果，从项目立项到研究过程到结题都得到了省软科学办公室的领导、专家的具体指导和大力协助；作为该项目的具体管理单位，潍坊学院领导及科研处的工作人员都对本研究给予了极大的支持和无私的帮助。该项目主持人程辉老师为此书的出版付出了心血和辛劳，从项目的立项、本书写作提纲的拟定到书稿的修改等都提出了主导性的意见和建议。特别应该指出的是，中国社会科学出版社的孔继萍老师，对本书的出版给予了不遗余力的帮助和支持，对于孔老师对我个人成长和发展以及我们团队给予的鼎力无私支持，深表谢意。

本书在研究和写作过程中，参考并利用了国内外大量的研究成果和资料，汲取了它们许多有价值的思想和成果，在此对诸位作者谨表诚挚的谢意。由于本研究涉及的学科较多，自己所掌握的资料也不够充分，加上个人思想理论水平及能力所限，本书定会存在不少的缺陷与不足，在此求教于诸位专家和广大读者朋友，希望得到诸位的批评与指正。

作者于鸢都潍坊

2016 年 12 月